高等职业教育财经类技术技能人才培养系列教材

Practice of Market Research

市场调研实务

殷智红　主编

北京大学出版社
PEKING UNIVERSITY PRESS

图书在版编目(CIP)数据

市场调研实务/殷智红主编. ——北京:北京大学出版社,2016.4
(高等职业教育财经类技术技能人才培养系列教材)
ISBN 978-7-301-26838-4

Ⅰ. ①市… Ⅱ. ①殷… Ⅲ. ①市场调研—高等职业教育—教材 Ⅳ. ①F713.52

中国版本图书馆 CIP 数据核字(2016)第 024882 号

书　　名	市场调研实务 Shichang Diaoyan Shiwu
著作责任者	殷智红　主编
责任编辑	叶　楠
标准书号	ISBN 978-7-301-26838-4
出版发行	北京大学出版社
地　　址	北京市海淀区成府路 205 号　100871
网　　址	http://www.pup.cn
电子信箱	em@pup.cn　　QQ:552063295
新浪微博	@北京大学出版社　@北京大学出版社经管图书
电　　话	邮购部 62752015　发行部 62750672　编辑部 62752926
印 刷 者	北京大学印刷厂
经 销 者	新华书店
	787 毫米×1092 毫米　16 开本　16.25 印张　375 千字 2016 年 4 月第 1 版　2016 年 4 月第 1 次印刷
印　　数	0001—3000 册
定　　价	32.00 元

未经许可,不得以任何方式复制或抄袭本书之部分或全部内容。
版权所有,侵权必究
举报电话:010-62752024　电子信箱:fd@pup.pku.edu.cn
图书如有印装质量问题,请与出版部联系,电话:010-62756370

高等职业教育财经类技术
技能人才培养系列教材

前 言

被誉为"现代营销学之父"的美国西北大学凯洛格管理学院终身教授菲利普·科特勒博士曾说过:"市场营销始于企业对市场的分析与研究,决定企业生产出最好的产品;怎样发掘销售该产品的最好市场;市场营销的作用还延伸至产品售后,衡量消费者购买产品的满意度,以及企业如何继续改进提供给消费者的产品"。由此可见,市场营销的全过程都离不开市场调研。市场调研活动贯穿于企业营销活动的始终,是做好企业营销工作的前提和基础。市场调研已经成为经济类、管理类等相关专业的主干课程。

本教材的设计思路是:教材内容来自实际岗位工作、教材重点突出工作实践能力、能力目标凸显职业综合素质。本教材内容选取的主要依据是企业岗位工作需要。我们以市场调研工作能力的培养为基本出发点,以提升学生的综合职业能力为最终目标,从岗位工作需要出发,根据市场调研工作岗位,设置了八项任务活动的教材内容框架。这八项任务活动既具有较强的逻辑关系、层层递进,又具有较强的实践性、操作性和灵活性。这些内容涵盖了学生将来从事市场调研工作的内容与从业素质要求,为学生的后续职业发展打下了一定的基础。

本教材打破传统章节结构,跳出理论知识框架,以市场调研典型任务和职业能力分析为依据,按照市场调研工作过程展开内容,以实践活动为核心,带动相关知识学习,边做边学。通过实际调研任务贯穿理论知识点,强化技能训练;通过理论与实践的一体化设计服务于教学整体目标。

本教材由北京联合大学殷智红老师担任主编，负责设计结构框架、统稿、项目一和项目三的内容编写以及全书的内容修订工作；杨永芳老师负责项目二和项目六的内容编写；李胜老师负责项目四和项目七的内容编写；邱红老师负责项目五的内容编写；李亚梅老师负责项目八的内容编写。

  由于编者水平有限，书中缺点和不足在所难免，敬请广大读者批评指正。

编者

2016年2月

于北京昌平

目 录

项目一　市场调研认知

任务一　了解市场调研的一般概念 …………………………………… 3
　第一部分　学习引导 …………………………………………………… 3
　第二部分　实践活动 …………………………………………………… 11
　　活动1：了解市场调研的分类和原则 ………………………………… 11

任务二　正确认识市场调研 …………………………………………… 13
　第一部分　学习引导 …………………………………………………… 13
　第二部分　实践活动 …………………………………………………… 18
　　活动2：了解市场调研的功能 ………………………………………… 18

任务三　了解市场调研内容 …………………………………………… 20
　第一部分　学习引导 …………………………………………………… 20
　第二部分　实践活动 …………………………………………………… 26
　　活动3：确定调研项目 ………………………………………………… 26
　　活动4：撰写调研申报书 ……………………………………………… 26

项目二　调研项目计划

任务四　了解市场调研程序 …………………………………………… 31
　第一部分　学习引导 …………………………………………………… 31
　第二部分　实践活动 …………………………………………………… 38
　　活动5：了解市场调研程序 …………………………………………… 38

任务五　制订市场调研计划 …………………………………………… 43
　第一部分　学习引导 …………………………………………………… 43
　第二部分　实践活动 …………………………………………………… 47
　　活动6：撰写市场调研计划书 ………………………………………… 47
　　活动7：分析调查方案 ………………………………………………… 48
　　活动8：根据案例背景，设计市场调研方案 ………………………… 48

项目三　调研方法选择

任务六　二手资料的收集方法——文案法 · 53
第一部分　学习引导 · 53
第二部分　实践活动 · 58
活动 9：根据调研计划书，完成文案调查报告 · 58

任务七　原始资料收集方法——观察法 · 61
第一部分　学习引导 · 61
第二部分　实践活动 · 69
活动 10：制订观察计划 · 69
活动 11：完成观察调研报告 · 69

任务八　原始资料收集方法——实验法 · 70
第一部分　学习引导 · 70
第二部分　实践活动 · 77
活动 12：实验法练习 · 77

任务九　原始资料收集方法——访问法 · 78
第一部分　学习引导 · 78
第二部分　实践活动 · 94
活动 13：设计访问提纲、实施访谈 · 94
活动 14：完成访谈报告 · 97

项目四　调研问卷设计

任务十　问卷的基本结构 · 101
第一部分　学习引导 · 101
第二部分　实践活动 · 105
活动 15：根据市场调研计划书，撰写问卷卷首语 · 105

任务十一　问卷设计的原则与程序 · 107
第一部分　学习引导 · 107
第二部分　实践活动 · 110
活动 16：了解问卷设计程序 · 110

任务十二　问卷设计技巧 · 112
第一部分　学习引导 · 112
第二部分　实践活动 · 129
活动 17：根据市场调研计划书，完成问卷设计 · 129

项目五 抽样设计

任务十三 抽样调研的一般问题 ……………………………………………………… 133
    第一部分 学习引导 …………………………………………………………… 133
    第二部分 实践活动 …………………………………………………………… 144
        活动 18:了解抽样方案设计的基本内容 ……………………………… 144
        活动 19:了解抽样调研的一般过程 …………………………………… 144

任务十四 抽样调研的基本方法 ………………………………………………………… 145
    第一部分 学习引导 …………………………………………………………… 145
    第二部分 实践活动 …………………………………………………………… 159
        活动 20:根据市场调研计划书,选择抽样调研方法 …………………… 159

任务十五 抽样误差与样本容量的确定 ………………………………………………… 161
    第一部分 学习引导 …………………………………………………………… 161
    第二部分 实践活动 …………………………………………………………… 169
        活动 21:计算抽样误差 ………………………………………………… 169
        活动 22:确定样本容量 ………………………………………………… 170

项目六 调查实施

任务十六 调研过程管理 ………………………………………………………………… 175
    第一部分 学习引导 …………………………………………………………… 175
    第二部分 实践活动 …………………………………………………………… 180
        活动 23:实施调研 ……………………………………………………… 180

任务十七 访员培训 ……………………………………………………………………… 182
    第一部分 学习引导 …………………………………………………………… 182
    第二部分 实践活动 …………………………………………………………… 191
        活动 24:进行访问 ……………………………………………………… 191

项目七 资料整理分析

任务十八 调研资料整理 ………………………………………………………………… 195
    第一部分 学习引导 …………………………………………………………… 195
    第二部分 实践活动 …………………………………………………………… 210
        活动 25:了解市场调研资料整理的程序 ……………………………… 210

任务十九 调研资料分析 ………………………………………………………………… 211
    第一部分 学习引导 …………………………………………………………… 211
    第二部分 实践活动 …………………………………………………………… 230
        活动 26:根据市场调研计划书,进行调研资料分析 …………………… 230

项目八　撰写调研报告

任务二十　调研报告的作用和特点 …………………………………………… 233
　　第一部分　学习引导 ………………………………………………………… 233
　　第二部分　实践活动 ………………………………………………………… 235
　　　活动27：了解市场调研报告的作用和特点 ……………………………… 235

任务二十一　书面报告的结构与内容 ………………………………………… 237
　　第一部分　学习引导 ………………………………………………………… 237
　　第二部分　实践活动 ………………………………………………………… 241
　　　活动28：了解市场调研报告的结构和内容 ……………………………… 241

任务二十二　调研报告的撰写 ………………………………………………… 242
　　第一部分　学习引导 ………………………………………………………… 242
　　第二部分　实践活动 ………………………………………………………… 247
　　　活动29：撰写市场调研报告 ……………………………………………… 247

参考文献 …………………………………………………………………………… 249

高等职业教育财经类技术技能人才培养系列教材

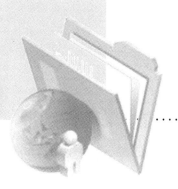

项目一

市场调研认知

项目概述

市场调研是市场营销活动的重要环节,给消费者提供表达自己意见的机会,使他们能够把自己对产品或服务的意见、想法及时反馈给企业或供应商。通过市场调研,能够让该产品生产或提供服务的企业了解消费者对产品或服务质量的评价、期望和想法。本项目将通过实践活动,引导大家了解市场调研的分类、理解市场调研的原则、了解市场调研的功能与作用,并通过了解市场调研的内容,确定自己将要调研的项目,撰写调研申报书。

项目目标

☞ **知识目标**

1. 了解市场调研的基本概念;
2. 了解市场调研的分类与原则;
3. 理解市场调研的功能与作用;
4. 了解市场调研的内容。

☞ **能力目标**

1. 具备计划、组织能力;
2. 具备信息整理分析与应用能力;
3. 具备申报书写作能力。

☞ **素养目标**

1. 具有团队合作精神;
2. 具有积极思考的态度。

任务一　了解市场调研的一般概念

第一部分　学习引导

【任务导入】

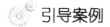引导案例

《小苹果》火爆背后的信息数据分析

"你是我的小呀小苹果,怎么爱你都不嫌多"这句歌词近期是不是一直飘荡在街头、商场里、视频网站上和您的耳旁？许多人都说这"带感"的旋律涌进脑海后,久久地停留下来,无法散去⋯⋯而这句歌词正是出自被称作"新一代洗脑神曲"的《小苹果》。

《小苹果》的几个关键词

2014年5月3日,歌曲《小苹果》正式发布;5月28日,《小苹果》MV正式上线;6月4日,优酷视频被网友自制的《小苹果》作品席卷;6月6日,《小苹果》登上新浪微博热门话题榜第一名;6月10日,《小苹果》横扫各大主流音乐网站榜首位置;6月13日,《小苹果》"攻陷"其他视频网站,再次涌现出几千条网友翻唱视频⋯⋯截至目前,这首歌曲已经在优酷网上获得了接近1亿次的点击量。这一火爆现象的背后,人们不禁会问:《小苹果》简单的旋律和舞步真有如此大的"洗脑"魔力吗？实际上,除了歌曲、MV容易传唱和模仿的特性之外,《小苹果》的火爆及其带动的《猛龙过江》的电影票房,都离不开运用大数据分析定位受众和病毒式引导视频等具有互联网思维的营销手段。

"小苹果"拉动大票房

2011年,"筷子兄弟"制作的微电影《老男孩》火爆网络,创造了8 000万次的播放量;时隔四年,"筷子兄弟"再次推出大电影《老男孩之猛龙过江》,《小苹果》就是这部大电影的宣传曲。

电影上映之前,优酷发起的站内投票显示,85%的《小苹果》视频点击观众选择"一定购票支持电影"。来自国家电影专项资金办的数据显示,电影《老男孩之猛龙过江》自2014年7月10日公映以来,首周末票房达到1.02亿元。

电影的联合出品方、同样是微电影《老男孩》出品方的优酷土豆集团副总裁卢梵溪介绍,"在推广电影之前,优酷以2011年的《老男孩》微电影的用户评论作为数据源进行分析,发现网友评论中提到'音乐'的有149万个,'梦想'的有103万个,'青春'的有102万个"。

"通过这些分析,我们知道了微电影观众感触最深的部分是什么,从而给电影的宣传

策略定下了基调,并且选择了《小苹果》作为这部电影的宣传音乐。"卢梵溪说。

神曲诞生之路:大数据定位受众+病毒式引导视频

5月29日《小苹果》在网络上线之后,网站陆续推出了40余款提前拍摄的"病毒式"引导视频,包括分解舞蹈动作教学版、广场舞版、小清新版等。随后,《小苹果》迎来爆发式传播。歌曲MV点击量迅速达到千万次的同时,这些引导视频也大多获得了百万次的点击量,随后,优酷举办了快闪、翻唱大赛等活动,引发20 000名网友参与。这些引导性活动效果显著,目前在优酷上搜索"小苹果",显示有超过3 500个网友上传视频,累计播放量超过5亿次。

"这部电影的投资、制作、宣传都融入了很多的互联网概念和元素,是当前中国电影行业的一种新的探索",优酷土豆集团总裁魏明表示,"未来的电影观众和互联网观众会有越来越多交叉的地方,我们愿意用互联网电影概念开启一些新的中国电影探索的方向和路子"。

资料来源:苑苏文等.《小苹果》火爆背后的电影互联网营销术.新华网,2014-07-14(节选)。

讨论与思考:

1. 为什么《小苹果》这首歌曲会广受欢迎?
2. 你认为企业开展营销推广活动之前应做哪些准备工作?
3. 在互联网时代,企业营销活动怎样才能有效开展?

1.1 市场的概念

1. 市场的含义

市场起源于古时人类对于固定时段或地点进行交易的场所的称呼,指买卖双方进行交易的场所。发展到现在,市场具有两种意义,一种意义是交易场所,如传统市场、股票市场、期货市场等;另一种意义为交易行为的总称,即市场一词不仅仅指交易场所,还包括所有的交易行为。故当谈论到市场大小时,并不仅仅指场所的大小,还包括消费行为是否活跃。广义上,所有产权发生转移和交换的关系都可以被称为市场。

市场是社会分工和商品生产的产物,哪里有社会分工和商品交换,哪里就有市场。决定市场规模和容量的三要素是:购买者、购买力、购买欲望。同时,市场在其发育和壮大的过程中,也推动着社会分工和商品经济的进一步发展。市场通过信息反馈,直接影响着人们生产什么、生产多少以及上市时间、产品销售状况等。市场连接商品经济发展过程中的产、供、销各方,为它们提供交换场所、交换时间和其他交换条件,以此实现商品生产者、经营者和消费者各自的经济利益。

2. 市场的类型

(1)按市场的主体不同分类

① 按购买者的购买目的和身份来划分,市场可以被分为消费者市场、生产商市场、转卖者市场和政府市场。消费者市场是指为满足个人消费而购买产品和服务的个人与家庭所构成的市场。生产商市场是指工业使用者市场或工业市场。转卖者市场是指中间商市场。政府市场是指各级政府为了开展日常政务活动或为公众提供服务,在财政的监督下,

以法定的方式、方法和程序,通过公开招标、公平竞争,由财政部门直接向供应商付款,从国内市场为政府部门购买货物、工程、劳务的行为。

② 按企业的角色来划分,市场可以被分为购买市场和销售市场。购买市场是指企业在市场上是购买者,购买需要的产品。销售市场是指企业在市场上是销售者,出售自己的产品。

③ 按产品或服务供给方的状况(即市场上的竞争状况)来划分,市场可以被分为完全竞争市场、完全垄断市场、垄断竞争市场、寡头垄断市场。完全竞争市场是指竞争充分而不受任何阻碍和干扰的一种市场结构。在这种市场类型中,买卖人数众多,买者和卖者是价格的接受者,资源可以自由流动,信息具有完全性。完全垄断市场是指市场上只存在一个供给者和众多需求者的一种市场结构。完全垄断市场的假设条件有三个:第一,市场上只有唯一一个厂商生产和销售商品;第二,该厂商生产的商品没有任何接近的替代品;第三,其他厂商进入该行业都极为困难或不可能,所以垄断厂商可以控制和操纵市场价格。垄断竞争市场是介于完全竞争和完全垄断之间的一种市场结构。在这种市场中,既存在着激烈的竞争,又具有垄断的因素。寡头垄断市场是指由少数几个企业控制整个市场的生产和销售的市场结构,这几个企业被称为寡头企业。寡头垄断市场是介于垄断竞争与完全垄断之间的一种比较现实的混合市场。

④ 按地理位置来划分,市场可以被分为城市市场和农村市场。

⑤ 按区域范围来划分,市场可以被分为国际市场和国内市场。

⑥ 按经营产品的专门化和综合性来划分,市场可以被分为专业性市场和综合性市场。

⑦ 按规模大小来划分,市场可以被分为小型市场、中型市场和大型市场。

(2)按消费客体的性质不同分类

① 按市场经营的商品以及最终用途来划分,市场可以被分为生产资料市场、生活资料市场、技术服务市场和金融市场。

② 按交易对象是否具有物质实体来划分,市场可以被分为有形产品市场和无形产品市场。

③ 按交易对象的具体内容不同来划分,市场可以被分为商品市场、现货市场和期货市场。

案例材料

美国麦当劳公司从一家名不见经传的快餐店,发展成为在全美有5 000多家分公司、在全世界有上万家分店的国际快餐经营集团。其在营销过程中遵循的一个重要宗旨就是:用市场研究的成功,确保市场营销的成功。

麦当劳在北京的第一家分店于1992年4月23日开业。但早在8年前(即1984年年底),麦当劳总部就派出专家,对中国河北省、山西省等地的上百种马铃薯进行调研考察,对其成分逐一进行分析和测定,最后确定麦当劳的专用马铃薯。仅仅是一个炸薯条的原材料,麦当劳就耗费如此巨大的工程,可见其对市场研究重视到了何等程度。它的成功,也就是必然的了。

资料来源:http://www.jingcity.com/food/news/。

1.2 市场调研的概念

市场调研是为了形成特定的市场营销决策,采用科学的方法和客观的态度,对市场营销有关问题所需的信息,进行系统的收集、记录、整理和分析,以了解市场活动的现状和预测未来发展趋势的一系列活动过程。

市场调研对于营销管理来说其重要性犹如侦查之于军事指挥。不作系统客观的市场调研与预测,仅凭经验或不够完备的信息,就作出种种营销决策是非常危险的,也是十分落后的行为。

具体来看,市场调研对营销管理的重要性表现在以下五个方面:第一,提供作为决策基础的信息;第二,弥补信息不足的缺陷;第三,了解外部信息;第四,了解市场环境变化;第五,了解新的市场环境。

作为市场营销活动的重要环节,市场调研给消费者提供了一个表达自己意见的机会,使他们能够把自己对产品或服务的意见、想法及时反馈给企业或供应商。通过市场调研,能够让该产品生产或提供服务的企业了解消费者对产品或服务质量的评价、期望和想法。

古代油商的市场调研

在中国古代的一个城镇里有一位叫明辉的油商。加上他,镇上一共有六个油商。明辉将采购的大豆榨成豆油后,整天坐在油铺里等待顾客的光临,结果他的生意实在太糟糕了。明辉发现大部分顾客都是零星地购买一两斤油,只有少数顾客一次顾买的数量特别大。经过了解,原来少数大量购买的顾客是镇上饭馆的老板,他们一天的用油量特别大,购买十分频繁,每次都要雇车上门拉油,但却只得到与一般家庭顾客相同的待遇和价格。

明辉意识到了这些顾客非常有价值,必须亲自去接触他们,了解他们的需求和愿望,而不是守株待兔坐等他们的来临,然后卖油给他们。他认识到必须要让这些老板感到买他的油物有所值,而且比买其他油商的油更合算。为了收集镇上饭馆的基本资料,明辉开始了市场调查,他走访了镇上所有的几十家饭馆。这些饭馆过去或去明辉的油铺,或去另外五家油铺。明辉接触到每一家饭馆的老板,并逐户询问和记录:每个饭馆的规模;平均每日的销售额和耗油量是多少;饭馆存油的油缸的容量有多大。根据所得资料,明辉向饭馆老板承诺:免费送油上门;定期将每家饭馆的油缸添满;价格比一般家庭顾客有所优惠。例如,一家50张桌子的饭馆,根据客人数量和消费金额推算,每天可能要消耗20瓢油。明辉发现,该饭馆的油缸容量是200瓢,一缸油可以使用10天。于是,他决定每9天为这家饭馆送200瓢油。

通过建立这样极具价值的记录和推出新的服务,明辉和顾客建立起广泛而深入的关系,先从老顾客做起,然后扩展到其他的饭馆。对于这些饭馆而言,既能得到优惠的价格,又能节省雇车拉油的费用和精力,还能确保油的及时供应,何乐而不为呢?

明辉的生意不断扩大,以至于不得不雇人来帮自己工作:一个人帮他记账,一个人帮他记录销售数据,一个人帮他进行柜台销售,还有两个人帮他送油。明辉的主要职责就是和饭馆老板不断接触并强化关系。除了饭馆老板以外,他还争取到了镇上耗油量比较大的大户人家成为自己的顾客。同时,明辉还注意和大豆批发商搞好关系。因为当时榨油的原料大豆非常紧缺,只有为数不多的大豆批发商。结果,明辉的生意蒸蒸日上。

资料来源:http://wenku.baidu.com/view。

1.3 市场调研的分类

1. 按调研范围分类

(1) 全面调研

全面调研也称为整体调研或普查,它是为了解总体的一般情况,对整体的每个对象无一例外地进行调研。普查的主要作用是对社会的一般状况作出全面、准确的描述,其主要目的在于了解基本国情、把握社会总体的全貌、得出具有普遍意义的结论,从而为国家或部门制定政策、计划提供可靠的依据。

(2) 抽样调研

抽样调研是从调研对象的总体中抽取某些单位或个人作为样本进行调研,并以样本的状况来推论总体的状况。调研的目的是从许多"点"的情况来概括"面"的情况。

2. 按调研性质分类

(1) 探索性调研

探索性调研一般是在调研专题的内容与性质不太明确时,为了了解问题的性质,确定调研的方向与范围而进行的收集初步资料的调研。通过这种调研,可以了解情况,发现问题,从而得到关于调研项目的某些假定或新设想,以供进一步调查研究。

探索性调研案例

香港某食品工业集团有意开发内地的方便面市场,为此选择了内地不同地域的几座城市对潜在消费者作探索性调研。它们按年龄和性别标准指定了3个组,每组10人,男女各3人。这3个组当中有一个是少年组,有一个是30岁以下的成年组,还有一个是30岁以上的成年组。鉴于方便面市场研究中不存在宏观上的不明确之处,调研者的主要目的在于厘清商品概念和消费者行为方面的一些问题,以便为下一阶段的描述性调研的样本建立和问卷设计打好基础。在这个探索性调研项目中,调研者使用了焦点座谈和问卷调查相结合的方法。

对于参加座谈会的人员,不搞概率选取,为的是节省调研成本,只要符合年龄与性别要求即可。由于座谈会后要品尝方便面,且方便面是现煮现配汤料,因此座谈会租用了宾馆的小会议厅,这样可以利用宾馆的厨房。

座谈会讨论大纲围绕生活习惯、商品信息的获悉与购买决策、产品概念、口味反应、品牌反应、价格与促销等内容提出问题。座谈会结束后,请参加者填写"背景材料问卷",问卷围绕性别、年龄、籍贯、婚姻状态、子女、家庭收入、食品购买行为等提出问题。问卷收回后,陆续请参加者试食三种汤料配制的方便面。每种面端上来前,先请参加者阅读问卷的"产品概念"一段,并请他们根据读后的感想和平时的习惯,回答几个问题,然后端来方便面试食。试食后再回答问卷下半部分的几个问题。

调研者如此慎重地进行探索性调研,表明了他们对这一调研项目严肃、科学的态度,当然也与他们可支配的资金多寡有关。他们虽然隶属于香港公司,但是感到许多概念未必与内地所用完全一致,因此仍然有必要通过探索性调查厘清一些概念,免得在贸然展开大作业面的描述性调研时出现概念性误差。焦点座谈的结果表明,他们本来的担心不是没有根据的。

资料来源:http://wiki.mbalib.com/wiki/探索性调研。

(2)描述性调研

描述性调研是一种常见的项目调研,是指对所面临的不同因素、不同方面现状的调研。其资料数据的采集和记录,着重于对客观事实的静态描述。大多数的市场调研都属于描述性调研。例如,对市场潜力和市场占有率、产品的消费群结构、竞争企业的状况等的描述。在描述性调研中,可以发现其中的关联因素,但是,我们并不能说明哪个是因、哪个是果。与探索性调研相比,描述性调研的目的更加明确,研究的问题更加具体。

描述性调研案例

《航空周刊》(Aviation Week)和《空间技术》(Space Technology)为一家卫星电信公司进行调研,以确定其在这两个刊物上投放的一系列广告的有效性。此次调研采用直接邮寄调研,分两次进行。一次是在广告刊登之前,另一次是在广告刊登之后。每次调研都是在《航空周刊》于私人企业、政府和军队中的 750 个订户中进行的。第一次调研总共收到 257 封回信(应答率是 38%),第二次调研总共收到 330 封回信(应答率为 44%)。

尽管绝大多数直接邮寄调研采用奖励措施来帮助提高应答率,但这次调研没有这么做,因为政府和军队雇员不允许接受奖励。相反,这次调研通过尝试使调查的需要变得合法来获得更高的应答率。与第一次调研相比,第二次调研的结果表明刊登广告是成功的。例如,59% 以上的应答者同意这种说法,即电信公司"在技术上是先进的"。这些研究结果使得卫星电信公司确信其在《航天周刊》和《空间技术》上的广告费用花得值得。

资料来源:http://wenku.baidu.com/。

（3）因果性调研

因果性调研是指为了查明项目不同要素之间的关系,以及查明导致产生一定现象的原因所进行的调研。因果关系调研的目的是找出关联现象或变量之间的因果关系。

描述性调研可以说明某些现象或变量之间相互关联,但要说明某个变量是否引起或决定着其他变量的变化,就要用到因果关系调研。因果关系调研的目的就是寻找足够的证据来验证这一假设。

（4）预测性调研

预测性调研是指专门为了预测未来一定时期内某一环节因素的变动趋势及其对企业市场营销活动的影响而进行的市场调研。如消费者对某种产品的需求量变化趋势调研,某产品供给量的变化趋势调研等。这类调研的结果就是对事物未来发展变化的一个预测。

3. 按调研时间分类

（1）一次性调研

一次性调研是指间隔一定时间而进行的调研,一般间隔时间相当长(如1年以上)。一次性调研的主要目的在于获得事物在某一时间点上的水平、状态的资料,例如人口普查。

（2）连续性调研

连续性调研与不连续性调研的划分依据是调研登记的时间是否连续。连续性调研是指时间不间断性调研。不连续性调研是指时间间断性调研。

4. 按收集资料方法分类

（1）文案调研

文案调研是利用企业内部和外部现有的各种信息、情报,对调研内容进行分析研究的一种调研方法。它又称资料查阅寻找法、间接调研法、资料分析法或室内研究法。

（2）实地调研

实地调研是指亲自到随机选取的地方,对当地的人群采取随机抽样调研,得到与调研相关的各种数据和信息。

5. 按调研内容分类

由于生产的产品不同、面临的市场竞争不同,调研的主题也不同,企业可以根据自身实际,结合市场消费目标,开展市场调研。具体如下:

（1）顾客满意调研

是指对已经上市的产品的调研。顾客满意度可以很好地评估出企业提供的产品和服务是否让消费者感到满意,在不同阶段了解消费者态度的变动趋势,进一步发掘出有价值的顾客群体予以悉心维护。

(2) 消费需求调研

是指对竞争对手的用户和自己的用户进行研究,摸清消费者的消费变动趋势,挖掘潜在需求,以采取更好的服务策略,并为产品和服务的创新奠定基础。

(3) 竞争动态调研

是指对竞争对手的产品和服务进行研究,摸清竞争者的一些营销战略、战术、政策以及产品优劣势等。

(4) 市场环境调研

是指对目标市场进行诸如国家政策、地方政策,特别是物价、城管、工商、行业监管部门、传播媒体、社区管理等市场环境的充分调研。

(5) 渠道通路调研

是指对目标市场进行经销商网络、零售商网络等渠道通路的充分调研,以确定自身产品的通路方向、渠道政策等。

(6) 市场轻重调研

是指对目标市场进行市场细分调研,以确定目标市场的轻重缓急程度。它主要是对消费者的习惯、所处区域和生活形态等方面进行细分,是企业深层服务和延长产品生命周期的有效策略。

综上所述,只有研究好市场,进行细分管理,企业才能够提供专业化和个性化的服务。

1.4 市场调研的原则

1. 科学性原则

即指要按客观规律办事。市场调研时,应具有正确的思想观念、严格的规章制度、科学的工作标准和合理的调研方法。

2. 客观性原则

(1) 一切从客观存在的实际情况出发,在正确的理论指导下,进行科学的分析研究。

(2) 准确地反映情况,避免主观偏见或人为地修改数据结果。

3. 系统性原则

以系统要素为指导,处理好整体与局部的关系,全面考虑问题。

4. 时效性原则

(1) 时效性是由市场调研的性质决定的。

(2) 市场不断变化,市场调研在这种不断的变化中对市场现象进行研究。

调研结果不适用于明天

1900 年,梅塞德斯-奔驰公司进行了一次市场调研,结果是:由于没有足够的司机,全世界对小汽车的需求量不会超过100万辆。然而,到1908年,美国福特汽车公司生产的T型汽车就已经非常普及了。到1920年,仅美国就拥有小汽车800万辆。

日本索尼公司生产的随身听(Walkman)在20世纪80年代被认为是最成功的消费品,但最初的调研结果却表明,该产品没有前途。因为人们通常认为一个神经正常的人,不会随身携带着录音机到处乱跑。试想,如果索尼公司根据这一调研结果进行决策,那么就不会随处可见携带着随身听的人了。

又如,美国3M公司在开发不干胶便笺纸和其他同类产品时,就没有进行市场调研,因为不可能有资料证明这种产品有销售市场。但现在不干胶便笺纸已和回形针及订书机等一起成为最畅销的办公用品,并为3M公司带来了整整6亿美元的收入。精明的企业家是不会仅仅根据市场调研结果来决定开发新产品的可能性的。

资料来源:http://th1d1.org.cn/teacher/1309/9215.html/。

5. 经济性原则

(1) 以最少的调研费用取得最佳的调研效果;

(2) 考虑投入和产出之间的对比关系。

6. 保密性原则

(1) 为客户保密;

(2) 为被调研者提供的信息保密。

第二部分 实 践 活 动

活动1:了解市场调研的分类和原则

北京长城饭店的日常调查

北京长城饭店(隶属于喜来登集团)是1979年6月由国务院批准的全国第三家中外合资合营企业。1983年12月试营业,是北京五星级饭店中开业最早的饭店,是北京第一座玻璃大厦,被评为北京20世纪80年代十大建筑之一。随着改革开放的深入发展,北京新建的大批高档饭店投入运营,饭店业竞争日益加剧。长城饭店之所以能在激烈的竞争中立于不败之地,成为京城饭店的佼佼者之一,除了出色的推销工作和优质的服务外,饭店管理者认为公共关系工作在塑造饭店形象上发挥了重要的作用。

一提到长城饭店,人们立刻会想到那里曾举办过举世闻名的里根总统的答谢宴会、由北京市副市长证婚的95对新人的集体婚礼,以及推出过颐和园中秋赏月和十三陵野外烧烤等一系列活动,这些专题公关活动使长城饭店声名鹊起。长城饭店的大量公关工作,尤其是围绕为客人服务的日常公关工作,源于其周密、系统的调查研究。

长城饭店日常的调查研究通常由以下几个方面组成:

1. 日常调查

(1) 问卷调查。每天将调查问卷放在客房内,调查项目包括客人对饭店的总体评价,对十几个类别的服务质量评价,对服务员的服务态度评价,以及是否加入喜来登俱乐部和客人的游历情况,等等。

(2) 接待投诉。几名大堂经理24小时轮班在大厅内值班,随时随地帮助客人处理困难、受理投诉、解答各种问题。

2. 月调查

(1) 顾客态度调查。每天向客人发送喜来登集团在全球统一使用的调查问卷,每日收回,月底集中寄到喜来登集团总部,进行全球性综合分析,并在全球范围内进行季度评比。根据量化分析,对全球最好的喜来登饭店和进步最快的饭店给予奖励。

(2) 市场调查。前台经理与在京城各大饭店的前台经理每月交流一次游客情况,互通情报,共同分析本地区的形势。

3. 半年调查

喜来登总部每半年召开一次世界范围内的全球旅游情况会议,其所属的各饭店的销售经理从世界各地带来大量的信息,相互交流、研究,使每个饭店都能了解世界旅游形势,站在全球的角度商议经营方针。

这种系统的全方位调研制度,使饭店决策者宏观上可以高瞻远瞩地了解全世界旅游业的形势,进而可以了解本地区的行情;微观上可以了解本店每个岗位、每项服务及每个员工工作的情况,从而使他们的决策有的放矢。

综合调查表明,任何一家饭店,光有较高的知名度是远远不够的,要想保持较高的"回头率",主要是靠优质服务使客人满意。怎样才能使客人满意呢?经过调查研究和策划,喜来登集团面对激烈的竞争提出了"宾至如归方案"。方案中提出,在3个月内对长城饭店所有员工(上至总经理,下至一般服务员)进行强化培训,不准请假,合格者发证上岗。在每人每年100美元培训费基础上另设奖金,奖励先进。其宗旨就是向宾客提供令其满意的服务,使他们有宾至如归的感觉。随着这一方案的推行,长城饭店的服务水平又有了新的提高。

资料来源:http://wenku.baidu.com/view/f696c3efe009581b6bd9ebd2.html。

讨论并回答:

1. 阅读案例,从调研范围、调研性质、调研时间、调研内容、收集资料的方法等方面分析北京长城饭店采用了哪些类型的调研。

2. 北京长城饭店遵循了哪些市场调研的原则?

任务二　正确认识市场调研

第一部分　学习引导

【任务导入】

引导案例

王永庆的第一桶金

　　台湾著名企业家王永庆早年因家境贫寒读不起书,只好去做小生意以补贴家用,16岁时,在嘉义开了一家米店,当时小小的嘉义已有近30家米店,竞争非常激烈。当时仅有200块台币的王永庆只能在一条偏僻的巷子里租了一个小铺面。他的米店开得最晚,规模又小,更谈不上知名度,没有任何优势,所以在刚开张的日子里,生意惨淡。

　　当时,一些老字号店铺分别占据了周围大的市场,而王永庆的米店因规模小、资金少,没法做大宗买卖。那些地点好的老字号米店在经营批发的同时,也兼做零售,没有人愿意到他这个偏僻的米店来买米。王永庆曾背着米挨家挨户地去推销,但效果并不好。

　　王永庆感觉到要想自己的米店在市场上立足,就必须有一些别人没做到或做不到的优势才行。经过仔细的调研之后,王永庆很快从提高米的质量和服务上找到了突破口。

　　20世纪30年代的台湾,农村还处于手工业状态,稻谷收割与加工的技术很落后,稻谷收割后都晾晒在马路上,然后脱粒,沙子、小石子之类的杂物很容易掺杂在里面。人们在做米饭之前,虽然都要经过一道淘米的程序,但是像沙子、小石子之类的东西很难彻底清除掉,每到吃饭时总硌着牙,经常有人抱怨,连大的米店卖的米也是如此。

　　王永庆从顾客的抱怨中找到了自己应该改进产品质量的信息。他带领两个弟弟一齐动手,不辞辛苦,不怕麻烦,一点一点地将夹杂在米里的秕糠、砂石之类的杂物拣出来,然后再出售。这样,王永庆米店卖的米的质量显然就高了一个档次,因而深受顾客好评,米店的生意也日渐红火起来。

　　在产品质量的提高带来了较好的经济效益的同时,王永庆又将目光投向了别处。在30年代的台湾,大部分人买米都要到街上的米店去,然后自己再运送回家。有顾客反映,由于平时太忙,自己在要做饭时才发现米已经没有了,只好饿着肚子再去米店买米回家。经过长时间观察,王永庆还发现,一些家庭由于年轻人整天忙于生计,且工作时间很长,不方便前来买米,买米的任务只能由老年人来承担。对于一些上了年纪的老年人,这就是一个极大的不便了。另外,就米店而言,要等顾客上门才有生意做,长久下去,太被动了。王永

庆注意到了这些情况,于是决定打破常规,主动送货上门。这一方便顾客的服务措施大受欢迎,王永庆米店的生意更加红火了。

但是,王永庆并不因此而感到满足,他将目光又一次投向了更加精细的服务。即使是在今天,送货上门充其量是将货物送到顾客家里并根据需要放到相应的位置,那么,王永庆是怎样做的呢?

每次给新顾客送米,王永庆就拿出随身携带的小本细心记下这户人家米缸的容量,并且问明这家有多少人吃饭,有多少大人、多少小孩,每人的饭量如何等。他根据这些资料大致估计该户人家下次买米的时间,到了这个时间段,不等顾客上门,他就主动将相应数量的米送到顾客家里。在送米的过程中,王永庆还了解到,当地大多数家庭都以打工为生,生活并不富裕,许多家庭还未到发薪日,就已经囊中羞涩。由于王永庆是主动送货上门的,要货到收款,有时碰上顾客手头紧,一时拿不出钱,会弄得大家很尴尬。为解决这一问题,王永庆采取按时送米,不即时收钱,而是约定到发薪之日再上门收钱的办法,极大地方便了顾客。王永庆精细、务实的营销方法,使嘉义人都知道在米市马路尽头的巷子里,有一个卖高质量米并送货上门的王永庆。有了知名度后,王永庆的生意就更红火了。这样经过一年多的资金积累和客户积累,王永庆在离最繁华热闹的街道不远的临街处租了一处比原来大好几倍的房子,临街的一面用来做铺面,里间用来做碾米厂。就这样,王永庆从小小的米店生意开启了他后来问鼎台湾首富的事业。

资料来源:http://wenku.baidu.com/。

讨论与思考:
1. 王永庆的米店为什么能够成功?
2. 王永庆在市场调研与预测中是如何留住顾客的?
3. 本案例对大型企业的营销管理有什么启示?

2.1 市场调研的功能与作用

1. 市场调研的功能

市场调研的功能就是通过市场调研可以得到什么结果,主要体现在以下三方面:

(1) 收集并陈述事实。通过市场调研,可以获得市场信息的反馈,向决策者提供关于当前市场信息和进行营销活动的线索。

(2) 解释信息或活动。通过市场调研,可以了解当前市场状况形成的原因和一些影响因素。

(3) 预测功能。通过市场调研,可以根据过去的市场信息推测可能的市场发展变化。

2. 市场调研的作用

市场调研的作用主要取决于使用者怎么运用调研结果,主要在以下方面发挥作用:

(1) 为企业决策提供依据

通过了解分析提供市场信息,可以避免企业在制定营销策略时发生错误,或可以帮助营销决策者了解当前营销策略以及营销活动的得失,并给予适当建议。只有实际了解市场情况才能有针对性地制定市场营销策略和企业经营发展策略。

企业管理部门和有关人员针对某些问题（如制定产品策略、价格策略、分销策略、广告和促销策略等）要进行决策时，通常要了解的情况和考虑的问题是多方面的，主要有：本企业产品在什么市场上销售较好，有发展潜力；在哪个具体的市场上预期可销售数量是多少；如何才能扩大企业产品的销售量；如何掌握产品的销售价格；如何制定产品价格，才能保证在销售和利润两方面都能上去；怎样组织产品推销，销售费用又将是多少；等等。

这些问题都只有通过市场调研，才可以得到具体的答案，而且只有通过市场调研得来的具体答案才能作为企业决策的依据。否则，就会形成盲目的和脱离实际的决策，而盲目往往意味着失败和损失。

 案例材料

市场调研给日本电气公司带来了甜头

当日本电气公司（NEC）重新设计个人笔记本电脑时，首先找的是用户，而不是自己的工程师。NEC观察了许多用户使用笔记本电脑的方法，结果发现，人们在开机时通常要执行很多任务。因此，需要用双手的开关就很不方便。掌握这个信息后，NEC设计出了只需一只手就可操作的开关系统。进一步的研究采用了群体调查和计算机辅助的个人调查方法。研究结果表明：多功能和标准化是大多数消费者最关心的特征。因此，NEC重新设计了它的笔记本电脑，使之在外形上分为几个部分以满足多功能的要求，比如，包括一个和其他部分不相连的、能旋转让他人看到的屏幕。标准化也是非常重要的，许多消费者希望能在长途旅行过程中，以及无法找到电源的情况下，延长电池的寿命。NEC新设计制造的电池盒达到了这一目的。调查结果还发现，人们越来越多地随身携带笔记本电脑，笔记本电脑也因此成为一般生意人生活的一部分。根据这些情况，NEC设计了 Ultralite Versa，这种电脑较其他笔记本电脑线条更圆滑，给人的感觉更像消费者的一个工具，而不是办公产品。对产品的重新设计给 NEC 带来了好处，在 Ultralite Versa 电脑投放市场后仅4个月，NEC 的笔记本电脑的市场占有率就上升了 25%；Ultralite Versa 在1年内就抢夺了大约10%的笔记本电脑市场。

资料来源：http://www.doc88.com/p-657201682270.html。

（2）有助于了解市场变化趋势，提供正确的市场信息

通过市场调研可以了解市场可能的变化趋势以及消费者潜在的购买动机和需求，有助于营销者识别最有利可图的市场机会，为企业提供发展的新契机。

市场竞争的发展变化日益激烈，不断地发生变化，而促使市场发生变化的原因很多，包括产品、价格、分销、广告、推销等市场因素和政治、经济、文化、地理条件等市场环境因素。这两类因素往往又是相互联系和相互影响的，而且不断地发生变化。

市场调研实务

企业只有通过广泛的市场调研,及时地了解各种市场因素和市场环境因素的变化,从而有针对性地采取措施,通过对市场因素,如价格、产品结构、广告等的调整,去应对市场竞争。

对于企业来说,能否及时了解市场变化情况,并适时适当地采取应变措施,是企业能否取胜的关键。

(3) 有助于了解当前相关行业的发展状况和技术经验,为改进企业的经营活动提供信息

当今世界科技发展迅速,新发明、新创造、新技术和新产品层出不穷,日新月异。这种技术的进步自然会在商品市场上以产品的形式反映出来。通过市场调研,可以得到有助于我们及时了解市场经济动态和科技信息的资料信息,为企业提供最新的市场情报和技术生产情报,以便更好地学习和吸取同行业的先进经验与最新技术,改进企业的生产技术,提高人员的技术水平和企业的管理水平,从而提高产品的质量,加速产品的更新换代,增强产品和企业的竞争力,保障企业的生存和发展。

(4) 满足整体宣传策略需要,为企业市场地位和产品宣传等提供信息与支持

市场宣传推广需要了解各种信息的传播渠道和传播机制,以寻找合适的宣传推广载体和方式以及详细的营销计划,这也需要市场调研来解决,特别是在高速变化的环境下,过去的经验只能减少犯错误的机会,更需要实时的信息更新来保证宣传推广的到位。通常在市场宣传推广时还需要借助强力机构的市场信息支持,比如在消费者认同度、品牌知名度、满意度、市场份额等方面提供企业的优势信息以满足进一步的需要。

调研结果的错误使用

一份调研报告表明,在对克莱斯勒轿车与丰田轿车的测试中,克莱斯勒轿车取得了压倒性的优势。然而,在这 100 名被调查者中,没有一个人拥有过这两个品牌的轿车。

在关于一次性尿布的民意测验中,主持人提问:"据估计,一次性尿布占当今垃圾的 2%,而饮料容器、垃圾邮件和庭院垃圾约为 21%,根据你的意见,是否要停止生产一次性尿布?"很明显,84% 的人会说"不"。

以上对调研样本的有意操纵或有选择性的提问,都能对调研结果产生很大的影响。

2.2 市场调研的局限性

1. 有些调研没有找到核心问题,而使后期的决策失误

管理者为解决营销过程中存在的问题,往往从分析环境入手,查明产生问题的可能原因,找出可能采取的措施,推测这些措施的预期结果。在这些环节中,管理者和调研人员

会作出某些假设(如对问题出现的原因、考虑中的补救性措施的实施结果等),然而这些推测或假设通常存在不确定因素,这些不确定因素将增大未来营销决策的风险。有些市场调研对市场的深层洞察不够,有些调研没有找到核心问题,而使后期的决策失误。为此,管理者与调研人员应就现有信息量与营销决策者的期望信息量之间的差距进行深入研究与谨慎陈述,否则将使后期的调研和决策困难重重。

2. 市场调研不能代替营销决策

市场调研的作用是为营销决策提供真实、准确的市场信息。企业应对市场调研结果的科学性和准确性进行评估,如果结果可以接受,决策者还应在市场调研的基础上,结合其他信息以及自身的判断作出最后的决策。

3. 市场调研存在误差

市场调研中的误差,包括抽样误差和非抽样误差。抽样误差是由样本的代表性造成的,是不可避免的,但是可通过方案的合理设计进行控制,而且可以事先估算。非抽样误差是由抽样以外的因素造成的,这种误差可能来自研究人员、调研人员或受访者,这种误差从理论上讲可以避免,但无法估算。有专家指出,市场调研误差大是中国转型市场营销的主要特点之一,其主要原因有:市场变数多、变化快;受访者不习惯西式调查,心理及行为影响造成受访者误差大;测量方法的本土化造成抽样方法误差大;调研人员诚实度及专业水准带来的误差。

4. 市场调研周期长、费用高

一项综合性的市场调研往往费时、费力,调查周期很长,这给企业管理者的决策带来很大的压力和不便。

5. 后续调研跟进不够

一项重要的市场调研在得出调研结论之后,并不意味着调研的结束。因为企业的经营是永续的,还会面临新的环境变化和竞争态势。然而受资源、时间等所限,实践中市场调研往往忽视后续跟进。

6. 市场调研获得的信息并不一定都是真实的

首先,调研中大多数消费者只能凭记忆回答过去发生的行为,其记忆的可靠性自然值得探讨。其次,不是所有合适的被调查者都愿意接受调查,调研获得的信息也并非都是真实的。如在调研中,有些问题带有敏感性,被调查者往往拒绝回答,即使有些被调查者在访问员的劝说下作出了回答,但其答案的真实性也值得怀疑。

最好的解释就是"不合适"

在市场调研中,消费者有时不说真话,有时甚至想隐瞒真相。曾有一家大型邮购公司

市场调研实务

在其销售的男士休闲裤产品上收到了异乎寻常的大量退货,消费者所反映的退货原因是裤子不合适。根据这些信息,这家邮购公司认为它们可能在提供给消费者订货一览表和合适尺码的指导说明方面有些问题。于是,它们请一家调研公司帮助寻找订货一览表和指导说明中的问题。调研公司获得了一份退回男士休闲裤的消费者的名单,并派调研人员去进行实地调研,调研结果却出乎预料。调研人员从消费者那里得到的信息是,休闲裤非常合适。真实的原因是什么呢?原来母亲们在给她们十几岁的男孩订购裤子时,往往会订购3—4条裤子,希望他们能从中挑选一条最合适的,然后退掉其余2—3条。这一调研表明,一览表和指导说明并没有问题,只是在解释退货的原因时,没有比"不合适"更恰当的借口了。

第二部分 实 践 活 动

活动2:了解市场调研的功能

日本人如何获知大庆油田的秘密

1959年9月26日,在松辽地区具有工业价值油流的第一口探井——松基三井开始喷油,标志着大庆油田的诞生。1960年5月16日,大庆油田第一口生产油井7-11井投产出油。当时,对于大庆油田的这些情况中国尚未对国内外公布,绝大多数中国人也不知道大庆油田到底在什么地方,而日本因为战略上的需要,极为重视中国石油的发展,当听说中国正开发大庆油田时,就把摸清大庆油田的详细情况作为其情报工作的重中之重。

首先获得突破的是日本三菱重工财团的信息专家。1964年4月19日,中央人民广播电台播出《大庆精神大庆人》的报道。第二天,《人民日报》又对此事予以报道。三菱重工的专家们据此判断,中国的大庆确有其事,但他们还不清楚大庆的具体位置。在1966年7月的一期《中国画报》上,他们看到了一张照片:大庆油田的"铁人"王进喜头戴大狗皮帽,身穿厚棉袄,顶着鹅毛大雪,手握钻机刹把,眺望远方,在他背景远处错落地矗立着星星点点的高大井架。唯有中国东北的寒冷地区,采油工人才需要戴这种大狗皮帽和穿厚棉袄,日本人由此断定:"大庆油田是在冬季气温达零下30度的东北地区,大致在哈尔滨与齐齐哈尔之间",但具体位置仍然没有确定。同年10月,《人民中国》杂志第76页刊登了石油工人王进喜的事迹。报道中说,以王进喜为代表的中国工人阶级,为粉碎国外反动势力对中国的经济封锁和石油禁运,在极端困难的条件下,发扬"一不怕苦,二不怕死"的精神,抢时间,争速度,不等马拉车拖,硬是用肩膀将几百吨的采油设备扛到了工地。日本人据此分析认为,最早的钻井是在安达东北的北安附近,而且从钻井运输情况看,离火车站不会太远。在报道中还有这样一句话:王进喜一到马家窑,看到大片荒野时说:"好大的油海,把石油工业落后的帽子丢到太平洋去。"日本人于是查看伪满洲旧地图,发现马家窑是位于黑龙江省海伦县东南的一个小村庄,在北安铁路上一个小车站东边十多公里处。就这样,日本人彻底搞清楚了大庆油田的确切位置:马家窑是大庆油田的北端,大庆油田的范围可能是北起海伦的庆安,西南穿过哈尔滨市与齐齐哈尔市铁路的安达附近,南北达400公里。

搞清了位置,日本人又对王进喜的报道进行分析。王进喜原是云门油矿1259钻井队的队长,是1959年9月在北京参加国庆庆典之后自愿去大庆的。他们从王进喜所站的钻台油井与他背后隐藏的油井之间的距离和密度断定,大庆油田在1959年以前就进行了勘探,并且大体上知道了油田的储量和产量。1964年,王进喜参加了第三次全国人民代表大会。日本人认为,如果大庆油田不产油,王进喜肯定不会当选人大代表。于是,他们断定这时大庆油田已经开始大量产油,但炼油规模又如何呢?1966年7月,他们在《中国画报》上又发现了一张炼油厂反应塔的照片。根据反应塔上的扶手栏杆的粗细与反应塔的直径的对比,他们推断反应塔的内径长为5米。加之《人民日报》此前刊登的国务院政府工作报告,他们进一步推算出大庆油田的炼油能力和规模、年产油量等内容。至此,他们比较全面地掌握了大庆油田的各种情况,揭开了当时尚未公布的一些秘密。

在对所获信息进行剖析和处理之后,根据中国当时的技术水准和能力及中国对石油的需求,三菱重工断定中国必定要大量引进采油以及炼油设备,于是立即集中相关专家和技术人员,全面设计出了适合中国大庆油田的设备,做好充分的夺标准备。果不其然,不久,中国政府向国际市场寻求石油开采设备,三菱重工以最快的速度和最符合中国所要求的设计、设备,一举中标,获取了巨大的商业利益。西方石油工业大国对此目瞪口呆,惊诧不已。

资料来源:http://www.360doc.com/content/12/0222/08/3651847_188524381.shtml。

讨论并回答:

阅读案例,分析市场调研有何功能和作用。

任务三　了解市场调研内容

第一部分　学习引导

【任务导入】

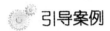 引导案例

新可口可乐以失败告终

曾有这样一个美国式的幽默,假若你在酒吧向侍者要杯可乐,不用猜,10 次中他会有 9 次给你端出可口可乐,还有 1 次呢？对不起,可口可乐卖完了。由此可见可口可乐所具有的魅力。在美国人眼里,可口可乐就是传统美国精神的象征。但就是这样一个大品牌,20 世纪 80 年代中期却出现了一次几乎致命的失误。

70 年代中期以前,可口可乐一直是美国饮料市场的霸主,市场占有率一度达到 80%。然而,70 年代中后期,它的老对手百事可乐迅速崛起。1975 年,可口可乐的市场份额仅比百事可乐多 7%;9 年后,这个差距缩小到 3%,微乎其微。百事可乐采取的营销策略是：首先,针对饮料市场的最大消费群体——年轻人,以"百事新一代"为主题推出一系列青春、时尚、激情的广告,让百事可乐成为"年轻人的可乐";其次,进行口味对比,请毫不知情的消费者分别品尝没有贴任何标志的可口可乐与百事可乐,同时将这一对比实况进行现场直播,结果是,八成的消费者回答说百事可乐的口感优于可口可乐,此举立即使百事可乐的销量激增。

对手的步步紧逼让可口可乐感受到了极大的威胁。1982 年,为找出可口可乐衰退的真正原因,可口可乐公司决定在全美 10 个主要城市进行一次深入的消费者调查,并设计了"你认为可口可乐的口味如何?""你想试一试新饮料吗?""可口可乐的口味变得更柔和一些,你是否满意?"等问题,希望了解消费者对可口可乐口味的评价,并征询其对新可乐口味的意见。调查结果显示,大多数消费者愿意尝试新口味的可乐。可口可乐的决策层以此为依据,决定结束可口可乐传统配方的历史使命,同时开发新口味的可乐。没过多久,比老可口可乐口感更柔和、口味更甜的新可口可乐样品便出现在世人面前。为确保万无一失,在新可口可乐正式推向市场之前,可口可乐公司又花费数百万美元在 13 个城市中进行了口味测试,邀请了近 20 万人品尝无标签的新老可口可乐。结果让决策者们更加放心,六成的消费者回答说新可口可乐的味道比老可口可乐要好,认为新可口可乐的味道胜过百事可乐的也超过半数。至此,推出新口味的可乐似乎是顺理成章的事了。为此,可

口可乐不惜血本协助瓶装商改造了生产线,而且,为配合新可乐上市,可口可乐公司还进行了大量的广告宣传。1985年4月,可口可乐公司在纽约举办了一次盛大的新闻发布会,邀请200多家新闻媒体参加,依靠传媒的巨大影响力,新可乐一举成名。

但让可口可乐的决策者们始料未及的是,噩梦正向他们逼近。很快,越来越多的老可口可乐的忠实消费者开始抵制新可乐。对于这些消费者来说,传统配方的可口可乐意味着一种传统的美国精神,放弃传统配方就等于背叛美国精神,"只有老可口可乐才是真正的可乐"。有的顾客甚至扬言将再也不买可口可乐。

此后,可口可乐公司每天都会收到来自消费者的成袋的愤怒信件和上千个批评电话。尽管可口可乐公司竭尽全力平息消费者的不满,但他们的愤怒情绪犹如火山爆发般难以控制。迫于巨大的压力,决策者们不得不作出让步,在保留新可乐生产线的同时,再次启用近100年历史的传统配方,生产让美国人视为骄傲的"老可口可乐"。仅仅3个月的时间,可口可乐的新可乐计划就以失败告终。尽管前期花费了2年时间、数百万美元进行市场调研,但可口可乐公司却忽略了最重要的一点——对于可口可乐的消费者而言,口味并不是最主要的购买动机。

新可口可乐的失败说明:如今,由于市场环境复杂多变、竞争加剧、消费者变得更加精明和富有经验,人们对信息的需求在质量和数量上都大大提高了,同时,由于缺乏充分的信息,决策失误的危险性也随之增加了。而市场调研的任务就是评估信息需求,并向管理者提供相关、可靠、及时和有效的信息,这些信息奠定了市场营销活动成功的基础。

资料来源:http://wenku.baidu.com/view/788dc046a8956bec0975e37c.html。

市场调研的领域十分广泛,每个企业、每个行业进行市场调研的目的不同,市场调研的具体内容和侧重点也不同。

3.1 市场需求调研

市场需求调研在企业营销调研中是最重要的内容,它主要包括:消费者需求数量调研、消费者结构调研、消费者需求时间调研、消费者购买力调研、消费者支出结构调研、消费者行为调研,以及消费者满意度调研等。

进行市场需求调研的主要目的是更好地满足消费者需求,及时调整经营管理决策来适应不断变化的市场。

家庭主妇的购买动机

速溶咖啡进入市场初期,许多家庭主妇抱怨其味道不像普通的咖啡。但在蒙住眼睛的试饮实验中,这些家庭主妇却辨别不出哪个是速溶咖啡、哪个是普通咖啡。为了了解其中的奥妙,调研人员将普通咖啡和速溶咖啡分别写在了两张几乎相同的购货清单上,并分发给两组具有可比性的家庭主妇。然后,调研人员要求这两组家庭主妇猜测她们所看到的那张购货清单持有者的个人与社会特征,结果显示:在看到写有速溶咖啡购货清单的一组家庭主妇中,有相当多的人认为购货清单的主人必是一个"懒惰、浪费、蹩脚的妻子,并且是安排不好她的家庭计划的"。显然,这些妇女把她们自己对使用速溶咖啡的不良印象和忧虑通过一个虚构的家庭主妇的形象真实地反映出来了。公司也终于了解了家庭主妇不购买速溶咖啡的原因。因此,公司可以开展一个活动来改变家庭主妇对速溶咖啡的购买动机。

资料来源:http://wenku.baidu.com/。

3.2 市场环境调研

企业的经营活动是在复杂的社会环境中进行的,环境的变化,既可以给企业带来市场机会,也可以形成某种威胁,因此对企业市场环境的调研,是企业有效开展经营活动的基本前提。它主要包括宏观环境调研、微观环境调研、市场机会与威胁调研、市场细分调研、市场现有规模和潜在规模调研、市场定位调研等。

市场环境调研的目的主要是通过对总体市场需求和变化趋势的调研,使企业趋利避害,发现理想的目标市场,并成功地进行市场定位。

3.3 营销实务调研

营销实务调研是围绕企业营销活动开展的,它涉及产品调研、价格调研、销售渠道调研、促销与广告调研几个方面的内容。

1. 产品调研

产品调研的内容主要包括:产品生命周期调研、新产品创意与构思调研、消费者对产品概念的理解调研、新产品市场发展前景调研、产品品牌价值和品牌忠诚度调研、产品包装及消费者对产品质量、性能、式样等意见的调研。产品调研的目的主要是为企业进行产品决策提供依据。

不作调研推出新产品,品牌之王宝洁尝苦果

品牌之王宝洁对调研的重视是出了名的,宝洁的每一个大动作都以调研为依据,宝洁每一种新产品的上市几乎都是对消费者进行调研的结果。是宝洁没有成本意识吗?是宝洁没有眼光,缺乏决断力吗?宝洁如此在乎调研,是因为它有过惨痛的教训,吃过"自以为是"的大亏。

"安卡普林"是不伤胃的止痛剂,运用定时释放的新技术,可以在药剂溶化前通过胃部。这种止痛剂对频繁使用者是一个不错的产品,但必须每4小时服用一次。然而事实上,大部分人只在疼痛时才服用止痛剂,并且希望立即见效。宝洁沉醉于产品的独到之处,而忽视了消费者的想法,跳过了正常的市场测试环节,直接进行全国销售。一厢情愿的想法让宝洁的"安卡普林"最终惨败。

现在的宝洁非常注重测试,如果一个品牌无法在匿名测试中获胜,就不允许上市。

资料来源:http://toutiao.com/a6229188757641494785/。

忽视产品寿命周期,惨遭沉重打击

史料表明,瑞士的钟表业技术一向称誉全球。第二次世界大战以前,全世界70%的钟表为瑞士所垄断,平均每天创造的价值达18亿美元。但为何在石英表技术上却让日本"领先一步"了呢?

1954年,瑞士有一位叫马科斯·赫泰尔的工程师看到电子石英技术的成熟,认为机械表将逐渐步入衰退期,便立即呼吁重点发展石英表。但在当时瑞士的钟表业,制造者和经销商都为自己的精湛技术所陶醉,发展石英表的呼吁并没有引起他们的注意。而后,日本得到这一信息,他们看到了石英技术的前途,集中力量开发出高质量的石英表,并推向国际市场。到1978年,瑞士178家钟表商已统统被打垮,日本的石英技术"誉满全球""领导世界钟表的新潮流"。直到遭受这样的沉重打击,瑞士人才大梦初醒。

日本人的成功在于正确认识到产品的寿命周期,并采取了相应的市场策略;而瑞士人没有及时发现石英技术的广阔前景,结果错失良机,反而被自己研发的技术所打败。

2. 价格调研

价格调研的主要内容包括:调查市场中各竞争品牌的定价、商品的需求和供给的弹性大小,调查消费者对价格变化的理解或反应,研究价格在品牌选择中的重要性及定价对产品销售的影响等。价格调研的主要目的是寻找有利于促进产品销售的价格策略。

价格调研,使福特公司绝处逢生

美国汽车大王亨利·福特从1919年起,曾两次创办汽车公司,但都遭到了失败。正当他面临绝境时,遇到了当时的管理专家詹姆斯·库兹恩斯。库兹恩斯出任汽车公司的经理后,首先进行市场调研,了解到当时只有廉价的汽车才有销路,于是制定了每辆汽车850美元的目标售价。为了降低生产成本,库兹恩斯聘请专家设计了流水线,大幅度提高了生产效率。几年后,福特公司廉价的汽车进入了美国市场,立即受到消费者的欢迎,接着就像潮水般地涌向全世界,福特很快就成为当时最大的汽车制造商。福特的绝处逢生,不能不归功于库兹恩斯对汽车价格的调研。

资料来源:http://www.genshuixue.com/。

3. 销售渠道调研

产品流通渠道的具体形式决定了流通渠道调研的具体内容,它包括流通渠道的结构调研、批发商与零售商的调研、流通渠道关系的调研、渠道效果的调研及仓储和运输的调研等。销售渠道调研的主要目的是为企业寻找最佳的渠道组合策略。

4. 促销与广告调研

这方面的调研内容比较丰富,主要包括:促销组合结构调研,广告主题调研,广告媒体调研,电视收视率、广播收听率及报纸或杂志阅读率调研,为评价广告效果而作的有关消费者态度和行为的调研,广告媒介监测等。促销与广告调研的主要目的是实现促销组合的最佳化,达到最好的促销效果。

"商务通"的广告策略

"商务通"于1998年12月进入市场,其产品在1999年就获得了60%的市场份额,被喻为该年度中国最大的商业奇迹之一。其成功固然有成功的市场定位的因素,但从广告效果上看,可以说巨额的广告投放使个人数字处理(PDA)市场规模迅速扩大。而市场调研对其广告策略的正确选择也是功不可没的。

"商务通"第一批广告资金只有2 000万元,因此只能从便宜的地方做起——与同行一样在一些报纸媒体上做一些招商类的广告。在走过了一小段弯路之后,"商务通"找到了突破口,即大多数地方电视台的广告"垃圾时间"。"商务通"的目标客户是那些商务人士——白天工作繁忙的城市白领,市场调查发现,他们看电视的主要时间集中在晚间,所以,黄金时间的广告对他们来说效果不大,相反,睡觉前看电视的习惯使该时段的广告收到了奇效。

2000年度主要有8个品牌参与CCTV-1的广告投放,总投放额8 811万元。其中,"商务通"的广告投放量近乎行业总投放量的2/3,已树立起掌上电脑行业的领导地位。

资料来源:http://wenku.baidu.com/。

3.4 市场竞争调研

市场竞争调研主要侧重于本企业与竞争对手的对比研究,包括两个方面:一是对竞争形势的一般性调研,如不同企业或企业群体的市场占有率、经营特征、竞争方式;行业的竞争结构及变化趋势等。二是针对某个竞争对手的调研,如企业与竞争对手在产品品种、质量、价格、销售渠道、促销方式、服务项目等方面态势的调研。市场竞争调研的主要目的是要做到在竞争中知己知彼,更好地发挥企业的优势。

 案例材料

表3-1 列示的是587家公司开展36种不同营销调研活动的情况。

表3-1 587家公司开展市场营销调研活动统计表

		调研类型	占公司百分比(%)
内外环境调研	业务/经济与公司研究	行业/市场特征与趋势	83
		购并/多元化研究	53
		市场占有率分析	79
		内部员工研究(士气、沟通等)	54
市场营销实务调研	定价	成本分析	60
		利润分析	59
		价格弹性	45
		需求分析	
		• 市场潜量	74
		• 销售潜量	69
		• 销售预测	67
		竞争性定价分析	63
	产品	观念开发和测试	68
		品牌名称产生与测试	38
		市场试销	45
		现行产品测试	47
		包装设计研究	31
		竞争性产品研究	58
	分销	工厂/仓库地址研究	23
		渠道行为研究	29
		渠道覆盖研究	26
		出口与国际市场研究	19
	促销	动机研究	37
		媒体研究	57
		文稿研究	50
		广告效果	65
		竞争广告研究	47
		公共形象研究	60
		销售员报酬研究	30
		销售员定额研究	26
		销售员地区分布研究	31
		赠券、折价券、优惠促销等	36
市场需求调研	购买行为	品牌偏好	54
		品牌态度	53
		产品满意度	68
		采购行为	61
		采购意图	60
		品牌知晓度	59
		市场细分研究	60

第二部分 实 践 活 动

活动 3：确定调研项目

1. 分组：把班级分成若干项目小组，以学生自愿组合为主，指导教师为辅，每个小组 3—5 名学生，每组确定 1 名组长。
2. 小组根据本组的现有资源确定调研项目。

调研项目范围：
- 家电行业
- 快速消费品行业（快餐、超市）
- 旅游行业
- 保险行业
- 房地产行业
- 通信行业
- IT、互联网行业
- 汽车、医药、文教、社保行业等

活动 4：撰写调研申报书

以小组为单位，根据确定的调研项目撰写调研申报书。

1. 作业提交要求

（1）下次上课时每组选派一人进行 PPT 汇报（5 分钟）；
（2）各组对其他组的演讲进行评价；
（3）市场调查项目立项考核内容，10 分：
① 选题切入角度是否新颖、主旨明确，1 分；
② 项目资料的收集是否全面，2 分；
③ 项目立项的可行性是否讲解充分，2 分；
④ 演讲人语言表达是否清晰，2 分；
⑤ PPT 制作是否精美、简洁，3 分。

2. 调研题目申报书体例要求

1. 项目概述
1.1 项目名称
1.2 项目概述
2. 项目可行性分析
2.1 研究意义
2.2 研究现状（类似项目研究）

2.3 本项目创新性

3. 项目研究方案

3.1 研究目标

3.2 研究的主要内容

3.3 拟采取的研究方法

3.4 预期取得的成果

4. 项目研究计划、进度安排

5. 项目所获帮助

6. 经费预算

 参考案例

项目立项报告及价值体现

项目立项报告,又称项目建议书。按新的投资体制改革相关政策,项目立项报告主要是指国有企业或政府投资项目单位向发改委申报的项目申请。项目立项报告批准后,可以着手成立相关项目法人。民营企业(私人投资)项目一般不再需要编写项目立项报告,只有在土地一级开发等少数领域,由于行政审批机关习惯沿袭老的审批模式,有时还要求项目方编写项目立项报告。外资项目,目前主要采用核准方式,项目方委托有资格的机构编写项目申请报告即可。

市场调研项目立项报告是为市场调研项目建设筹建单位或市场调研项目法人,根据国民经济的发展、国家和地方中长期规划、产业政策、生产力布局、国内外市场、所在地的内外部条件,提出的具体项目的建议文件,是专门对拟建市场调研项目提出的框架性的总体设想。该报告的核心价值是:

- 作为市场调研项目拟建主体上报审批部门审批决策的依据;
- 作为市场调研项目批复后编制项目可行性研究报告的依据;
- 作为市场调研项目的投资设想变为现实的投资建议的依据;
- 作为市场调研项目发展周期初始阶段基本情况汇总的依据。

市场调研项目立项报告主要从宏观上论述项目设立的必要性和可能性,从项目的市场和销售、规模、选址、物料供应、工艺、组织和定员、投资、效益、风险等方面进行深入阐述,消除决策主体项目选择的盲目性,着力阐述项目的规划设想,极力突显项目的社会和经济效益,达到立项报批的目的。

高等职业教育财经类技术
技能人才培养系列教材

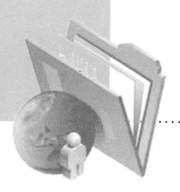

项目二

调研项目计划

项目概述

调研项目成功与否,关键取决于调研项目计划的完善与准确度,调研项目计划在市场调研过程中起着承上启下的关键作用。本项目将引导大家从了解市场调研计划的基本概念、基本方法入手,进而将市场调研计划的理论与实践相结合,熟悉市场调研方案的基本内容、市场调研计划的一般过程、市场调研计划的内容、市场调研计划书的撰写。

项目目标

☞ 知识目标

1. 了解市场调研程序;
2. 了解市场调研的基本流程。

☞ 能力目标

1. 掌握市场调研的基本方法;
2. 掌握确定调研方式的方法;
3. 掌握市场调研计划书的撰写方法。

☞ 素养目标

1. 具有尊重客观事实、遵循科学方法的态度;
2. 具有一定的洞察力和判断力。

任务四　了解市场调研程序

第一部分　学习引导

【任务导入】

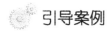引导案例

邮寄公开小组讨论《十七岁》杂志的调查

邮寄公开小组讨论由全国范围的有代表性的家庭组成，这些家庭同意参加定期的邮寄问卷、产品测验和电话调查，他们可以通过各种奖励获得补偿。一些杂志，如《十七岁》(Seventeen)通过市场调研来了解它的读者们的购物习惯。问卷被邮寄给《十七岁》的消费者小组讨论的 2 000 名成员，这些成员代表由 13—21 岁的女性组成的市场。最终，有 1 315 份问卷被寄回，应答率为 65.8%。调查结果通过年龄和地理区域被均衡为人口调查统计数据，这样，它们可以反映出美国所有的 13—21 岁的女性的购物习惯。一些主要的调查结果如下所示：

- 9/10 的人在大的购物中心购物。
- 大约 2/3 的人在小的购物中心购物。
- 一半以上的人在一个单一的固定的商店购物。

《十七岁》杂志用这些研究结果来吸引登广告的人，并且因此而获得较高的收入。《十七岁》杂志还通过邮寄小组讨论来进行定期调查，以帮助它与其目标市场保持联系，并且跟上变化。

调研人员可以通过邮寄小组讨论从同一个应答者身上反复地获得信息。因此，他们也可以用这种方法实施长远的规划。但是请记住：并不是所有的调查方法都能适合某个具体的场合，因此，调研人员应通过比较评价的方法来判断哪一种方法最为合适。

如何进行市场调研，是有一定程序的。按照程序进行市场调研，是有效完成市场调研工作的保障之一，具体程序如图 4-1 所示。

4.1　确定调查目标

市场调查的第一个阶段是要确定调查目标。在不同的调查背景下，确定调查目标的工作难度是不同的。比较容易和简单的情况是，作为市场调查项目的承接者，接受了一个

市场调研实务

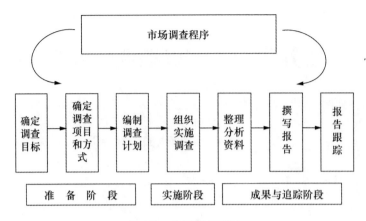

图 4-1 市场调研流程

具体的市场调查项目,委托者对该项目的需求情况表述得细致、具体、充分和详尽。这时,作为市场调研项目的操作者,我们必须如实搞清所要调查的目标是什么,即在对调研目标的背景资料进行分析之后,为了保证调研结果的实用性和正确性,必须确定具体的调研目标。

关于中学生上网的社会调查

我在××初中实习不到两个月,该校装备了计算机网络系统、多媒体教学系统、教学现场评估系统、校园广播系统、闭路电视系统,使校园教学设施网络化,实现了教学手段的现代化。现对中学生上网情况调查如下:

(一)中学生及其家长对网络的态度和相关行为的情况

1. 中学生上网率极高,上网时间长,多数家长却从未上过网,大部分教师上网经验不够丰富

互联网以独特的魅力吸引着广大中学生。调查显示,93.5%的中学生表示对网络感兴趣,并有11.4%的中学生认为"很长时间不上网是令人难以忍受的"。周末和节假日是中学生上网的高峰时段。与孩子们相比,家长和教师们则大为逊色。45.2%的家长表示不了解网络为何物,没上过网的家长高达69.2%,只有7.7%的家长经常上网。大部分教师的上网时间少、上网经验明显不足。

2. 多数中学生对在校上网的条件不满意,家长、教师呼吁改善条件

对于在校上网条件表示满意的中学生只有19.4%,不满意率达59.2%。24.9%的中学生表示在学校里学会了上网技巧,而38.3%的中学生则认为学校并没有把必要的网络技巧教授给他们。同时,不少教师对于学校的网络资源现状,特别是现有资源的利用率表示不满。教师们反映,校园网络设施和多媒体教学设备主要用于展示课件与开公开课,而未能

充分运用于平时备课和课堂教学,更不能充分满足学生们在校上网的需求。

3. 多数家长既赞成子女上网,又担心子女上网影响学习

对于子女上网,27%的家长持赞成的态度,持反对态度的只有15.9%,大部分家长则持顺其自然的态度,但近半数的家长表示希望子女将来能从事网络工作。高达九成的家长认为,网络最大的好处是"能使子女开阔眼界,增长见识,并掌握电脑技巧";29.5%的家长觉得"网络能提高子女的学习兴趣";11%的家长认为"网络没有任何好处和作用";58.5%的家长表示,最不能接受的事情是"子女上网会浪费时间,耽误学业"。显然多数家长内心十分矛盾:既希望子女能享受网络的好处,又害怕子女因迷恋网络而荒废学业。此外,令家长们深感焦虑的事情还有:浏览淫秽、反动、暴力信息,产生网恋,痴迷网络游戏,等等。

(二)网络环境对中学生的影响

1. 网络环境对中学生的积极影响

(1)中学生使用互联网有助于形成全球意识,强化对国家、民族的责任感。透过网络的窗口,他们关注"家事、国事、天下事";全球意识增强,适应中国加入世界贸易组织的新形势,对于他们今后走入日趋一体化的世界,显然是大有好处的。

(2)互联网为中学生学习提供了有利条件,拓宽了他们的视野。网络资源在一定程度上满足了中学生进行探究性学习、研究性学习的需要。

(3)中学生使用网络有助于扩大交往的范围,促进青春期心理的健康发展。网络上,通过电子邮件、聊天室、BBS等把天涯海角、素不相识的人聚在一起,在相互咨询、交谈、讨论、倾诉、请教的过程中,极大地满足了中学生旺盛的表达欲、表现欲和社交欲。这对于舒解压力、保持青春期的心理健康有一定的好处。

(4)中学生经常上网,激发了他们对英语和现代科学技术的学习热情。

2. 网络对中学生的负面影响

(1)网上的信息垃圾使中学生深受其害。

(2)中学生迷恋网络会对学业产生影响。

(3)中学生通过网上聊天易引发网恋。调查显示,6.7%的中学生坦言自己有过"网恋"行为(实际比例会更高)。网恋中存在许多情感陷阱,中学生往往是受害者。

(4)网络不良文化弱化了中学生的道德意识。

(5)网吧管理制度不健全,给中学生造成诸多问题。

(三)对策与建议

网络环境对中学德育工作提出了新的挑战,同时也提供了许多机遇。有关人士在中央思想政治工作会议上强调指出:"对于信息网络化问题,我们的基本方针是积极发展、加强管理、趋利避害、为我所用,努力在全球信息网络化的发展中,占据主动地位。"这是我们进行网络德育工作的指导思想。我们建议:

1. 更新教育观念,推进学校网络德育工作的开展

第一,通过宣传和学习,使全体德育工作者转换观念,统一思想认识,抛弃"网络有害论",消除"网络恐慌症",充分认识到网络德育的重要性和网络在中学生成长过程中的重要作用。

第二,重新定位学校德育的目标,把青少年儿童的道德成熟度作为网络德育的首要目

标,着力培养学生正确的道德价值观、判断力和自制力。

第三,重新设计学校德育的内容,在原有德育内容的基础上突出价值观教育,增强识别评价和选择道德信息的能力;注重道德意志力的训练,使学生的道德认识与行为实践统一起来;开设网络德育课程,强化学生的网络道德意识和网络责任感。

第四,利用计算机和网络技术,拓展德育的时间和空间。

2. 培养网络德育队伍,增强网络德育力量

第一,通过各种形式的培训、讲座和考核,使各级教育管理者、德育工作者以及全体教师掌握网络基本知识、技能,并熟悉网络德育的运作方式和手段,学会常见的德育课件开发工具(如 Autorware、Director、Flash 等)。在讲求实效的前提下,改进和充实"××市中小学教师计算机考核"的方式与内容,如增加教师利用网络开展道德工作的考核内容。

第二,选拔并培训一批思想政治素质高、网上沟通技巧好、具有丰富的网络经验和技能的专兼职网络德育工作者,由他们提供在线指导,帮助上网的中学生解决各种心理、思想、学习等问题;同时,注意在网上收集整理有代表性的德育问题,向有关职能部门反馈,以加强德育工作的针对性。

3. 加强对中学生进行网络道德和网络行为规范教育,使其自觉筑起心灵的"长城"

第一,加强以理想信念为主题的思想品德教育,用正确的人生观、世界观和价值观筑起心灵的"长城",抵制网上各种不良思潮和有害信息的侵蚀。

第二,加强中学生网络行为教育和安全教育。制定"××市中学生网络行为规范",加大宣传力度,提高自我保护意识和自我约束能力。

第三,各校可以组织中学生统一浏览思想品德教育的主题网站,并向他们推荐国内外诸多优秀网站,把中学生的上网热情转化为自觉学习先进文化、陶冶高尚情操的动力。

4.2 确定调查项目和方式

项目调研的问题很多,不可能通过一次调研就解决所有的问题,因此,每次组织项目调研时应找出关键性的问题,确定调研的专题。调研专题太宽,将会使调研人员无所适从,不能发现真正需要的信息;专题太窄,不能通过调研充分反映市场的状况,使调研起不到应有的作用。由此可见,调研专题的选择要适当。

4.3 编制调研计划

项目调研专题与目的确定之后,紧接着便是调研计划的制订。调研计划的内容主要包括:

(1) 确定资料来源

制订项目调研计划必须考虑资料的来源。调研资料按其来源不同,可分为第一手资料和第二手资料。第一手资料是指为了一定的目的采集所得的原始资料。采用第一手资料的费用比较高,但是资料的价值相当大。这种资料常常来自现场的调查。第二手资料是指为了其他目的而采集的现成资料。在现代的项目调研中,往往采用第二手资料。因

为二手资料比较方便获取,而且成本比较低。调研人员可以从内部资料中获取,也可以利用外部资料间接获取。内部资料常来自企业的财务报表、资金平衡表、销售统计表以及其他报表或档案,外部资料常来自政府的文件、书籍、报纸、期刊以及各种出版物。项目调研的起点通常来自第二手资料,但是这样的二手资料必须精确、可靠并且真实。

(2) 确定调研方法

项目调研资料的采集往往采用以下三种调研方法:

① 观察法。观察法是一种单向调研行为,主要是由项目调查人员通过直接观察,进行实地记录,以获取所需的资料。这种方法可以采取跟踪观察的形式在不同的地点连续进行,以获取动态的数据记录,供调研人员使用;也可以从不同角度对调查对象进行观察,从而对调查对象作整体评价。

② 询问法。询问法是一种双向沟通的行为,一般分为口头询问法和书面询问法。口头询问法是指项目调研人员直接通过语言与访问对象进行交谈,从交谈中获取所需要的信息资料,也可以采取座谈会的形式。这种方法简单、快速、灵活,但是要求询问者思维敏捷,能及时捕捉有价值的信息资料。书面询问法是指调研人员事先制定出调查表,以当面填写或邮寄填写的形式收集信息。这种方法速度比较慢,但是成本比较低、资料比较丰富。

③ 实验法。实验法是指将调查对象随机地分成若干组,通过有意识地控制实验条件中的若干变量,来观察条件变化后的各种反应,从中找出各种反应的差别。这种方法可以控制实验条件,排除其中非可控因素的影响,从中找出因果联系,所以运用得比较广泛。

(3) 确定费用预算

项目调研需要一定的费用支出,这样便要合理地制定费用预算,以确保调研费用支出小于调研后产生的收益。

在制定费用预算时,要将可能需要的费用尽可能地考虑全面,并认真作出一个合理的估计,以免将来出现一些不必要的麻烦而影响调研的进度。例如,预算中没有鉴定费,但是调研结束后需要对成果作出科学鉴定,否则无法发布或报奖。在这种情况下,课题组将面临十分被动的局面。当然,没有必要的费用就不要列上,必要的费用也应该认真核算作出一个合理的估计,切不可随意多报、乱报预算。不合实际的预算将不利于调研方案的审批或竞争。因此既要全面细致,又要实事求是,这样才是调研预算正规的核算方式。

我们在进行调研经费预算时,一般需要考虑如下几个方面:总体方案策划费或设计费;抽样方案设计费(或实验方案设计);调查问卷设计费(包括测试费);调查问卷印刷费;调查实施费(包括选拔、培训调查员,试调查的费用,以及交通费,调查员劳务费,管理督导人员劳务费,礼品或谢金费,复查费等);数据录入费(包括编码、录入、查错等费用);数据统计分析费(包括上机、统计、制表、作图、购买必需品等费用);调研报告撰写费;资料费、复印费、通讯联络等办公费用;专家咨询费;劳务费(公关、协作人员劳务费等);上缴管理费或税金;鉴定费、新闻发布会及出版印刷费用;等等。

4.4 组织实施调查

在调研计划制订出之后,就到了计划的实施阶段。这一阶段又具体包括三个步骤:

(1) 数据资料的收集

数据资料的收集阶段往往费用很高,但对整个项目活动的开展具有重要意义,调研主管人员必须监督现场的工作,采取相应的措施防止失真信息的出现。

(2) 数据资料的加工处理

收集的数据资料要经过一个去伪存真、去粗取精和科学加工处理的过程,以保证分析工作的客观性,从而更好地保障整个项目活动的顺利进行。

(3) 数据资料的分析

数据资料经过收集、加工、处理之后,要对其进行分析,以找出具有普遍意义的规律性。分析方法主要有定量分析与定性分析两种。随着网络技术和计算机技术的发展,出现了数据处理软件,这为项目调研工作带来了便利,不仅缩短了分析的时间,而且提高了工作效率。

4.5 整理分析资料

调研报告是将调研数据分析结果书面化的形式,也是对整个调研工作的总结。

一般来说,项目调研报告分为两种形式:一种是技术性报告,着重报告市场调研的过程,内容包括调研目的、调研方法、数据资料处理技术、主要调研资料摘录、调研结论等,报告的对象是调研人员;另一种是结论性报告,着重报告调研的成果,提出调研人员的结论与建议,供决策人物参考。

4.6 撰写报告

撰写调查报告是市场调查的一项重要工作内容,市场调查工作的成果将体现在调查报告中。市场调查报告将提交给企业决策者,作为企业制定市场营销策略的依据。

1. 调查报告的重要性

撰写调查报告是市场调查的关键步骤,尽管其他步骤对于实现调查目标都非常重要,但大多数人还是通过调查报告对整个项目的完成情况作出最终的评价。

2. 调查报告的格式

市场调查报告的格式一般由标题、目录、引言、正文、结论与建议、附件等部分组成。

(1) 标题

标题和报告日期、委托方、调查方,一般应列示在扉页上。

关于标题,一般要把被调查单位、调查内容明确而具体地表示出来,如《关于×××市家电市场调查报告》。有的调查报告还采用主、副标题的形式,一般主标题表达调查的主题,副标题则具体表明调查的单位和问题,如《消费者眼中的〈××都市报〉——〈××都市报〉读者群研究报告》。

(2) 目录

如果调查报告的内容、页数较多,则为了方便读者阅读,应当使用目录或索引形式列出报告的主要章节和附录,并注明标题、有关章节号码及页码。一般来说,目录的篇幅不宜超过一页。例如:

目　　录

1. 调查设计与组织实施
2. 调查对象构成情况简介
3. 调查的主要统计结果简介
4. 综合分析
5. 数据资料汇总表
6. 附录

（3）引言

引言主要阐述课题的基本情况，它是按照市场调查课题的顺序将问题展开，并阐述对调查的原始资料进行选择、评价、作出结论、提出建议的原则等。它主要包括三方面的内容：第一，简要说明调查目的。即简要说明调查的由来和委托调查的原因。第二，简要介绍调查对象和调查内容，包括调查时间、地点、对象、范围，调查要点以及所要解答的问题。第三，简要介绍调查研究的方法。介绍调查研究的方法，有助于使人确信调查结果的可靠性，因此对所用方法要进行简短叙述，并说明选用方法的原因。例如，是用抽样调查法还是用典型调查法，是用实地调查法还是文案调查法，这些是在调查过程中经常使用的方法。另外，在分析中使用的方法，如指数平滑分析、回归分析、聚类分析等方法都应作简要说明。如果引言部分内容很多，应有详细的工作技术报告加以补充说明，并附在市场调查报告最后部分的附件中。

（4）正文

正文是市场调查分析报告的主体部分。这部分必须准确阐明全部有关论据，包括问题的提出、引出的结论、论证的全部过程、分析研究问题的方法等，还应当有可供市场活动的决策者进行独立思考的全部调查结果和必要的市场信息，以及对这些情况和内容的分析评论。

（5）结论与建议

结论与建议是撰写综合分析报告的主要目的。这部分包括总结引言和正文部分所提出的主要内容，提出如何利用已证明为有效的措施和解决某一具体问题可供选择的方案与建议。结论和建议与正文部分的论述要紧密对应，不能提出无证据的结论，也不要没有结论性意见的论证。

（6）附件

附件是指调查报告正义包含不了或没有提及，但与正文有关，必须附加说明的部分。它是对正文报告的补充或更详尽的说明，包括数据汇总表及原始资料背景材料和必要的工作技术报告，例如为调查选定样本的有关细节资料及调查期间所使用的文件副本等。

3. 调查报告的内容

调查报告的主要内容一般分为八个部分：

（1）说明调查目的及所要解决的问题。

（2）介绍市场背景资料。

（3）采用的分析方法。如样本的抽取，资料的收集、整理，采用的分析技术等。

（4）列示调研数据并对其进行分析。

(5) 提出论点。即摆明自己的观点和看法。
(6) 阐述论证所提观点的基本理由。
(7) 提出解决问题可供选择的建议、方案和步骤。
(8) 预测可能遇到的风险及采取的对策。

4.7 报告跟踪

在花费了大量精力和资金开展市场调研并撰写调研报告后,关键是要将调研报告付诸实践。企业决策者应该判断调查报告的有效性和可靠性,并决定是否实施调查报告所提出的建议。在报告跟踪调研中,有时会发现某些正确的意见及建议并未被决策者或委托人所采纳。这时,首先要检查调研报告的表述是否清楚,是否满足决策者的需要;其次要查明未被采用的原因,以便有针对性地向决策者提出补充说明或者在今后的工作中加以改进。

报告跟踪是市场调研的检验和实践环节,和市场调研的其他六个环节一样重要,并与它们一起构成市场调研的一个循环往复的闭环。

第二部分 实 践 活 动

活动 5:了解市场调研程序

方正证券调研报告

方正证券股份有限公司(股票代码:601901)系中国证监会核准的第一批综合类证券公司,为上海证券交易所、深圳证券交易所首批会员。方正证券成立于1988年,其前身为浙江省证券公司,2008年5月经中国证监会批准吸收合并泰阳证券(前身为湖南省证券公司),2010年9月改制为股份有限公司,2011年8月10日在上海证券交易所成功实现A股主板上市,成为国内证券市场第七家IPO(首次公开募股)上市券商。公司目前的注册地在湖南省长沙市,总股本61亿股,现有员工5 000余人,有效客户数超过200万户,管理的客户资产规模超过2 000亿元。

作为一家市值规模、综合财务指标和业务指标位居上市券商前列的我国中西部最大的证券公司,方正证券显然有许多过人之处值得我们学习和借鉴。对于方正证券的调查分析主要集中于以下几个方面:

一、公司构架

方正证券拥有一套完整的垂直构架体系,上下衔接紧密,同等层次职务分配细致、严谨,如图4-2所示。这样的划分有利于在处理日常业务时分工明确,有效地提高办事效率。

从图4-2可以看出,首先,公司在部门划分上做到了全面细致,层层监管,权责明确,有效地防止了内部失误的产生。此外,经理层还下设控股子公司和分支机构,包括:浙江分公司、直属营业部、方正富邦基金、方正和生投资、瑞信方正、方正期货。

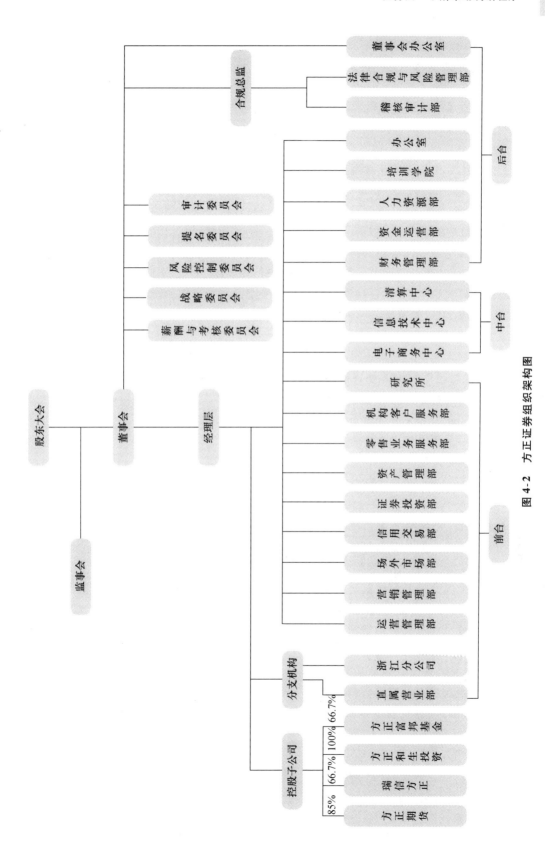

图 4-2 方正证券组织架构图

其次,公司法人治理结构健全,股东大会、董事会、监事会及经营层构架明晰、运作规范,并建立了总部垂直管理的三级合规管理体系及以净资本为核心的风险管理体系。

二、业务范围

公司业务范围涵盖证券经纪、投资银行、证券自营、资产管理、研究咨询、期货经纪、直接投资、基金管理、融资融券、期货中间介绍业务、代办系统主办券商业务、基金代销、QFII业务及证监会核准的其他业务资格。同时,公司还推出"富、贵、雅"客户分类分级体系,在全国中心城市建立了区域财富管理中心,形成了包括"泉友通""泉友会""金泉友""金泉涌""泉搜"等在内的"泉家福"系列产品及服务品牌并注册了商标。公司在客户财富管理方面拥有"金泉友"系列理财产品并树立了优势品牌,市场影响力及美誉度不断提升。

三、财务分析

2012年4月27日,公司公布了2012年一季报。公告显示,公司一季度实现营业收入219.20亿元,同比增长4.83%;实现营业利润37.13亿元,同比增加14.26%;实现利润总额37.19亿元,同比增加14.18亿元;实现母公司所有者总利润26.37亿元,同比增加14.64%;实现EPS(普通股每股税后利润)0.20元,同比增加17.65%。上述指标完成情况基本符合预期。

公司一季度营业利润同比增加14.26%,小于毛利润的增幅15.53%,主要是由财务费用、资产减值损失增加而投资收益减少所致。其中,财务费用同比增加225.1%,系公司付息债务增加使费用化的利息支出增加所致;资产减值损失同比增加171.3%,系所属企业报告期计提的坏账准备增加所致;投资收益减少330.5%,系报告期内按照持股比例确认参股公司的投资损失增加所致。

四、企业文化

众所周知,21世纪是文化管理的时代、是文化致富的时代。企业文化的重要性将是企业的核心竞争力所在,是企业管理最重要的内容。

企业文化的重要性主要体现在以下几个方面:

(1)企业文化能对企业整体和企业成员的价值及行为取向起引导作用。企业文化对企业员工的思想、心理和行为具有约束及规范作用。

(2)企业文化的凝聚功能是指当一种价值观被企业员工共同认可后,它就会成为一种黏合力,从各个方面把其成员聚合起来,从而产生一种巨大的向心力和凝聚力。

(3)企业文化具有使企业成员从内心产生一种高昂情绪和奋发进取精神的效应。

(4)企业文化一旦形成较为固定的模式,不仅会在企业内部发挥作用,对本企业员工产生影响,而且会通过各种渠道(宣传、交往等)对社会产生影响。

(5)企业在公众心目中的品牌形象,是一个由以产品服务为主的"硬件"和以企业文化为主的"软件"所组成的复合体。优秀的企业文化,对于提升企业的品牌形象将发挥巨大的作用。

同样,作为一家上市的金融企业,方正证券也拥有深远的企业文化。

方正证券一直秉承"持续创新""方方正正做人,实实在在做事"的企业文化。所谓"持续创新",是指敢为人先、追求卓越、标新立异;提倡开放、平等的精神;尊重、鼓励并激发员工的自主性和创新能力。所谓"方方正正做人,实实在在做事",是指要诚信、忠诚;

要尽心尽责;依法经营,诚实经商,追求多赢;自觉承担社会责任,有意识地使公司的利益与社会的总体利益相一致。

秉承这样的企业文化,经过二十多年的积淀与发展,公司目前已经成为具有湘浙"双区域"集中优势、高成长的全国性上市证券公司,凭借良好的企业文化和承担较多的社会责任,已获得了市场与社会的广泛认可。

五、发展前景

综合以上分析,对于方正证券的发展前景,我们小组作出以下预测:

就应对中国经济转型的需要,应对资本市场快速发展的需要,应对监管理念的市场化转变而言,市场化、专业化、国际化将成为证券行业主流的发展趋势。

(1)所谓市场化就是用价格机制来达到一种均衡,包括客户服务和业务开展、内部经营机制、人力资源的发展都必须要尊重市场。市场化的环境要求证券公司内部的干部员工必须具备市场化思维,不具备市场化思维的人最后一定会被市场淘汰,不具备市场化思维的证券公司也一定会被市场淘汰。

为了实现公司的市场化目标,方正证券应该采取的行动包括:按照市场化的原则健全激励机制,对公司高管和投行团队等设计长期激励机制;用市场化的薪酬从其他证券公司引进保荐代表人和新财富最佳分析师;以市场化的手段收购其他证券公司;等等。

(2)所谓专业化,是指从业人员应当具备从事金融行业的具体工作所必备的经济、金融、财务、会计、法律和管理等方面的知识结构,应当具备敏感把握证券市场内外部条件变化并时刻结合自身工作主动调整的专业能力,应当具备诚实守信、勤勉尽责的操守,应当具备公平公正、以客为先的人性化沟通能力。

方正证券的专业化需要全方位的配套政策,包括:公司内部人员的专业化管理;公司投资理念的健康成熟;不断加强投资者教育,推动机构投资者的专业精神培养,发扬创新精神,推动市场的发展。

(3)国际化是证券行业市场化发展和崇尚专业化能力的必然结果。过去的10年是中国资本市场不断学习和赶超海外资本市场的10年,未来的10年是中国证券行业融入全球金融体系,谋求全球发展地位的10年。我们应该看到,外资证券公司正在推进它们的本土化策略,并不断蚕食本土证券公司的市场空间,国际板的推行日益临近,QFII的全额度放开一定只是一个时间问题,中国企业走出去的步伐越来越快、越来越大,中国过去30年所创造和未来10年所将创造的国民财富在全球进行配置都是可以预见的。

方正证券的国际化将体现在以下三个方面:一是业务的国际化,包括以国内市场为依托的国际创新业务的引进与消化和以国外市场为依托的国际业务;二是机构的国际化,包括国外证券公司与境外机构合资在国内开设分支机构和国内证券公司走出去到国外设立分支机构;三是理念的国际化和人才的国际化,这也是最重要的。

目前在南京市方正证券设有两家营业部,分别位于南京市黄埔路2号黄埔科技大厦B座5楼和6楼与中山东路75号2楼。方正证券南京营业部以"专业创造价值,用心经营诚信"的经营服务理念,潜心打造一个在江苏市场"依托专业,创造卓越"的精品营业部。

方正证券市场发展问卷调查表

姓名：	年龄：	性别：

联系方式：	职业：

QQ：	邮箱：

通信地址：

您平时是否经常关注财经信息？　A．是　　B．否

是否有开通股票账户？　A．没有　　B．有
如果没有，原因是：A．暂时没有意愿　　B．没有时间　　C．专业知识不够　　D．其他

您平时会选择何种方式进行投资？
A．股票　　B．基金　　C．债券　　D．黄金　　E．外汇　　F．期货　　G．理财产品
H．其他

您在哪家公司开立的股票账户？（　　）
您在此公司开立账户的原因是：
A．朋友介绍　　B．佣金低　　C．安全性高　　D．服务周到，人性化　　E．营业厅离家近
F．对证券公司没有特别选择

您投资的资金大概是多少？
A．5万元以内　　B．10—20万元　　C．50—100万元　　D．100—300万元　　E．300—500万元
F．500万元以上

您期望的年收益率是多少？
A．保本　　B．10%左右　　C．10%—30%　　D．30%—50%　　E．50%以上

您的交易决策最主要受哪个因素影响？
A．与亲戚朋友交流　　B．证券公司建议　　C．电视股评类节目　　D．网上评论　　E．自己分析

您通过哪种方式进行交易？
A．网络下单　　B．电话交易　　C．手机炒股终端　　D．营业厅交易　　E．别人下单

您一般进行何种期限的投资？
A．短线　　B．中期看好　　C．长期投资　　D．价值投资

您可承受的风险程度为：
A．5%以内　　B．5%—10%　　C．10%—20%　　D．20%—50%

您对我公司的初步印象如何？
A．一般　　B．满意　　C．较满意　　D．不满意　　E．不了解

您目前对于证券业的发展有哪些建议？（自由填写）

　　说明：本问卷调查表旨在了解证券业在南京市的发展前景，为我公司的业务活动提供参考。我公司对您认真如实地填写表示感谢！在此，我们郑重承诺，您所填写的内容不对外公布，调查结果仅供研究使用。
　　非常感谢您的大力支持！

方正证券南京营业部

讨论并回答：
　　阅读案例，分析方正证券为在南京市开展业务而进行的市场调研包括哪几个步骤。

任务五　制订市场调研计划

第一部分　学习引导

【任务导入】

 引导案例

农村住户固定资产投资抽样调查方案

本案例来源于2009年6月中华人民共和国国家统计局制定的《乡村社会经济调查方案》中的《农村住户固定资产投资抽样调查方案》。

一、调查目的

为了全面准确地把握农村住户固定资产投资的总量、分布与结构,确保调查数据的质量和时效性,依照《中华人民共和国统计法》规定,特制订本调查方案。

二、调查范围、调查对象与调查网点

以县城关镇为界(不包括城关镇),城关镇以下的属于农村。在调查村开展调查,调查对象是调查村的住户。调查网点在农村住户调查网点进行,农户投资从住户调查资料中取得。

三、固定资产价值统计标准

根据农村固定资产调查的现实情况,本方案中的农户房屋建筑物、机器设备、器具等固定资产价值统计标准为50元;使用年限为2年。

四、调查对象的行业类别

行业类别包括:(1)农、林、牧、渔业;(2)采矿业;(3)制造业;(4)电力、燃气及水的生产和供应业;(5)建筑业;(6)交通运输、仓储和邮政业;(7)信息传输、计算机服务和软件业;(8)批发和零售业;(9)住宿和餐饮业;(10)金融业;(11)房地产业;(12)租赁和商务服务业;(13)科学研究、技术服务和地质勘查业;(14)水利、环境和公共设施管理业;(15)居民服务和其他服务;(16)教育;(17)卫生、社会保障和社会福利业;(18)文化、体育和娱乐业;(19)公共管理和社会组织;(20)国际组织。

五、调查内容

本方案的调查内容包括季报和年报,以及农户固定资产调查表及调查村农户建房投资情况调查表。

六、调查方法

年报采取调查人员进入调查单位进行访问,或从农村住户收支台账中取得调查数据的方式。

七、填报要求

1. 单位名称:应填全称。

2. 代码:按国家统一行政区划代码填写,省2位码,县4位码,乡镇3位码,村3位码。村全码为12位码。

3. 行业类别:根据填报单位从事主营生产活动的行业性质加以判断,即以某一种生产活动占该单位全部增加值比重最大的产出性质加以确定。

4. 所有调查指标,均按报表制度上的指标解释填报。

资料来源:http://gnztj.gov.cn/htm/20159/67_2682.htm。

5.1 市场调研计划的内容

市场调研计划是调查工作的规划蓝图,涉及市场调查活动的各个方面,在本节中,我们将通过一个案例说明市场调研方案的主要内容。虽然这是一个社会学中的案例研究,但从原理和方法来讲,对市场调研也是适用的。

这个案例是关于人口密度对人类行为影响的研究。很早就有这样一种理论,认为人口密度过高会对社会产生负效应。高密度的人口容易引发犯罪、忧虑和精神错乱。18世纪的著名人口学家托马斯·马尔萨斯也曾说过,人口过剩是贫困的主要原因,如果人口不加以控制,将导致大批人的饥饿。马氏的理论曾被一些研究佐证。例如,有人通过实验研究发现,如果老鼠的密度比一般标准高一倍,就会产生如下的负效应:母鼠不愿意看护自己的幼鼠,导致幼鼠死亡率升高;老鼠活动过度,出现雄性间反社会的行为,甚至同类相食等。但是上述实验研究的对象是老鼠而不是人类,老鼠的密度有明显的负效应并不意味着人类也一定存在这种关系。

下面就以这个案件为例,对调查方案的主要内容加以说明。

1. 确定调查目标

调查目标是调查所要达到的具体目的,即通过调查要解决什么问题,解决到什么程度;是一般性地了解情况,还是要验证某些假设,探究因果关系;调查的结果是用于学术研究,还是为某个实际问题提供信息或建议。目标决定调查内容和调查方式,在方案设计中,调查目标是需要首先明确的。有两个研究小组分别对人口密度对人类行为影响的案例进行了研究。对他们而言,目标是明确的,两组都面对共同的问题,他们需要通过调查研究,回答和解释这个假说:"人口密度对人类行为产生负效应"。

2. 确定调查方法

调查的方法有许多种,如入户调查、电话调查、邮寄调查等。一般来说,调查的方法应该适应调查课题的需要,但同一个调查课题可以采用不同的调查方法,同一个调查方法也可以适用于不同的调查课题。因此,如何选择最适当、最有效的调查方法,是设计经济调查方案的一个重要内容。让我们回到"人口密度对人类行为影响"的案例中,或许从中可以得到一些有益的启示。

在这个案例中,研究者们必须决定如何测定假设中的两个主要变量:密度和负社会效应。要决定选择怎样的一群人作为研究的对象。这里所涉及的,不仅要确定研究对象的数目,而且要了解他们的特点及所处的环境。在这项研究中,一个重要的问题是如何排除和控制其他因素的干扰,正是在这一点上,在选择调研方法时,两个小组产生了分歧。

一个小组(A组)决定采用实验法,这种方法是让实验的对象离开他们每天生活的自然环境,住在一个特殊的受控环境里,即7米宽、9米长、9米高的房间里。显然,这样一种设计有利于控制密度。也就是说,只要控制在每一段时间内允许进入房间的人数就可以了。研究人员设计了不同的密度标准,比如每间房住3个人为低密度,住15个人为高密度,等等。

这种方法虽然有利于对密度的测定,但却使对负效应的测定变得困难。虽然以前的研究发现了老鼠同类相食这种极端侵略性行为,但是在人类中制造这样的负效应是不道德的。即使受试者处于这样的环境中,短期内他们的行为变化一般来说也难以观察到。为了克服这些困难,研究人员使用了判断尺度的问卷,询问受试者是否喜欢一个假设的陌生人加入这个群体,由此来测定侵略性行为。他们认为,如果调查表明处于高密度的受试者比处于低密度的受试者更讨厌陌生人的介入,那么他们的密度更容易引起侵略性行为的假说便因此而确证。他们还认为,炎热和密度一样,也可能会引起侵略性行为。因此,他们设计了温度和密度不同组合的8种实验条件,并选择了某大学的121名学生志愿者作为实验对象。

另一个小组(B组)的调查设计与A组不同,他们所采用的测定负效应的方法也不同。他们发现在《芝加哥地方公众纪事录》(以下简称《纪事录》)中记载的有关1960年芝加哥的资料相当有价值。利用这些资料有许多好处,一是可以利用实际的城市人口密度的自然资料,而不用像A组那样,通过设计人工的环境去获取资料,这样研究所涉及的时间跨度就可以比较大;二是样本的范围也较大,这样可以减少误差。但这种调查的不足之处也是明显的,一是研究人员受到很大的限制,他们不能自由地设计测定人口密度效应的最佳方法,而是被局限在《纪事录》所提供的资料上;二是这些数据比较陈旧,大多只涉及某一时期,因而他们只能研究已经发生的事件,而不能用控制性的研究涉及可能发生的事件;三是《纪事录》记载的只是一些概括性的统计资料,而没有专门记录个人行为方面的资料。

首先,将《纪事录》记载的每个小区居民的人数作为测定人口密度的依据;然后,对不同居住密度的小区,考察其所设定的反映负效应的指标,这些指标包括:(1)死亡率;(2)出生率;(3)青年受助率(18岁以下青年接受公共援助的比例);(4)侵略性行为(12—16岁男孩曾被带到过劳教所的比例);(5)精神错乱(每10万人中符合进精神病院的人数)。由此可以看出,与A组不同,B组试图通过文档调查来测定密度引起的负效应。

上述事实表明,对于相同的问题可以有不同的设计。

3. 确定调查对象和调查单位

调查对象是根据调查目的确定的调查研究总体或调查范围。调查单位是构成调查对象的每一个单位,它是调查项目和指标的承担者或载体。调查对象和调查单位所解决的是向谁调查、由谁来提供所需数据的问题。

在前面的案例中,A、B两组的调查对象在本质上是相同的,都是某个范围内的人群。他们希望通过对这些人群的研究,验证、归纳出一般的理论(假设)。在A组中,调查对象是121名学生志愿者。研究人员依照密度和温度的变化组合成8种实验环境,把这些学生随机编进其中的一组。所有的受试者都穿相同的服装,并被告知这个实验是调查在变化的环境条件下的评价过程。当他们进入房间之后,给每组的受试者一些笔、试卷及人际关系评价尺度表,然后要求受试者就假设的陌生人对其有多大吸引力打分。他们告诉其中一半的受试者说,那个假设的陌生人赞同他们事先填的问卷中25%的答案;而告诉另一半受试者说,那个假设的陌生人赞同他们75%的回答。

在B组的研究中,资料已经是现成的,即《纪事录》中记载的资料。这些资料描述了调查对象的情况,不足之处是,研究人员不可能有针对性地收集他们所需的资料,而只能充分地利用《纪事录》中所记载的资料。

4. 编制调研计划

调查设计除了前面列举的内容外,还要考虑调查时间,根据调查时间,编制调研计划。编制调研计划将控制调研进度,规定调查在什么时间进行,需要多长时间完成。

不同的调查课题、不同的调查方法,有不同的最佳调查时间,进而需要编制不同的调研计划。例如,对于入户调查,最好的调查时间是在晚上和周末,这时家中有人的概率大,成功率高。又如,采用观察法掌握超市的人群流量,为了使样本具有较好的代表性,应选择不同的时间段。因为一天当中不同的时间段内人群流量存在很大差异,一周当中工作日和休息日人群流量也有很大不同。只有对观察的时间段进行精心设计,才能有科学、合理的推断结果。

另外,调查的方法和规模不同,调查工作的周期也不同。例如,邮寄调查的周期较长,而电话调查的周期较短。大规模的入户调查,其周期通常也比较长。

因此,对于调查的工作时间和进度安排,事先应有周密的计划。

5. 制订调查的组织计划

调查的组织计划主要是调查实施过程中的具体工作计划,例如,各工作环节的人员配备与工作目标,调查的质量控制措施,调查员的挑选与培训,等等。

对于规模较大的调研机构,调查过程中调查的组织计划要体现并处理好几种关系,包括:方案设计者、数据采集者、资料汇总处理者以及资料开发利用与分析者的相互关系;人、财、物各因素的相互关系;各环节、各程序、各部门之间的相互关系。这些关系处理得好,任务的安排就能做到科学、合理、平衡和有效。

需要说明的是,上面所列举的调查方案的五个方面的内容,并没有穷尽调查方案设计的全部。完整的调查设计包括更多的内容,如问卷设计、抽样设计都在调查设计范畴之内。由于问卷设计和抽样设计的特殊性,本书将在后面的章节中分别对其进行介绍。另外,上述五个方面的内容之间也是相互作用、相互影响的。对于不同的调研方案,其内容设计不同,内容次序也不完全一样,设计人员在具体进行设计时需要灵活地、创造性地加以应用。

5.2 市场调研计划书的撰写

市场调研计划书的撰写主要包含以下几个部分：

（1）摘要。它是整个报告书的一个简短的小结。由于有关重要人物可能只读这部分，因此既要简明清晰，又要提供帮助理解报告基本内容的充分信息。

（2）调研目的。即说明提出该项目的背景、要研究的问题和备选的各种可能决策；该调研结果可能带来的社会效益或经济效益，或是在理论研究方面的重大意义。

（3）调研内容和范围。即说明调研的主要内容，规定所需获取的信息，列出主要的调查问题和有关的理论假设，明确调查的范围和对象。

（4）调研方针与方法。即用简洁的文字表达调研方针，说明所采用的研究方法的重要特征，与其他方法相比较的优势和劣势；将要采取的抽样方案的主要内容和步骤；样本量的大小和可能达到的精度；采取何种质量控制的方法；数据收集、处理和分析的方法以及调查的方式；问卷的形式及设计方面的有关考虑；等等。细节可写在附录中。

（5）调研进度和经费预算。即详细地列出完成调研每一个步骤所需的天数以及起止时间。计划要稍稍留有余地，但也不能把时间拖得太长。详细地列出每一个项目所需的费用，通过认真的估算实事求是地给出每一个项目的预算和总预算。

（6）附录。包括几个方面的内容：调研项目负责人及主要参加者的名单；说明每个人的专业特长以及在该项目中的主要分工。课题组成员的水平和经历对获得项目的审批有时是很起作用的。

第二部分 实 践 活 动

活动6：撰写市场调研计划书

1. 分组：把班级分成若干项目小组，以学生自愿组合为主、指导教师为辅，每个小组约3—5名学生，每组确定1名组长。

2. 请参照"第一部分 学习引导"中的市场调研计划书的案例，选择适当的调研项目，按照市场调研计划书的基本内容要求，讨论并初步列出本小组的市场调研计划方案。

3. 完成一份市场调研计划书。计划书包括以下内容：

（1）标题；
（2）调研目的；
（3）调研内容；
（4）调研方式；
（5）调研人员安排；
（6）调研方法；
（7）调研时间安排；
（8）调研费用预算；
（9）附录。

4. 指导教师进行点评。

活动7：分析调查方案

某调研小组的调查方案

一、调查目的

我国的公关行业经过20多年的发展,已经初具规模。根据中国国际公共关系协会的调查报告,中国现有公关公司的数量已经超过2 000家,营业额也显示出飞速增长的趋势。而上海在全国公关行业发展中处于领先地位。为了解公关行业业务内容的变化,我们开展了为期3周的调查。

二、调查对象

上海市社会群体

三、调查时间和地点

时间:2015年9月11日—28日

地点:上海

四、调查的项目

全国公关行业传统公关业务内容与新型公关业务内容的变化

五、调查的方式和方法

问卷调查和文献调查

六、组织工作

小组名称:智选小组

小组口号:巅峰之队,舍我其谁

小组组长:××

小组成员:××等

七、调查数据分析方法

根据问卷数据作相关数据分析、结构分析、对比分析等

八、调查的预算和估算

略

讨论并回答：

1. 你认为本案例中这份调研方案合理吗?为什么?
2. 你知道一份完整的调研方案要求有哪些内容吗?

活动8：根据案例背景,设计市场调研方案

滞销房是怎样卖出的?

有一年美国芝加哥市一家房地产公司在密歇根湖畔建造了几幢质量上乘、设施良好的豪华公寓,命名为"港湾公寓"。港湾公寓虽然景色迷人、服务优良、价格合理,但开业3

年来,只售出35%的公寓,降价后销售情况仍不见起色。这家公司决定通过公共关系活动来推动销售。

那么,是什么原因导致港湾公寓的销售惨淡呢?经过对附近居民和住户的民意测验,发现在密歇根湖畔居住的公众对公寓存在偏见,如住进去是否会太清静、寂寞?交通不便是否影响购物?小孩上学怎么办?尤其担心缺乏娱乐和夜生活。

在了解了周围居民的意见后,开发商开始着手改变人们的这些看法,力图提高港湾公寓的知名度和美誉度。公司对现有住户、政府部门、意见领袖和新闻记者等的情况进行分析后,有针对性地开展了一系列的公共关系活动。它们制订的活动方案注意了在满足住户生活需要的基础上有所创新,如开发商完善了公寓的生活设施;通过已有住户向其亲友发送贺年卡、明信片,并为住户组织了马戏团演出;资助政府建造了小岛和陆地连接的公路,组织政府官员、企业家、体育明星和电影明星等社会名流参观公寓,以加强这些意见领袖对公寓的直观认识;组织了"芝加哥历史纪念品大拍卖"活动,为建立教育基金捐款;利用美国国旗诞生200周年之际,在公寓楼前组织升旗仪式。这些活动为公众了解港湾公寓奠定了良好的基础。

在这个活动方案中,开发商针对当时存在的问题,坚持了目标管理的原则,在具体策划公共关系项目时,创造性地采取了一系列手段,吸引公众的注意,改善公众的印象,最终推动了楼盘的销售。

讨论并回答:
1. 你认为港湾公寓为什么之前几年销售情况欠佳?
2. 开发商做了哪些方面的市场调研?这些调研对其后来的营销活动有影响吗?
3. 假定你是该公司销售部的员工,请你为公司设计一份完整的市场调研方案。

高等职业教育财经类技术
技能人才培养系列教材

项目三

调研方法选择

项目概述

在市场调研中,调研资料通常要通过一定的手段、方法来获取。不同的方法其特点、适用条件、费用以及所得的资料也不尽相同,在调研中要恰当地选择调研方法来获取所需的资料。本项目将引导大家了解二手资料收集方法和原始资料调研方法。二手资料是指在某处已经存在并已经按某种目的编辑起来的资料;原始资料也称第一手资料,是指调研者为了某种特定的目的而通过专门调研获得的资料。原始资料的调研方法主要有观察法、实验法、询问法等。通过了解二手资料和原始资料调研方法的含义、类型、特点、工作流程等,对两类调研方法进行实践,制订调研计划、实施调研、完成报告。

项目目标

☞ **知识目标**

1. 了解文案法的信息资料来源及局限性,观察法、实验法、访问法的类型及工作流程;
2. 了解各种市场调研方法应注意的问题;
3. 掌握观察法、实验法、访问法的应用。

☞ **能力目标**

1. 能根据调研项目的要求,选择合适的调研方法;
2. 能根据调研项目的要求,开展文案调研;
3. 能区分四种访问法;
4. 能根据调研项目的要求,选择合适的访问法,并开座谈会讨论调研。

☞ **素养目标**

1. 具有把握市场动态的敏锐力;
2. 具有团队合作精神。

任务六 二手资料的收集方法——文案法

第一部分 学习引导

【任务导入】

 引导案例

Yahoo 用户分析调研

Yahoo,作为一家互联网媒体公司,有责任向在其上做广告的厂家提供准确的信息流量;而作为一家销售驱动的商业典范公司,其目标是要向光顾其网站的广告商提供更为精确的网上用户统计信息,以及为其用户提供更为详细的个人信息。

于是,Yahoo 授权一家英国营销调研企业——大陆研究公司,对德国、法国和中国的 Yahoo 使用者进行分析调研。同时,大陆研究公司将与纽约一家名为 Quautime 的公司合作完成此项目,该公司提供抽样调研软件及服务设备。大陆研究公司和 Quautime 公司设计了一个两阶段调研计划。

1. 第一阶段:搜集数据

在这一阶段,搜集德国、法国、美国及中国的 Yahoo 商业用户及一般用户访问 Yahoo 网站的数据,了解其上网动机及主要的网上行为。这就要求 Yahoo 做到所有的调研及回答过程都必须使用被访者的本国语言。在第一阶段,仅两周的时间便接到了 1 万份来自这 4 个国家的完整回答结果,这意味着调研已经接触到目标群体。

第一阶段的调研包括 10 个问题,涉及被访者的媒体偏好、教育程度、年龄、消费模式等。

设计 Yahoo 互联网使用软件的主要目的就是使其与 Quautime 公司已有的 CATI 设备保持一致性。因为使用的是同种语言,因此互联网调研在逻辑上与 CATI 调研相似。复杂的循环及随机程序能保证所搜集数据的稳定性。而且,前面问题的答案可供后面的问题使用,以使调研适合第一位被访者,并有效地鼓励其配合完成调研。约有 10% 的被访者没有完成全部问卷。造成这种情况的原因可能有很多(如厌烦、掉线、失去耐心等),但由于这些费用几乎为零,所以没有造成什么损失。

在有关互联网使用情况的其他研究中,80% 的被访者为男性,60% 为受雇者,35% 的受访者年龄在 25—35 岁之间。这项调查还揭示了一个奇怪的现象:虽然占一半的互联网使用者使用互联网的目的为公事、私事兼而有之,但主要还是出于商业目的。而在其他使

用者中,利用其进行休闲娱乐及其他私人活动的人数约为其他类型使用者的两倍。

2. 第二阶段:深度调研

第一阶段调查的是激活调研窗口并完成基本调研的网上使用者,而第二阶段则对那些在第一阶段留下了 E-mail 地址并同意继续接受访谈的人进行。这些被访者将收到一份 E-mail 通知,告知他们调研的网址。这一阶段的主要问题就是吸引、督促被访者参与、完成调研,以确保搜集到最佳信息。

第二阶段的询问调研要较第一阶段长,它会涉及一系列有关生活方式的深度研究问题。由于大陆研究公司已经接触过这些被访者,因此公司要求受访者进行登记,这样做能够准确地计算回答率。如果需要的话,公司还将寄出提醒卡,以确保每位受访者只进行一次回答。实际上,在发出 E-mail 通知后的一周内,调研者便收到了预期样本数目,根本无需提醒。

资料来源:http://www.krtcn.cn/articleshow-951.html。

讨论与思考:

1. 该调研选用了哪种互联网调研抽样形式?
2. 互联网是人们获取所需信息的最好方法吗?理由是什么?
3. 在这种互联网调研中,是否融入了个人见解?如果有,为什么?
4. 在数据搜集过程中,还可以使用哪些其他方法?请加以说明。

6.1 文案调查法的含义

文案调查法又称资料查阅寻找法、间接调查法、资料分析法或室内研究法。它是指围绕一定的调查目的,通过查看、检索、阅读、购买、复制等手段,收集并整理企业内部和外部现有的各种信息、情报资料,对调查内容进行分析研究的一种调查方法。

格林斯潘的成名作

格林斯潘——美联储前主席,开创了美国历史上最长的经济上升期,对美国的经济繁荣作出了卓越的贡献,被《纽约时报》喻为美国经济的"火车司机"。而他在还只是一名学生的时候,就作出了一份令人刮目相看的调查报告,为其以后的人生辉煌打下了坚实的基础。

那是1950年,朝鲜战争爆发,美国五角大楼把所有的军用物资购买计划列为保密文件,包括美国国家工业联合会在内的投资机构都想了解美国政府对原材料的需求量,从而来预测备战计划对股市的影响。这在平时只要翻看有关的文件就行了,但在战时却是不可能的。所以,在人才济济的美国国家工业联合会里没有人愿意调查这一切。然而却有个年轻的兼职调查员自告奋勇,他就是当时还是纽约大学学生的格林斯潘。老板实在找不到其他人,只能让他试试。

格林斯潘是怎么开展调查的呢？他首先想到,1949年朝鲜战争还没有爆发,军事会议还没有保密。于是他花费大量精力研究这一年来的新闻报道和政府公告,了解到1949年、1950年美国空军的规模和装备基本一致。他又从1949年的记录中了解到每个营有多少架飞机、新战斗机的型号、后备战斗机的数量,然后再预计出损耗量,从而预测出战争期间每个型号战斗机的需求量。格林斯潘又找来各种飞机制造厂的技术报告和工程手册仔细研读,弄清了每个型号的战斗机需要的原材料。综合两方面的调查,格林斯潘算出了美国政府对原材料的总需求量。由于他计算出的数字非常接近当时美国政府保密文件里的数字,给投资者带来了丰厚的回报,因此引起了人们对他的关注。

6.2 文案调查法的特点和优缺点

调查必须选用科学的方法,调查方法选择恰当与否,对调查结果影响甚大。各种调查方法都有利有弊,只有了解各种方法,才能正确选择和应用。

1. 文案调查法的特点

与实地调查法相比,文案调查法有以下几个特点:

(1) 文案调查法是收集已经加工过的文案,而不是对原始资料的收集。

(2) 文案调查法以收集文献性信息为主,具体表现为收集各种文献资料。在我国,目前仍主要以收集印刷型文献资料为主。当代印刷型文献资料又呈现出许多新的特点,如数量急剧增加、分布十分广泛、内容重复交叉、质量良莠不齐等。

(3) 文案调查法所收集的资料包括动态和静态两个方面,尤其偏重于从动态角度收集各种反映调查对象变化的历史与现实资料。

2. 文案调查法的优缺点

文案调查法的优缺点见图6-1。

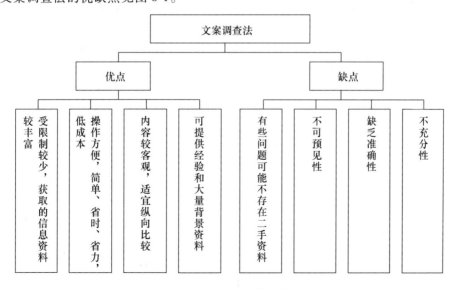

图6-1 文案调查法的优缺点

6.3 文案调查法的功能

在调查中,文案调查法有着特殊的地位。它作为信息收集的重要手段,一直受到世界各国的重视。文案调查法的功能主要表现在以下四个方面:

(1) 文案调查法可以发现问题并提供重要参考

根据调查的实践经验,文案调查法常被作为调查的首选方式。几乎所有的调查都可始于收集现有资料,只有当现有资料不能为调查提供足够的证据时,才进行实地调查。因此,文案调查可以作为一种独立的调查方法加以采用。

(2) 文案调查法可以为实地调查创造条件

如有必要进行实地调查,文案调查可为实地调查提供经验和大量背景资料。具体表现在:

① 通过文案调查,可以初步了解调查对象的性质、范围、内容和重点等,并能提供实地调查无法或难以取得的各方面的宏观资料,便于进一步开展和组织实地调查,取得良好的效果。

② 文案调查所收集的资料可用来证实各种调查假设,即可通过对以往类似调查资料的研究来指导实地调查的设计,用文案调查资料与实地调查资料进行对比,鉴别和证明实地调查结果的准确性和可靠性。

③ 利用文案调查资料并经实地调查,可以推算出所需掌握的数据。

④ 利用文案调查资料,可以帮助探讨现象发生的各种原因并进行说明。

(3) 文案调查可用于经常性的调查

相比较而言,实地调查更费时费力,操作起来比较困难;文案调查如果经调查人员精心策划,具有较强的机动灵活性,能随时根据需要,收集、整理和分析各种调查信息。

(4) 文案调查不受时空限制

从时间上看,文案调查不仅可以掌握现实资料,还可获得实地调查无法取得的历史资料;从空间上看,文案调查既能对内部资料进行收集,还可掌握大量的有关外部环境方面的资料。

6.4 文案调查的资料来源

文案调查是指围绕调查目的,收集一切可利用的现有资料。从企业经营的角度看,现有资料可分为企业内部资料和企业外部资料,这也是文案调查的两个主要渠道。

1. 企业内部资料的收集

内部资料是调查人员最先取得的资料,它主要来自企业的内部,包括:业务经营部门、财务部门、计划统计部门、生产技术部门、档案部门、企业积累的其他资料等。

2. 企业外部资料的收集

企业从外部收集现成信息的途径相当广泛,主要有:

(1) 统计部门与各级各类政府主管部门公布的资料;

(2) 各种经济信息中心、专业信息咨询机构、各行业协会和联合会提供的市场信息及有关行业情报；

(3) 国内外有关的书籍、报刊所提供的文献资料；

(4) 有关生产和经营机构提供的信息；

(5) 各国、各地区的电台、电视台提供的有关市场信息；

(6) 各种国际组织、外国使馆、商会所提供的国际市场信息；

(7) 国内外各种博览会、展销会、交易会、订货会等促销会议以及专业性、学术性经验交流会议上所发放的文件和材料。

日本某公司的信息来源

日本某公司进入美国市场前，通过查阅美国有关法律和规定得知，美国为了保护本国工业，规定美国政府收到国外公司商品报价单后一律无条件提高价格50%。而美国法律规定，本国商品的定义是：一件商品，美国制造的零件所含价值必须达到这件商品价值的50%以上。这家公司根据这些条款，思谋出一条对策：进入美国市场的产品共有20种零件，在日本生产19种零件，从美国进口1种零件，但这种零件价值最高，其价值超过产品价值的50%，在日本组装后再送到美国销售，就成了美国商品，可以直接与美国厂商竞争。

6.5 如何利用网络收集资料

1. 文案调查的方式

一般来说，获取二手资料的方式有两种：一种可分为有偿方式和无偿方式，另一种可分为直接方式和间接方式。

由于企业内部资料的获得比较容易，调查费用低、调查障碍少，能够正确把握资料的来源收集过程，因此应尽量利用企业的内部资料。

对于企业外部资料的收集，可以视不同情况，采取不同的方式：

(1) 对于具有宣传广告性质的许多资料，如产品目录、说明书等可以无偿取得；而对于需要采取经济手段获得的资料，只有通过有偿方式取得，这样就会产生调查成本，要对调查方式可能产生的各种经济效益加以考虑。

(2) 对于公开出版、发行的资料，一般可通过订购、邮购、更换、索取等方式直接取得，而对于对使用对象有一定限制或具有保密性质的资料，则需要通过间接的方式取得。

2. 文案调查的方法

(1) 查找法

这是获得二手资料的基本方法。从操作的次序看，首先要在企业内部查找，其次应从企业外部各有关部门查找。它又被细分为：

①查阅目录法。目录是一种题录性的检索工具,一般只列出文献的题目、作者、出处。它是引导调查者查询资料的向导。目录主要分为分类目录、书名目录、著作目录、主题目录等。

②参考文献查找法。它是利用有关著作正文后列举的参考文献目录,或者是文中提到的某些文献资料,追踪、查找有关文献资料的方法。它可以提高查找效率。

③检索工具查找法。它是利用已有的检索工具逐个查找文献资料的方法。依检索工具不同,又可分为手工检索和计算机检索两种方法。

(2)索取法

即市场调研人员向有关机构直接索取某方面的市场情报。

(3)收听法

即通过人工、录音、传真等方法收听广播及新兴的多媒体传播系统播发的各种政策法规和经济信息。

(4)咨询法

比如通过电话向企业内部相关部门查询某些业务数据或要求声讯服务时,应先了解它有哪些服务咨询项目。

(5)采集法

如在农交会、展览会等场合可现场采集大量的企业介绍、产品介绍、产品目录等资料。

(6)互换法

即主动向平时业务往来少的企事业单位寄送本企业的资料,然后设法换回本企业所需的资料。

(7)购买法

即购买定期或不定期出版的市场行情资料和市场分析报告。

(8)委托法

即委托专业市场研究公司收集和提供企业产品营销诊断资料等。

第二部分 实践活动

活动9:根据调研计划书,完成文案调查报告

1. 根据本小组调研计划书,按调查报告结构要求完成文案调查报告。

参考案例

调查报告结构要求

从严格意义上说,市场调查报告没有固定不变的格式。但一般来说,各种市场调查报告在结构上都包括标题、导言、主体和结尾几个部分。

1. 标题

标题必须准确揭示调查报告的主题思想。标题要简单明了、高度概括、题文相符。如《××市居民住宅消费需求调查报告》《关于化妆品市场调查报告》《××产品滞销的调查报告》等,这些标题都很简明,能吸引人。

2. 导言

导言部分主要包括以下内容:

(1) 市场调查的目的和意义;

(2) 市场调查的内容和对象;

(3) 采用的调查方法和方式。

3. 主体

这是调查报告中的主要内容。具体包括:

(1) 客观、全面地阐述调查所获得的材料、数据;

(2) 用所获得的材料、数据来说明有关问题,得出有关结论;

(3) 对有些问题、现象要作深入分析、评论等。

总之,主体部分要善于运用材料来表现调查的主题。

4. 结尾

(1) 形成市场调查的基本结论,也就是对市场调查的结果做一个小结;

(2) 提出对策和措施,供有关决策者参考。

2. 饮料行业文案调研

时间:30分钟。

人数:不限,以小组为单位。

活动目的:学习使用互联网开展文案调研,对我国饮料市场现状有所了解。

调研目的:

(1) 了解我国饮料市场的总体规模;

(2) 了解我国市场上现有饮料产品的类别和功能;

(3) 了解我国主要饮料生产企业的规模、产销量、市场份额和分布情况;

(4) 了解我国饮料消费者的消费特点。

活动过程:

(1) 小组同学讨论,合作完成文案调研;

(2) 各小组选派1—2名同学报告调研结果;

(3) 老师点评。

提示:收集资料的途径很多,要特别关注统计机关发布的统计报告;对收集到的资料要标明来源,对没有收集到的资料要进行说明;对资料进行适当分类。

3. 娃哈哈饮料产品市场文案调研

时间:30分钟。

人数:不限,以小组为单位。

活动目的:了解娃哈哈企业的现状及其饮料产品的市场状况,进一步学习文案调研法。

调研目的：

（1）了解娃哈哈企业的发展历程和经营现状；

（2）了解娃哈哈旗下的主要饮料产品及其市场表现；

（3）了解娃哈哈的主要消费者，描述其特征。

活动过程：

（1）小组同学讨论，合作完成文案调研；

（2）各小组选派1—2名同学报告调研结果；

（3）老师点评。

提示：对企业的文案调研应包括企业的历史、经营理念、主要产品、生产规模、竞争地位、管理模式等；在资料收集的过程中要注意记录资料的来源；要对资料进行适当分类；对没有收集到的资料要进行说明。

任务七　原始资料收集方法——观察法

第一部分　学习引导

【任务导入】

把鞋卖给不穿鞋的人

一家美国的鞋业公司,为了扩大产品市场,决定把鞋卖到某个非洲国家去。公司老板首先派财务经理去考察这个国家的市场。财务经理刚一抵达这个国家,便发现当地的人都没有穿鞋子的习惯,他大失所望,回到旅馆,马上发电报告诉老板说:"这里的居民从不穿鞋,因此,没有鞋业市场!"

老板看了电文,若有所思,决定把公司最好的推销员派到这个国家作进一步的考察,以证实财务经理的观点。经过认真调查,一周后,这个推销员便发回了一份电传:"这个国家的居民无鞋穿,鞋业市场潜力巨大!"老板对两人的结论进行权衡之后,决定派出营销经理到这个国家再次进行考察。

该营销经理到达后,首先拜访了部落酋长,争取到了他们的支持与合作;然后,他同当地的居民进行广泛交流,耐心地给他们讲解穿鞋的好处,并教会他们穿鞋的方法。

当地的居民被他说服后,却提出了一个非常现实的问题:"我们的脚普遍较小,而且最主要的是我们这个国家很穷,我们没有钱来买你的鞋。"

该经理回答道:"脚小的问题很好解决,我们可以重新设计我们的鞋来适应你们的脚。另外,我发现你们这个国家盛产世界上最甜的菠萝,但由于不是硬通货,我们可以帮助你们做易货贸易将这种水果出口,这样便可以换回大量的外汇,于是你们国家的生产总值就可以获得增长,你们每个人就有了钱,有了钱就可以买我们的鞋了。"

该经理大致测算了未来三年内的销售收入及相应的成本,估计资金回报率可达到30%左右,因此建议公司尽快开辟这个市场。

从这个故事当中,我们可以看出:

财务经理的观点显然不对。因为他没有对市场的状况、形成此种状况的原因以及有无市场开拓的可能性等情况进行细致的调查和了解,只凭表面现象,就草率地作出结论,失去了将当地居民培养开发成其公司潜在消费顾客的机会。

推销员关心的仅仅是销售市场问题,他看到这个国家的人不穿鞋,即他们是非公众,认识到这些非公众有可能转变成为鞋业公司的潜在公众、知晓公众,如果通过公关开发将这个国家的所有国民均转变成为行动公众和顾客公众,这个销售市场无疑是非常巨大的。

而营销经理考虑的问题显然更有意义。他认识到顾客公众问题和公司利润问题。顾客就是市场,有了顾客才有市场,顾客是与组织有直接利益关系的外部公众。他考虑的问题是:必须建立良好的顾客关系,才能够为组织带来直接的利益,这就要求组织将顾客的利益和需求摆在首位,通过满足顾客的需求和权利来换取组织的利益。他的经营理念是:利润不应该是企业贪婪的追求,而应该是顾客接受、赞赏和欢迎企业的产品及服务所投的信任票。只有获得顾客信任与好感的企业,才可能较好地赢得利润。另外,他还考虑到了帮助解决当地实际问题带来的可能成本,测算了未来三年的销售收入及相应的成本,估计出了资金回报率,这点也非常重要。

很明显,营销经理履行了以下这些职能:

第一,收集信息。他通过现场观察和调查,得知当地居民的脚普遍较小,而且更为重要的是购买力很低,又发现当地盛产世界上最甜的菠萝,这使得提高该国国民收入具备了客观的条件。

第二,辅助决策。他在做了两项工作后向公司提出尽快开辟新市场的建议。一是传播推广工作,即向当地居民介绍穿鞋的好处及如何穿鞋。二是协调沟通工作,即与当地部落酋长谈话,得到支持并取得合作。

第三,提供服务。他为当地居民设计符合他们脚形的鞋,并帮助他们出口菠萝,做易货贸易,换回外汇,提高国民收入,从而使其具备购买该公司鞋的能力。

通过本案例,我们可以得出结论:没有不存在商机的市场,只有缺少发现商机的慧眼。

讨论与思考:

1. 财务经理、推销员、营销经理分别通过什么方法了解到当地居民的状况。
2. 营销经理发现商机的基础是什么?

7.1 观察法的含义

观察法是指研究者根据一定的研究目的、研究提纲或观察表,用自己的感官和辅助工具去直接观察被研究对象,从而获得资料的一种方法。科学的观察具有目的性和计划性、系统性和可重复性。常见的观察方法有:核对清单法、级别量表法和记叙性描述法。观察一般利用眼睛、耳朵等感觉器官去感知观察对象。由于人的感觉器官具有一定的局限性,观察者往往要借助各种现代化的仪器和手段,如照相机、录音机、显微录像机等来辅助观察。

7.2 观察法的特点与优劣势

1. 观察法的特点

观察法具有以下特点:

(1) 能动性

科学的观察是具有能动性的感性认识活动,它与一般所说的观察不同,即不是简单反射式的感觉,而是有目的、有意识的观察与研究。

它要求达到以下目的:一是确定某个现象得以发展的条件;二是详细描述所观察的现象;三是科学地分析和说明所研究的对象。也就是说,通过观察查明现象及其发展的条件之间的因果联系和关系。为此,在观察之前,应根据科研任务,制订好计划,包括确定观察对象、观察条件、观察范围和观察方法,以保证观察有目的地进行。这样的观察是自觉的,不是盲目的;是能动的,不是被动的。它要求观察者充分发挥观察中的主观能动作用。

(2) 选择性

科学的观察并不是一般地认识现象和事实,而是从大量客观事实中选择观察的典型对象,选择典型条件、时间、地点,获得典型事物的现象和过程。只有把注意力有意地集中和保持在经过选择的观察对象上,把观察始终和有意注意结合在一起,不为无关现象所分散,尽量排除外界无关刺激的干扰,这样的观察才能获得预期的成效。

(3) 客观性

即要使观察所获得的现象和过程能正确反映客观事实。观察所获得的事实材料是认识事物的依据,是科学研究的基础。但是,这里有一个前提,即获得事实材料的观察是否具有客观性的品质。观察中获得的结果,实际上是观察者通过观察手段对观察对象的现象或过程的一种反映和描述。

科学的观察就在于观察的客观性。首先,要确保观察在自然条件下进行,绝对不能影响被观察者的常态,这样才能得到真实情况,否则所得到的事实材料反映反常的情况,就会导致错误的结论。也有这样一种情况,观察对象意识到自己在接受观察,这就有可能使观察对象预先考虑给予观察者以一定的反应。在这种情况下,只有观察者与被观察者建立良好的关系,消除对观察者的陌生感,以尽量控制观察对象的异常状态。

其次,观察要如实地反映现实情况,观察者不能带有任何感情色彩,不允许掺杂个人的偏见,否则就会掩盖对观察对象的情况的真实反映。观察要采取纯客观的态度,不许有丝毫主观的偏见掺在心头,若有一点,所观察的现象便会走了样。

最后,观察要在重复出现的情况下进行,要对观察的现象或过程反复进行观察。一方面,被观察的现象或过程只有在重复出现的情况下,观察才有客观性。对于那些稍纵即逝的现象和过程,则不适合单独采用观察法去研究。因为在这种情况下,观察者无法复核和确定观察结果是否正确。另一方面,要长期、连续、反复地进行观察,否则不易分辨事物现象或过程哪些是偶然的、哪些是一贯的,哪些是表面的、哪些是本质的,哪些是片面的、哪些是全面的,等等。反复观察的次数越多,越能准确反映客观事物。

2. 观察法的优点与局限性

观察法是教育技术研究的基本认识方法,但不是唯一的认识方法。观察法既有十分明显的优点,又有难以克服的局限性。在教育技术研究中,我们应将观察法与其他方法配合使用,扬长补短,相辅相成,充分发挥观察法的作用。

(1) 观察法的优点

观察法具有以下优点:

第一,直接性。由于观察者与被观察的客观事物直接接触,不需要其他中间环节,观察到的结果、所获得的信息资料,具有真实可靠性,是第一手资料。

第二,情境性。观察一般是在自然状态下实施的,对被观察者不产生作用与影响,即无外来人为因素的干扰,不会产生反应性副作用,能获得生动朴素的资料,具有一定的客观性。

第三,及时性。观察及时,能捕捉到正在发生的现象,因此所获的信息资料及时、新鲜。

第四,纵贯性。对被观察对象可以作较长时间的反复观察与跟踪观察,对被观察对象的行为动态演变可以进行分析。

第五,普适性。观察适用范围较为普遍,不但自然科学研究与社会科学研究普遍适用,而且在教育技术研究中,不少方法如调查法、实验法等也与观察法有密切的关系。

(2) 观察法的局限性

观察法具有以下局限性:

第一,人的生理局限。其主要表现为:人的感官使观察范围受到局限。感官是有一定阈值的,超过一定的限度,就听不到、看不到、感觉不到。人的感官也使观察的精度受到局限。人们常常只能凭感官对观察对象作出大概的估计。人的感官还使观察的速度受到局限。对于处在不断运动变化中的事物的现象或过程,人们常常观察不到。这样的观察就只局限于了解表面的现象,不能直接深入到事物的本质,难以分辨是偶然的事实还是有规律性的事实,这是观察法最主要的局限。

第二,观察仪器的局限。随着科学的发展,人们在凭借感官直接观察的同时,也借助于先进的科学仪器进行观察,大大地提高了观察的广度、深度和精度。然而,观察仪器也有其局限性,主要表现为缺乏直观性。间接观察还不能完全取代直接观察,仪器设计错误或不精确,制作和操作仪器的误差,仪器容易对观察对象产生干扰,等等,这些都会导致错误的观察结果。

第三,观察者的解释。观察者对所获材料的解释,也往往容易受观察水平的局限而带上主观色彩。

为此,在运用观察法时,除了尽力提高观察法的功能(如灵活移动观察位置、转换观察背景、延长观察时间以及增加观察次数等)以改善观察结果外,还要结合统计方法,对多次观察数据进行科学处理。

7.3 观察法的类型

按调研的目的、内容、对象的不同,观察法可以分为如表7-1所示的类型。

表7-1 观察法的分类

分类标准	类型	特点
以是否通过中介物为标准	直接观察	指通过感官在事发现场直接观察客体的方法。
	间接观察	指以感官通过某些仪器来观察客体的方法,或指对某事发后留下的痕迹(如照片、录像等)进行推测的观察。

(续表)

分类标准	类型	特点
以观察者是否参与被观察者的活动为标准	参与观察	指观察者不同程度地参与到观察者的群体和组织中,共同参与活动,从内部观察并记录观察对象的行为表现与活动过程。
	非参与观察	指观察者不参与观察者活动,不干预其发展变化,以局外人身份从外部观察并记录观察对象的行为表现与活动过程。
以观察对象是否受控制为标准	实验观察	指观察者对周围条件、观察环境、观察对象等观察变量作出一定的控制,采用标准化手段进行观察。
	自然观察	指对观察对象不加以控制,在完全自然的条件下精心地观察。
以是否有目的、计划为标准	随机观察	指偶然地,无目的、无计划地发现与记录一些事实;观察所得的资料不全面、不完整、不系统、科学性不强。
	系统观察	指有目的、有机会、有规律地观察与记录一定时间内观察对象的行为。
以观察的历史与频率为标准	抽样观察	指在大面积对象中抽取某一样本进行定向的观察,包括时间抽样、情境抽样、阶段抽样。
	跟踪观察	指长期、定向地观察观察对象的发展演变过程。

 案例材料

神秘顾客调查

"神秘顾客"调查是指经过严格培训的调查员(包括签约调查员),在规定的时间里扮演成顾客,对事先设计好的硬件、软件和人员等方面的一系列问题,逐一进行评估或评定的一种调查方式。

"神秘顾客"以普通顾客身份进入客户指定的全国各地销售卖场中,观察店面的产品,对店面环境、销售人员行为及语言、销售的规范等方面进行暗访,对违规言行和情况可采用录音、拍照甚至录像等方式进行记录,并在店外隐蔽处详细填写调查表;如客户需要,还可以对重点竞争品牌的相关情况进行调查。

"神秘顾客"调查的流程包括确定调查内容、培训调查员、展开调查、监督纠正过程、收集问卷、检验审核、录入汇总问卷、进行分析并撰写报告等。其可作为渠道研究、满意度调查、使用习惯和态度调查等项目的辅助调查,也可独立开展。"神秘顾客"调查属于观测调查范畴,同时又具有入户访问的一些特点,和普通培训评估相比具有很多的特殊性,要想实现神秘顾客调查项目的研究目标,必须有针对性地进行项目设计与实施。

"神秘顾客"调查主要是为了解决企业面临的两个难题:一是销售终端管理难。企业对分布在各个城市的卖场无法由总部直接掌控。在执行层层分级管理的体制后,总部往往难以制约企业在各地区的派出机构,常见的问题如促销员的管理费用、卖场柜台灯箱费用等难以控制,甚至出现虚报、瞒报费用的情况。此外,还存在企业重金制定的LOGO、标准字、标准色等CI规则被随意更改的情况,不利于企业品牌形象的树立。二是促销活动执行难。企业总部精心规划的各种促销活动,到了各地卖场往往变形走样,如主推产品不如过期处理品更受重视、重点商品价格不统一、赠品不统一等问题,如此种种都影响到了企业的全盘计划。总部往往只能根据各地上报的报表来处理问题，几乎处于两眼一抹黑的状况。而总部派员出差视察，则存在人情关系干扰、人手精力有限、各地事先有准备应付视察等情况，导致无法获得最真实的信息。

而"神秘顾客"在对受测对象的检测中，是以第三方身份出现的，这样可以保证检测过程和检测结果的客观性、公正性、保密性。"神秘顾客"调查是一个监督执行的项目，一个好的"神秘顾客"调查项目对于企业加强销售人员培训、提高卖场管理，有立竿见影的效果。往往通过一到两个月全国范围内的"神秘顾客"调查，即会对卖场管理有较大改观。"神秘顾客"调查的产出不仅仅是奖勤罚懒，还可以通过汇总特定城市、特定地区的零售卖场表现来调整企业的下一步行动计划。例如，当发现某个地区的促销人员产品知识薄弱时，及时的产品培训会对你的销售起到助推作用。

"神秘顾客"在服务营销领域的广泛应用，首先源自美国的一些大型公司，像肯德基、麦当劳这样的国际连锁餐厅和沃尔玛这样的跨国大型连锁商店。这种带有连锁经营性质的餐饮和服务性质的企业，为了让所有连锁店都能有同等的销售服务，除了注重日常经营中对销售和服务的标准贯彻落实之外，还需要对自身服务进行第三方评估，于是"神秘顾客"应运而生。这种由第三方专业服务评估和顾客满意度研究咨询公司（如策点调研、拓索等）惯用的方法进入中国还只是20世纪末期的事。

随着IT和通信的发展，"神秘顾客"的调查也逐渐网络化，将多媒体技术、流程管理、客户关系管理相结合，帮助客户更高效、更及时地监测网点服务质量。"神秘顾客"在访问网点的当天晚上，即可通过网络将调查问卷和音/视频、照片上传到系统中。项目人员和客户可以及时对"神秘顾客"监测的结果进行监督和相关指导，把控项目的质量。

近年来，由于智能手机的快速发展，出现了可以直接利用智能手机来进行"神秘顾客"执行的系统，"神秘顾客"利用智能手机进行数据、照片、录像等的信息收集，然后将数据直接上传到云端。利用智能手机的定位系统，"神秘顾客"项目的智能化更加有保障。经过"神秘顾客"的监测，企业不仅能获得所辖各网点的真实服务情况，更重要的是将"神秘顾客"这种传统的考核工具提升为"现场管理工具"，全面地、即时地促进企业服务水平的提升，进而实现顾客满意。

与传统调查手段相比，"神秘顾客"加强了过程控制，缩短了项目周期，大大节约了时间成本；使原先事后的"亡羊补牢"，变为对业务/服务的全过程管理，做到了"防患于未然"。

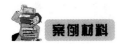

案例材料

帕科·昂得希尔是著名的商业密探，比如他通过观察一家以青少年为主要顾客的音像商店，发现这家商店把磁带放得过高，孩子们往往拿不到，影响了销量。商店把磁带放低后销量大增。又如，他通过观察发现某商场后半部分区域销量低的原因是现金出纳机前顾客排长队结账，队伍一直延伸到商场的后半部，妨碍了顾客从商场的前面走到后面。商场针对这一情况设置了结账区，后半部分区域的销售额迅速增加。

7.4 观察法的实施

观察法的实施步骤如图7-1所示。

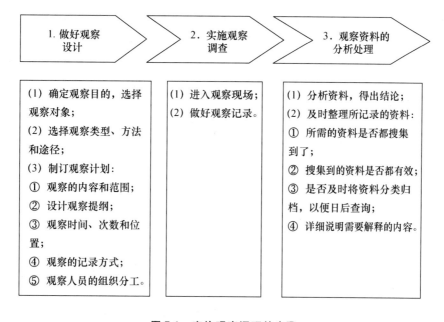

图7-1 实施观察调研的步骤

7.5 观察法的应用

观察法可以应用于以下方面：

（1）商品资源和商品库存观察

商品资源观察，是指一些有经验的市场调研人员可以通过了解工农业生产状况、城市集贸市场上商品成交量及成交价格等来判断商品资源情况，作出商品供求、竞争状况等的报告。

商品库存观察，是指对库存商品进行盘点记数、观察库存现场情况等。

（2）顾客行为与需求观察

顾客行为观察，可以观察顾客在营业场所的活动情况，对比了解顾客的构成、顾客的行为特征，以及不同时间顾客进出商店的客流情况等信息；还可以通过展销会、订货会等形式，了解到顾客反应、竞争对手等情况，有利于商家合理安排营业时间，更好地开展有针对性的服务活动。

消费者需求观察，是指通过直接观察消费者实际购买情况，可以取得有关消费者的年龄、性别、人数、构成以及购买商品的品种、规格、花色、商标、包装等方面的资料，为市场细分确定目标消费者提供依据。

DD 超市顾客购物情况观察表

日期：2015-05-01

时间		顾客基本情况						顾客购物情况		
		男性			女性			食品	日杂	服装
时	分	老	中	青	老	中	青			

(3) 营业状况观察

营业状况观察，是指了解橱窗布置、商品陈列、货架分布、店内广告等情况，这有助于商家最大限度地调动消费者的购买欲望。例如，超市往往将生活必需品摆放在商店的后部，目的就是希望购物者能够选购更多的商品。

此外，还可将观察法用于产品质量、广告效果、城市人口流量、车流量等的调研。

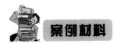

H 市 W 街 1—3# 人流量观察表

日期：2015-05-01

时间		步行行人						过往车辆					
		男性			女性			非机动车		轿车			卡车
时	分	老	中	青	老	中	青	自行车	电动车	高档	中档	低档	重型	轻型

第二部分 实 践 活 动

活动 10:制订观察计划

1. 根据本小组调研项目,制订观察计划。观察计划包括:观察目的、观察内容与对象、观察时间、观察地点、观察人员、观察提纲或观察记录表。

2. 指导教师点评。

活动 11:完成观察调研报告

1. 以小组为单位,根据观察内容,按照观察报告结构要求,完成观察调研报告。观察报告结构要求详见"活动 9"中的调查结构要求,此处不再赘述。

2. 指导教师点评。

任务八 原始资料收集方法——实验法

第一部分 学习引导

【任务导入】

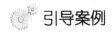 引导案例

咖啡杯设计实验

某种商品畅销,可能是价格原因,也可能是包装的改变或是促销手段的改变,究竟哪种因素的影响最大,可以用实验法来帮助判断。那么,怎么设计实验才能尽快找到这个因变量呢?可以通过实验的整体设计规划来达到这一目的。

美国某公司准备改进咖啡杯的设计,为此进行了市场实验。首先,它们进行咖啡杯的造型调查。它们设计了多种形状的咖啡杯,让500个家庭主妇进行观摩评选,研究主妇们用干手拿杯子时,哪一种形状好;用湿手拿杯子时,哪一种不易滑落。研究结果显示,应选用四方长腰果型杯子。然后,它们对产品名称、图案等也同样进行了造型调查。接着,它们利用各种颜色会使人产生不同感觉的特点,通过调查实验,选择了最适合咖啡杯的颜色。它们的方法是,首先请了30多人,让他们每人各喝4杯相同浓度的咖啡,但是咖啡杯的颜色分别为咖啡色、青色、黄色和红色4种。试饮的结果,使用咖啡色杯子的人认为"太浓了"的占2/3,使用青色杯子的人都异口同声地说"太淡了",使用黄色杯子的人都说"不浓,正好",而使用红色杯子的10人中竟有9个说"太浓了"。根据这一调查,公司咖啡店里以后一律改用红色杯子。因为这样既可以节约咖啡原料,又能使绝大多数顾客感到满意。结果这种咖啡杯投入市场后,与市场上其他公司的产品展开激烈竞争,以销售量比对方多两倍的优势取得了胜利。

讨论与思考:
阅读案例,分析该公司是如何进行咖啡杯设计实验的。

8.1 实验法的含义

实验法是指调研者有目的、有意识地改变一个或几个影响因素,按照一定的实验假设,来观察市场现象在这些因素影响下的变动情况,以认识市场现象的本质特征和发展规律。

实验法是一种强有力的研究形式，它能够证明所感兴趣的变量之间因果关系的存在形式。凡是某一商品在改变品种、品质、包装、设计、价格、广告、陈列方法等因素时都可以应用这种方法。

8.2 实验法的特点

实验法的特点如图 8-1 所示。

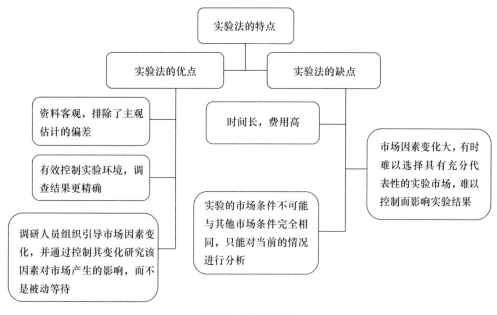

图 8-1 实验法特点

8.3 实验法的组成

1. 自变量与因变量

自变量是实验中的激发因素，是引起实验对象变化的原因；因变量是激发因素的受体，是要被解释的现象和变化的结果，在实验中处于关键地位。自变量与因变量在不同的实验中，可以互相转化。

2. 实验组与对照组（控制组）

实验组是接受自变量激发的一组对象。对照组是不接受自变量激发的一组或几组对象，它们在实验之前各方面条件和状态都基本一致。

在实验中，为何要设置对照组？对照组虽然不接受自变量激发，但受其他外部因素影响，在经过一段时间后，也会自然而然地发生某些变化，这些变化都与实验者的因果关系假设毫不相干，因此只有从测量结果中排除这些成分，才能得到准确的实验结论。但并不是凡实验必有对照组，因为在单一组实验中，就不设对照组。

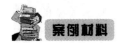

店内广播广告效果实验

美国的爱可公司为了检验店内广播广告在诱导顾客非计划的 POP 购买（即在购买现场作出决定的购买）方面的作用，进行了一项实验。按照商店的规模、地理位置、交通流量以及年头等几个指标，选择了 20 个统计上可比的（相似或一致的）商店，并随机地选择一半的商店作为试验组，另一半为控制组。

在试验商店中播放广播广告，而在控制商店中则不播放广播广告。在实验进行之前，爱可公司收集了有关销售量的单位数和金额数方面 7 天的数据；然后进行了 4 周的实验，在实验结束之后又收集了销售量 7 天的数据；实验的商品种类、价格等项目各不相同。结果表明，在试验商店中做了店内广播广告的商品其销售量至少是成倍增长的。根据这一结果，爱可公司认为店内广播广告在诱导 POP 购买时是十分有效的，并决定继续采用这种广告形式。

3．前测与后测

前测是进行实验激发之前对实验对象（包括实验组与控制组）所作的测量；后测则是进行实验激发之后对实验对象所作的测量。从两次测量结果的比较中，就能看出实验对象的因变量是否发生了变化、怎样发生了变化以及发生了哪些变化。这正是实验法关注的焦点。

8.4　实验法的步骤

实验法的实施步骤如下：

（1）根据市场调研课题，提出研究假设；
（2）进行实验设计，确定实验方法；
（3）选择实验对象；
（4）进行实验；
（5）整理、分析资料，作实验检测，得出实验结论。

8.5　实验法的优缺点及应用范围

实验法的优缺点及应用范围如表 8-1 所示。

表 8-1　实验法的优缺点及应用范围

优点	缺点	应用范围
• 结果客观实用,有较强的说服力 • 可以探索不明确的因果关系 • 方法具有主动性和可控性	• 时间长 • 费用大 • 保密性差 • 管理控制困难	主要用于检验有关市场变量间的因果关系假设,研究有关的自变量对因变量的影响或效应。如测试各种广告的效果,测试各种促销方式的效果,研究品牌对消费者选择商品的影响,研究颜色、名称对消费者味觉的影响,研究商品价格、包装、陈列位置等因素对销售量的影响等

8.6　实验法的实验设计

1. 事前事后对比实验

（1）概念

事前事后对比实验,是指选择若干实验对象作为实验组,通过对实验对象进行实验激发的前后检测对比,得出实验结论。

（2）实验设计

项目＼组别	实验组	对照组
事前测定值	X_1	—
事后测定值	X_2	—

实验效果 = 事后测定值 − 事前测定值

实验效果（E）可表达为：

$$E = X_2 - X_1$$

相对实验效果（RE）可表达为：

$$\text{RE} = [(X_2 - X_1)/X_1] \times 100\%$$

案例材料

某食品厂生产的酥饼质量在同类产品中是比较好的,但销量总是不尽如人意。该厂市场营销人员经过调查研究,认为是酥饼的包装不理想,决定把原来的纸盒包装改为铁盒包装,但对新设计包装的结果并没有把握。为此,该厂决定运用事前事后对比实验法来考察实验结果。整个实验期为 2 个月,前 1 个月仍用旧包装,而后 1 个月采用新包装。实验结果是:采用旧包装的那个月销量为 1 250 盒,采用新包装的那个月销量为 1 650 盒,试问其实验效果如何?

【解答】

实验效果(E)可表达为:
$$E = X_2 - X_1 = 1650 - 1250 = 400(盒)$$

相对实验效果(RE)可表达为:
$$RE = [(X_2 - X_1)/X_1] \times 100\% = 32\%$$

上述结果表明,采用新包装后销量增加了32%,效果明显。所以,该厂决定采用新包装。

(3) 实验步骤

选择实验对象,进行前检测、实验激发、后检测,得出实验结论。

(4) 特点

事前事后实验的优点是简单易行,可以从被影响因素的变动中反映出实验控制因素的影响效果;缺点是很难测量出其他非控制因素的影响程度。

2. 实验组与对照组对比实验

(1) 概念

实验组与对照组对比实验,是指选择若干实验对象作为实验组,同时选择若干与实验对象相同或相似的调查对象作为对照组,并使实验组与对照组处于相同的实验环境中,调查员只对实验组给予实验激发,根据实验组与对照组的对比,得出实验结论。

(2) 实验设计

项目 \ 组别	实验组	对照组
事前测定值	—	—
事后测定值	X_2	Y_2

实验效果(E)可表达为:
$$E = X_2 - Y_2$$

相对实验效果(RE)可表达为:
$$RE = [(X_2 - Y_2)/Y_2] \times 100\%$$

某食品厂为了解面包的配方改变后消费者有什么反应,选择了A、B、C三个商店为实验组,再选择与之条件相似的D、E、F三个商店为对照组进行观察。其一周内销量的检测结果如下表所示,试问从对比中能得出什么结论?

实验结果对比表

组别		新配方销量(百袋)	原配方销量(百袋)
实验组	A 店	43	—
	B 店	51	—
	C 店	56	—
对照组	D 店	—	35
	E 店	—	40
	F 店	—	45
合计		150	120

【解答】

实验效果(E)可表达为：

$$E = X_2 - Y_2 = 150 - 120 = 30(袋)$$

相对实验效果(RE)可表达为：

$$\mathrm{RE} = [(X_2 - Y_2)/Y_2] \times 100\% = 25\%$$

上述结果表明，采用新配方后销量增加了25%，效果明显。所以，该厂决定采用新配方。

（3）实验步骤

选择实验对象（划分为实验组与对照组，并处于相同市场条件下），对实验组进行实验激发，分别对实验组和对照组进行实验后检测，得出实验结论。

（4）特点

实验组与对照组对比实验的优点是采用对照组数据作为比较基础，可以控制其他因素对实验过程的影响；缺点是不能反映实验前后的变化程度。

3. 有对照组的事前事后对比实验

（1）概念

有对照组的事前事后对比实验，是指将对照组事前事后实验结果与实验组事前事后实验结果进行对比的一种实验调查方法。

这种方法不同于单纯地在同一个市场的事前事后对比实验，也不同于在同一时间的控制组同实验组的单纯的事后对比实验。而是在同一时间周期内，在不同的企业、单位之间，选取控制组和实验组，并且对实验结果分别进行事前测量和事后测量，再进行事前事后对比。

这一方法实验的变数多，有利于消除实验期间外来因素的影响，从而可以大大提高实验变数的准确性。

（2）实验设计

项目\组别	实验组	对照组
事前测定值	X_1	Y_1
事后测定值	X_2	Y_2

实验效果（E）可表达为：

$$E = (X_2 - X_1) - (Y_2 - Y_1)$$

相对实验效果（RE）可表达为：

$$RE = [(X_2 - X_1)/X_1 - (Y_2 - Y_1)/Y_1] \times 100\%$$

某食品公司欲测评改进巧克力包装的市场效果，选定 A、B、C 三家超市作为实验组，D、E、F 三家超市作为控制组；在 A、B、C 超市以新包装销售，在 D、E、F 超市以旧包装销售；实验周期为 2 个月，结果见下表：

实验结果对比表

组别	实验前 1 个月销售量（盒）	实验后 1 个月销售量（盒）	变动量（盒）
实验组（A、B、C）	$X_1 = 1\,000$	$X_2 = 1\,600$	600
控制组（D、E、F）	$Y_1 = 1\,000$	$Y_2 = 1\,200$	200

试对结果进行分析。

【解答】

（1）实验组和对照组在实验前 1 个月的商品销售量为 1 000 盒；实验组在实验后 1 个月的商品销售量为 1 600 盒，对照组在实验后 1 个月的商品销售量为 1 200 盒；

（2）将实验组实验前同实验后进行对比，其变动结果是商品销售量增加了 600 盒；将控制组实验前同实验后进行对比，其变动结果是商品销售量增加了 200 盒。

即：

$$E = (X_2 - X_1) - (Y_2 - Y_1) = (1\,600 - 1\,000) - (1\,200 - 1\,000) = 400(盒)$$

从上述结果可以判断巧克力采用新包装后，能够扩大销售。

（3）实验步骤

第一步，选择实验对象；第二步，将其划分为实验组与对照组，并处于相同市场条件下；第三步，对实验组和对照组分别进行事前检测；第四步，对实验组进行实验激发；第五步，分别对实验组和对照组进行事后检测；第六步，得出实验结论。

（4）特点

有对照组的事前事后对比实验的优点是通过实验前后的变化程度对比，既可以测定控制因素对实验过程的影响，也可以测定非控制因素的影响；缺点是应用比较复杂，在进行消费者行为、态度测量时，将会受到调查者、被调查者态度的相互影响和实验前后调查者与被调查者人员变动的影响。

第二部分 实践活动

活动 12：实验法练习

1. 某食品厂在经销其食品的 6 家食品商店进行某种食品包装效果的实验，对照组在实验期用原包装，实验组在实验期用新包装，实验前后对比期为 3 个月，实验前后的销售量如下表所示：

项目 \ 组别	实验组（3 家）	对照组（3 家）
实验前销量（千克）	30 000	29 500
实验后销量（千克）	40 000	36 500

试计算其实验效果。

2. 某家具厂生产的小圆桌销量一般，该厂营销人员认为，夏季人们常在外乘凉，便携式的小圆桌将受欢迎。于是，该厂决定生产一种钢木结构的折叠小圆桌。为了了解其效果，该厂进行了一次有对照组的事前事后对比实验，时间为 2 个月。实验结果如下表所示：

项目 \ 组别	实验组	对照组
事前测定值	620	600
事后测定值	1 000	700

请根据资料，估算其实验效果。

任务九　原始资料收集方法——访问法

第一部分　学习引导

【任务导入】

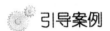引导案例

福特——Edsel 功亏一篑

　　Edsel 于 1957 年 9 月推出,是福特公司打进中价位汽车市场的车种。就福特公司来说,中价位汽车市场比较薄弱。研究人员认为,因为公司没有等价位的汽车,所以在中价位汽车市场上也具有一定的优势:不需改变任何既定的品牌个性,还可以创造一个全新的品牌。同时福特公司也不愿意将这一市场拱手让给他人,因此 Edsel 的推出势在必行。

　　哥伦比亚大学参与了福特公司的研究。它们访问了 4 所大学、1 600 名汽车买家,通过对各种产品的个性描写,得出结论:福特新车的个性应该是活泼、时髦、适合年轻的主管或专业人员家庭使用,且汽车的设备将使拥有者产生符合其身份的感觉。

　　接着是为新车命名,这也必须符合汽车形象和个性。研究者收集了大约 2 000 个不同的名字,在几个大都市的人行道上访问行人,请他们说出对每个名字的自由联想,并询问每个名字的负面联想,但研究结果并没有给出确切的结论。最后,Edsel——亨利·福特唯一的儿子的名字被选中。虽然它的自由联想偏向负面,但其他名字同样也没有获得一致性的通过。

　　Edsel 的研究始于 10 年前,研究者要求的是一个具有独特个性的形态。经过研究,最后将 Edsel 定义为一种大型的汽车,拥有 345 马力的引擎。在当时,如此的马力带来的快速和便捷,被认为符合年轻的形象,可作为竞争的要素。

　　1957 年 7 月 22 日,Edsel 在《生活杂志》上用双跨页刊出第一个广告:黑白对比的颜色中只见一个模糊的车影在乡村高速公路上驰骋。之后刊登的其他广告也只是展示 Edsel 的轮廓而已,直到 8 月底其真实面目才被正式曝光。福特公司试图以此来吸引消费者的兴趣,使 Edsel 成为引人注目的焦点。因为要保守秘密,所以必须舍弃传统的广告方式,并且新车的介绍和促销要同时进行,这使得福特公司无法尝试不同的对策和计划。

　　Edsel 于 1957 年 9 月 4 日推出,首日接获 6 500 辆订单,算是差强人意。但接下来的

几天销售情况却急剧下降；10月13日，福特公司在电视上推出了大量的广告，但情况仍不见好转。1958年11月，Edsel系列新车面世，销售稍有转机。1959年9月，Edsel推出了第三个系列产品，却没有造成任何影响；11月19日，Edsel被迫停产，正式谢幕。

Edsel是市场调研的产品，投入了大量的人力、物力与财力，却以停产而告终。原因很多，其中以下几点尤其值得我们思考：

一是1950年之后，随着经济增长和个人收入的增加，中价位的汽车销售呈现出稳定增长的趋势。Edsel于1957年推出，但大部分的消费者偏好研究却早在10年前就已经着手进行，研究者却没有考虑到其间消费者需求会随着消费心理和环境的变化而改变。

二是在汽车的命名上，福特公司虽然进行了调研，但并未考虑到其自由联想偏向负面产生的影响，仍贸然采用了Edsel。

三是Edsel的消费者购买动机研究，虽然提供了新汽车所需的良好形象，但在实际运用时，却无法将它转变为产品实质特性。

资料来源：http://wenku.baidu.com/view/b30ac56baf1ffc4ffe47ac36.html。

9.1 访问法的含义

访问法是将所要调查的事项以当面、书面或电话的方式，向被调查者提出询问，以获得所需要的资料，它是市场调查中最常见的一种方法。访问时通常应该事先设计好询问程序及调查表或问卷，以便有步骤地提问。

9.2 访问法的基本程序

访问法的基本程序如图9-1所示。

图9-1 访问法的基本程序

1. 访问准备

访问准备又分为两种：

(1) "软件"准备

具体包括：访谈目的或动机；设计访谈问题；根据访谈目的，选定被访人；对访问对象的情况作初步了解；确定访谈地点与时间，提前预约时间；主访人与记录人的分工；等等。

(2) "硬件"准备

具体包括：访问问题和问题表；访问对象名单与简要情况表；录音、录像设备；访问记录用的笔、纸或笔记本；等等。

比萨店调研座谈会提纲

(1) 预热话题和发言规则(10 分钟)。

(2) 小组成员互相介绍(3—5 分钟),一般从主持人开始,顺时针进行。

(3) 上饭馆吃饭的态度和情感测试、消费行为(15 分钟)(具体问题略,下同)。

(4) 对快餐的态度和情感测试、消费行为(15 分钟)。

(5) 对西餐的态度和情感测试、消费行为(20 分钟)。

针对没有在比萨店用餐经历的小组:

(6a) 测试对比萨店的态度和认知度(20 分钟)。

(7a) 了解对比萨店服务的期望(10 分钟)。

(8a) 了解对比萨店内部装饰的期望(10 分钟)。

针对有在比萨店用餐经历的小组:

(6b) 了解在比萨店的消费行为细节和对用餐经历的评价(30 分钟)。

(7b) 了解对比萨店用餐服务的评价(10 分钟)。

(8b) 了解对比萨店内装饰的认知和评价(10 分钟)。

(9) 概念测试(出示概念板,10 分钟)。

对参与者表示感谢,结束座谈,并说明如何领取报酬。

2. 访问开始

这一环节包括以下内容:

(1) 提前到达访问地点。

(2) 若临时变化,及时通知被访者,致歉意并约定访问时间。

(3) 与被访者见面、寒暄、自我介绍。

(4) 讲明来访目的、确认时间。

(5) 判断对方的风格、期望、忧虑。

(6) 为访谈者保密。

(7) 接近访问对象,具体又可以分为五种形式:一是自然接近。即在某个共同活动的过程中接近对方。二是求同接近。即在寻找与被访者的共同语言中接近对方。三是友好接近。即从关怀、帮助被访者入手来联络感情、建立信任。四是正面接近。即开门见山,先自我介绍,直接说明调查目的、意义和内容,然后进行正式访谈。五是隐蔽接近。即以某种伪装的身份和目的接近对方,并在对方没有察觉的情况下了解情况。

3. 访问过程

(1) 访谈关键环节

① 提问方式。提问方式包括:开门见山、直来直去;投石问路、先作试探;顺水推舟、

逐波前进;逆水行舟、溯源而上;顺藤摸瓜、逐步发展;借题发挥、跳跃前进;层层深入、一杆到底、循循善诱;等等。

② 引导和追问。当被访者对所提问题理解不正确、答非所问时;当被访者顾虑重重、吞吞吐吐、欲言又止时;当被访者一时语塞、对所提问题想不起来时……总之,当访问遇到障碍不能顺利进行下去或偏离原定计划时,就应及时引导。

当被访者的回答前后矛盾、不能自圆其说时;当被访者回答不清、模棱两可时;当被访者的回答过于笼统、很不准确时……总之,当被访者的回答不正确、不完整时,就要适当地追问。

"追问"的应用

【例1】

问:您喜欢这种电动工具的什么呢?

第一次回答:外观漂亮。

追问:您还喜欢什么呢?

第二次回答:手感好。

追问:您还有没有喜欢的呢?

第三次回答:没有了。

【例2】

问:您喜欢这种电动工具的什么呢?

第一次回答:很好,不错。

追问:您所谓的"很好,不错"是指什么呢?

第二次回答:舒适。

追问:怎么个舒适法呢?

第三次回答:手握着操作时手感很舒适。

【分析】

例1是勘探性追问,通过追问扩大了被访者的回答,完整地记录下了被访者所喜欢的内容。

例2是明确性追问,访问者从"很好,不错"这个一般化的回答中,抽取出了更确切、得体的答案。

(2) 访问过程中应注意的问题

① 访谈气氛

首先,应从简短寒暄开始,从所熟悉的情况谈起,以创造轻松的访谈气氛;

其次,应以开放式的问题切入正题。

② 合理有效地控制访问进程

包括主要问题的询问、节奏的调整、深度的控制等。

③ 照顾被访者的心理与隐私

首先,尊重对方,拉近与被访者的距离;

其次,快速发现或建立双方的共同点。

④ 有目的地倾听,不要轻易打断对方的话题

首先,尽量不说敏感的话题;

其次,当被访者谈的是其认为很重要的问题时,不要轻易打断他。

⑤ 访谈者行为

谦虚、认真倾听是成功访问的先决条件,切忌漫不经心。

⑥ 不发表自己的观点

访问中切记:访问中的任务是听和记,不要轻易表达自己的观点。

4. 访问结束

(1) 遵守约定的时间,养成良好的习惯,为自己树立良好的信誉;

(2) 访谈结束前可用几句话对访问做一个总结,并照顾到以后的接触;

(3) 约定下次见面的时间与地点;

(4) 表示感谢。

5. 访问后工作

(1) 当天及时将资料汇总;

(2) 检查访问的主要目的是否达到;

(3) 对访问资料进行分析;

(4) 当天完成访谈记录表的填写;

(5) 保留原始访谈记录,以备查询;

(6) 如需再进行访谈,做好下一步行动计划。

9.3 访问法的类型

访问法的类型如图 9-2 所示。

1. 面谈调查

面谈调查是一种由调查人员直接与被调查者进行单独沟通交流,获得关于个人的某种态度、观念等方面信息的询问调查方法,其中包括入户面访、街头拦访、计算机辅助面访。

(1) 入户面访

① 入户面访流程

入户面访流程如图 9-3 所示。

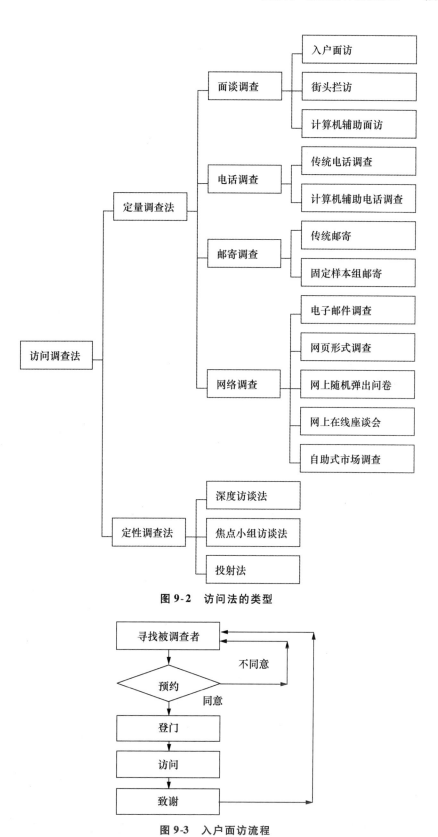

图 9-2 访问法的类型

图 9-3 入户面访流程

② 入户面访的优缺点及适用范围

优点	缺点	适用范围
• 可取得较有代表性的样本 • 可获得较多的信息和较高质量的数据 • 可根据被调查者的态度、语气等特征进行访谈,灵活性较强,有激励效果	• 调查费用较高 • 调查周期较长 • 被调查者容易受到调研人员态度、语气等的影响,对调研人员的要求较高 • 某些群体出于安全考虑,不愿意让陌生人入户,访问成功率较低	需要使用产品样品或广告样本等辅助工具进行访谈的调查项目

③ 入户技巧

第一,仪表仪态。

正确的操作	错误的操作
• 穿着得体,良好的第一印象 • 亲切友好,举止大方 • 神态自然,充满自信 • 主动示证,消除疑虑	• 穿着太过时髦,浓妆艳抹 • 态度蛮横,举止粗鲁 • 神情紧张,缺乏自信 • 过早出示礼品,未出示证件

自 我 介 绍

【例1】

女士、先生(叔叔、阿姨):

您好!我是某学校的访问员。我们正在进行一项有关日用消费品的社会实践,想听取您的意见,和您做个访问。谢谢您的支持和配合!

【例2】

女士、先生(叔叔、阿姨):

您好!我是某地产研究公司的访问员。我们正在进行一项有关日用消费品的研究(咨询、意见收集),想听取您的意见,和您做个访问。多谢您的支持和配合!

第二,创造最佳访问环境。

选位	排除干扰
• 进门后礼貌寒暄,对打扰被访者表示歉意 • 尽量选择光线较强的地方	电视机/音响: • 选择远离电视机或音响的位置 • 请求被访者调低音量或关闭干扰源 • 请求被访者背对电视或音响 家人/邻居/访客: • 礼貌地婉言拒绝其他人参与访问过程,只听取被访者个人的意见 • 请求被访者的家人等能配合一下,尽量加快访问速度

(2) 街头拦访

① 街头拦访流程

街头拦访流程如图 9-4 所示。

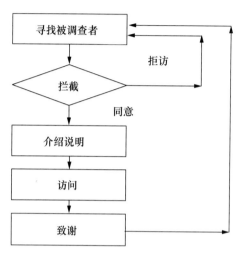

图 9-4 街头拦访流程

② 街头拦访的优缺点及适用范围

优点	缺点	适用范围
• 费用低于入户面访 • 调查效率高,且避免了入户面访的困难 • 可根据被调查者的态度、语气等特征进行访谈,灵活性较强,有激励效果	• 调查对象的身份难以识别 • 被调查者拒访率较高时会影响调研人员的工作情绪 • 被调查者容易受到调研人员态度、语气等的影响,对调研人员的要求较高	• 常用于商业性的消费者意向调查,如购物场所调研等 • 需要快速完成的小样本探索性研究

(3) 计算机辅助面访

计算机辅助面访可以是入户的,也可以是街头拦访。即指调研人员携带内置计算机辅助面访系统的笔记本电脑,访问时直接将问题显示于计算机屏幕上的访问形式。调研人员可以根据计算机屏幕上的问题进行访问工作,并将受访者的答案直接输入计算机;如果被访者不愿意直接回答调研人员的问题,亦可由被访者自己将答案输入计算机内,以保护被访者的隐私。在这种调查方法下被访者的回答率高、费用低。

2. 电话调查

(1) 传统电话调查

① 传统电话调查流程

传统电话调查流程如图 9-5 所示。

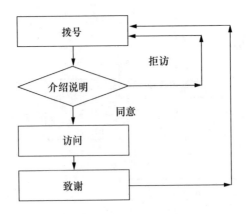

图 9-5 传统电话调查流程

电话调查开场

您好,我是××公司的电话访问员,正对我公司的××产品开展全国范围的调查,以了解消费者的反应。我们由随机抽样获得您的电话号码。我们的访问可能需要打扰您几分钟,如果您有任何疑问,我们将很乐意为您解答。现在我们开始第一个问题……

② 传统电话调查的优缺点及适用范围

优点	缺点	适用范围
• 收集信息资料速度快 • 调查费用较低 • 便于在一些敏感问题调查中得到更为坦诚的回答	• 受时间限制,访问内容难以深入,得到的信息在数量、类型上有限 • 拒访率高 • 不适宜要求被调查者看到广告、产品等需要实物显示的调查	• 常用于商业性的消费者意向调查 • 主要用于不太复杂问题的访谈

(2) 计算机辅助电话调查

计算机辅助电话调查通常的工作形式是:访问员坐在计算机前,面对屏幕上的问卷,向电话对面的被访者读出问题,并将被访者的回答记录到计算机中;督导则在另一台计算机前对整个访问工作进行现场监控。

这种调查方法的优点是样本不受地域限制,调研成本低。

企业的免费电话

某著名日化企业为了听取用户的意见,别出心裁地推出免费电话。它们在产品包装上标明该企业各分厂的电话号码,顾客可以随时就产品质量问题打电话反映情况,费用全部记在企业账上。企业则对所来电话给予回复,并视情况进行奖励。仅一年该公司就接到近25万个顾客电话,从中得到启发而开发出的新产品的销售额近1亿元,而公司的电话费支付不过600万元,这让管理层喜不自禁。

3．邮寄调查

（1）邮寄调查的含义

邮寄调查是指通过邮寄或其他方式将调查问卷送到被调查者手中,由被调查者自行填写,然后将问卷返回的一种调查方法。

（2）邮寄调查的优缺点及适用范围

优点	缺点	适用范围
● 能突破时空的限制,扩大调查区域 ● 保密性强 ● 被调查者有充分的时间思考,回答问题更确切	● 回收率低 ● 时间周期长 ● 难免有人草率行事,结果真实性低,问卷填写质量难以控制	● 政府主管部门采用行政手段进行的调查 ● 上级对下级进行的指令性调查

4．网络调查

（1）网络调查的含义

网络调查是指利用互联网作为技术载体和交换平台进行调查的一种方法。

（2）网络调查的优缺点及适用范围

优点	缺点	适用范围
● 调查对象广泛 ● 调查速度快 ● 调查成本低 ● 富有灵活性	● 被调查者身份验证有很大困难 ● 时间周期长 ● 受互联网安全性影响较大	适合专业的调研公司使用

四种定量询问调查法比较

	面谈调查	电话调查	邮寄调查	网络调查
处理复杂问题的能力	很强	强	差	一般
收集资料的周期	一般	很短	一般	很短
灵活程度	很高	高	差	一般
调查费用支出	低	高	高	很高
回收率	高	较高	低	一般

5．深度访谈法

（1）深度访谈法的含义

深度访谈法又称深层访谈法，它是一种无结构的、直接的、个人的访问形式。在访问过程中，一个掌握高级技巧的调查员深入地访谈一个被调查者，以揭示对某一问题的潜在动机、信念、态度和感情。

（2）深度访谈法的优缺点及适用范围

优点	缺点	适用范围
一对一访谈容易进行感情上的交流与互动	• 调查成本高 • 调查周期长	• 用于获取对问题的理解和深层了解的探索性研究 • 新的设计、广告和促销方案都可以采用这种方法

（3）实施步骤

① 接收任务书。

② 制订约人方案，具体包括：确认被访者条件，确认配额，准备确认甄别问卷，制定劳务费标准，购买礼品、准备礼金等。

③ 预约被访者，具体包括：

第一，培训访问员。应向访问员说明被访者条件、公司的介绍信及访问说明、劳务费标准、深访时间、约人注意事项、约人终止时间等。

第二，要求访问员在约定的时间内将被访者的情况及时反馈给公司。

第三，根据被访者的背景情况，对预约被访者进行甄别。这里需要注意的是：多约几人备用（具有相同背景的人选）；可以采用突然发问等形式的侧面甄别技术；同一个访问员所约的被访者之间不能相互认识，并且不能是同一单位的；确认深访时间。

第四，被访者的配额、行业、职务、从业时间、生活背景等应该均匀分布。

第五,将时间安排、访问安排传真给各被访者,如有变动应及时取得联系。

④ 正式访问。

访问员一对一地与被访者进行现场访问;访问员整理现场问卷、录音;对收回的问卷、录音,督导要亲自过目;及时将收回的问卷、记录、录音等寄给客户。

⑤ 访问后的整理工作,记录存档留底。

⑥ 访问后续工作。

6. 焦点小组访谈法

(1) 焦点小组访谈法的含义

焦点小组访谈法又称小组座谈法,是指采用小型座谈会的形式,由一个经过训练的主持人以一种无结构、自然的形式与一个小组具有代表性的消费者或客户交谈,从而获得对有关问题的深入了解。

(2) 焦点小组访谈法的优缺点及适用范围

优点	缺点	适用范围
• 收集信息资料速度快、效率高 • 取得资料较为广泛、深入 • 将调查与讨论相结合、结构灵活 • 节省人力、物力和财力 • 便于互相启发、集思广益	• 对主持人的要求高 • 迫于个别专家的权威,容易形成团体压力,进而形成错误判断 • 答案凌乱难处理	社会公益性问题调查,如政策出台前后消费者的反应调研、房地产项目定位调研等

(3) 实施步骤

① 准备焦点小组访谈

第一,访谈的环境。一般是有一个焦点小组测试室,主要设备应包括:话筒、单向镜、室温控制器、摄像机。对调研者来说,焦点小组访谈法是一种了解消费者动机的理想方法。

第二,征选参与者。一般是在街上随机地拦住一些人或是随机选择一些电话号码。征选时应极力避免在小组中出现重复的或"职业"性受访者。一个小组一般包括8名参与者。注意,并不存在理想的参与人数,这应根据小组的类型而定,一般经历性的小组比分析性的小组所需的受访者要多。

另外,经调查发现,人们同意参加焦点小组的动机依次是:报酬、对话题感兴趣、有空闲时间、焦点小组有意思、受访者对产品知道得很多、好奇、提供了一个表达的机会。

② 选择主持人

拥有合格的受访者和一个优秀的主持人是焦点小组访谈法成功的关键因素。焦点小组对主持人的要求是:第一,主持人必须能恰当地组织一个小组。第二,主持人必须具有良好的商务技巧,以便有效地与委托商的员工进行互动。其间,对主持人的培训和主持人自身的准备是非常重要的,而且委托商的员工在观察小组之前也必须做好充分的准备。

③ 编制讨论指南

编制讨论指南一般采用团队协作法。讨论指南要保证按一定顺序逐一讨论所有突出的话题。讨论指南是一份关于小组会中所要涉及的话题概要。主持人编制的讨论指南一般包括三个阶段:第一阶段是建立友好关系,解释小组中的规则,并提出讨论的个体;第二阶段是由主持人激发深入的讨论;第三阶段是总结重要的结论,衡量信任和承诺的限度。

④ 编写焦点小组访谈报告

访谈结束主持人可先做一次口头报告。

正式的报告,开头通常解释调研目的,申明所调查的主要问题,描述小组参与者的个人情况,并说明征选参与者的过程;接着,总结调研发现,并提出建议,通常为2—3页纸的篇幅。如果小组成员的交谈内容经过了精心归类,那么组织报告的主题部分也就很容易了。先列出第一个主题,然后总结对这一主题的重要观点,使用小组成员的真实记录(逐字逐句地记录)进一步阐明这些主要观点。最后,以同样的方式一一总结所有的主题。

(4) 工作要点

要组织完成一项小组访谈,需要做好三方面的工作。

① 做好访谈会前的准备工作,主要内容有:

第一,确定会议主题;

第二,确定会议主持人;

第三,选择参加人员;

第四,选好访谈会的场所和时间;

第五,确定访谈会的次数;

第六,准备好访谈会所需要的演示和记录用具,如录音、录像设备等;

第七,在需要同声翻译的情况下,应该让翻译了解所要讨论的大概内容。

② 组织和控制好访谈会的全过程,主要内容有:

第一,要善于把握访谈会的主题;

第二,要做好与会者之间的协调工作;

第三,要做好访谈会记录,访谈会一般由专人负责记录,同时还常常通过录音、录像等方式记录。

③ 做好访谈会后的各项工作,主要内容有:

第一,及时整理、分析访谈会记录;

第二,回顾和研究访谈会情况;

第三,作必要的补充调查。

(5) 注意事项

① 焦点小组访谈的目的决定了所需要的信息,从而也决定了需要的被访者和主持人。企业可以使用一些特殊的调研技术,如测试态度的量表技术,以及一些特殊的仪器,如广告效果测试时,常常需要瞬间显示器和投影仪,这些都需要提早落实,准备到位。

② 曾经参加过焦点小组访谈的人,是不合适的参与者。

③ 参与者中应该避免亲友、同事关系。因为这种关系会影响发言和讨论,万一发生这种情况,应该要求他们退出。

④ 每个小组参与者的数量。一般情况下,8—12人是合适的,但经常有4—5人的焦

点访谈实施,这主要应该看讨论的内容是什么。如为一个家用电脑软件实施焦点小组访谈时,为了让消费者能充分熟悉软件功能,并尽量深入发表意见,每组只有 4 个参与者。

⑤ 吸引参与者参加访谈的措施。其主要内容有:

第一,报酬越高越能吸引人参与;

第二,越枯燥的调研项目报酬越要高;

第三,访谈会尽量安排在周末举行;

第四,向目标人选描述访谈会如何有趣、有意义;

第五,强调目标人选的参与对研究十分重要。

⑥ 主持人在焦点小组访谈中要明确工作职责。其工作职责包括:

第一,与参与者建立友好的关系;

第二,说明访谈会的沟通规则;

第三,告知调研的目的并根据讨论的发展灵活变通;

第四,探寻参与者的意见,激励他们围绕主题热烈讨论;

第五,总结参与者的意见,评判对各种参数的认同程度和分歧。

⑦ 主持人应把握会场气氛。主持人在访谈开始时,首先应该亲切热情地感谢大家的参与,并向大家解释焦点小组访谈是怎么一回事,使参与者尽量放松;然后,真实坦诚地介绍自己,并请参与者一一进行自我介绍。沟通规则一般包括以下内容:

第一,不存在不正确的意见,你怎么认为就怎么说,只要说出真心话就可以了;

第二,你的意见代表着其他很多像你一样的消费者的意见,所以很重要;

第三,应该认真听取别人的意见,不允许嘲笑、贬低;

第四,不要互相议论,应该依次大声说出自己的观点;

第五,不要关心主持人的观点,主持人不是专家;

第六,如果你对某个话题不了解,或没有见解,不必担心,也不必勉强地临时编撰;

第七,为了能在预定时间内完成所有问题,请原谅主持人打断你的发言。

⑧ 焦点小组访谈的数据和资料分析要求主持人及分析员共同参与。他们必须重新观看录像,不仅要听取参与者的发言内容,而且要观察发言者的面部表情和肢体语言。企业在进行产品的概念测试时特别要注意这一点,因为参与者往往不愿意对设计的"概念"提出激烈的反对意见,只有当企业自己观察到参与者不屑一顾的嘲讽表情时,才会认识到"概念"并不受欢迎。

7. 投射法

(1) 投射法的含义

投射法,也称投射测试,在心理学上的解释是个人把自己的思想、态度、愿望、情绪或特征等,不自觉地对外界的事物或他人作出反应的一种心理作用。此种内心深层的反应,实为人类行为的基本动力,而对这种基本动力的探测,有赖于投射技术的应用。

(2) 投射法的特点

① 测试目的的隐蔽性

受测者一般不可能知道测试的真实目的,也不知道对自己的反应会作何种心理学解释,他们所意识到的是对图形、故事或句子等刺激的反应,实际上他们的反应行为却把内心的一些隐蔽的东西表现了出来,这样就减少了受测者伪装自己的可能性。

② 内容的非结构性与开放性

这是指投射测试使用非结构化任务作为测试材料,即允许受测者产生各种各样不受限制的反应。为了促使受测者充分想象,投射测试一般只有简短的指示语,测试材料也是模棱两可的,不像一般的测试方法中的试题那样非常明确。由于测试材料的模糊性,受测者的反应较少受到情境线索和他人观点的影响,往往会表现出受测者真实的内在感受、需要、个性、情绪、动机、冲突、防御等心理内容。采用投射法可以测试出受测者更真实的人格。

③ 反应的自由性

一般的测评技术都在不同程度上对受测者的回答(反应)进行了这样或那样的限制。而投射测试一般对受测者的回答(反应)不作任何限制,对受测者而言,是很自由的。

④ 测试的整体性

这是指测试关注的是对人的总体评估,而不是针对单个特质的测量。受测者的任何反应都可能影响评估结论,在对投射测试进行解释时要注意它的整体性特征。

(3) 投射法的优缺点和适用范围

优点	缺点	适用范围
• 主试者的意图、目的藏而不露。这样就创造了一个比较客观的外界条件,可以测试出受测者人格更真实的一面,使测试的结果比较真实 • 真实性强,比较客观,对受测者的心理活动了解得比较深入	分析比较困难,需要有经过专门培训的主试者	• 对自己的动机缺乏自觉。受测者常对自己的行为动机并不十分清楚,自然就不能对调查者讲明其真正动机 • 非理性因素。受测者在被问到有关某种动机或行为时,往往会隐藏自己的真正动机或行为

(4) 常用的投射测试法

① 词语联想法

这种测试方法是一种与字、词相关联的测验。比如,当说出"巧克力"这个词的时候,你会想到的第一个词是什么?任何人根据自己的生活经验和体会都会对"巧克力"产生联想,并用他们自己的语言表达出来。

这种测试方法是非常实用和有效的,经常用于给新产品选择名称、确定广告主题和广告文案。具体的操作方式是,主试者先给受测者一个词语,然后要求受测者快速地用一连串的词语表达出看到这个词语后脑海中联想到的第一种事物,不要受心理防御机制的干扰。如果受测者不能在3秒钟内作答,那么说明他已经受到心理情感因素的干扰了。

需要强调的是,选择的受测者必须是该商品的目标消费者,因为只有他们的联想才能真正代表这个群体。比如,要给一个新的罐装咖啡确定一个商品品牌名称,就可以采用这种方法。受测者会凭借自己对罐装咖啡的理解和消费经验而说出许多有趣的词语,主试者就可从中选择出品牌名称的备选项目。

② 句子和故事完整法

这一方法的基本操作原理和词语联想法基本一致,只是具体做法上稍有不同,即受测者得到的是一段不完整的故事或是一组缺损的句子,要求将它们补充完整。目的是希望受测者把自己的心里感受投射到故事或句子所展现的情节中去,事实上,人们在编撰故事或句子的时候会不自觉地将自己的感觉和愿望投入其中。这种方法被调研者认为是很可靠的测试方式。

比如"当你被朋友邀请去高尔夫俱乐部时,你……",主试者会要求受测者根据自己的想象编一个故事,此时,他们所讲述的故事实际上是他们内心想法的投射,尽管有时他们会把自己的反应归属于别人,但是面对这个问题的刺激物,他们却暴露了内心潜在的需要、欲求、害怕、动机等。当然,这些故事是需要从心理学的角度去分析和辨别的。

③ 图画测试法

图画测试法通常测试人们对两个不同类型的问题的看法。具体的测试方法是,安排两个人物的对话,一个人物的对话框中已经写明他对某一问题的看法,在另一个对话框中则留有空白,让受测者回答。人物的图像是模糊的,没有任何的暗示,目的是让受测者能够随意地表达自己的想法。这种心理实验法最初是用于测试儿童的智力成熟度的,后来应用得越来越广泛,被逐步运用到对特殊群体甚至正常群体的测试和研究中。

图画测试法常用于测试消费者对某种产品或品牌的态度的强弱,以及表达出特定的态度。另外,这种方法还可以给出命题,让受测者根据自己的理解和想象任意地绘制他所认为合理的图形及场景。比如,希望你表达对"养老"问题的看法,如何用画面来表达自己晚年的生活,就是一件千奇百态、向往各异的有趣现象。这时一幅画胜似复杂的语言表达,你可以从中得到丰富的信息内涵。由于它是运用心理学中的图画技术,因而评估工作比较难以标准化,所以对解释图画的人的要求比较高,一般的调查研究人员很难准确地把握,需要有专门的心理学知识背景的专家以科学的、严谨的态度和丰富的经验作分析及解释,否则就是一种简单、庸俗的研究方法。

④ 照片归类法

照片归类法是要求消费者将一组特殊的照片进行分类,以此来表达他们对品牌的感受。

这种测试方法起源于美国的 BBDO 广告代理公司,具体做法是:提供给受测者一组照片和一组品牌,照片中有不同身份特征的人物,如高级白领、蓝领、大学生等,请受测者把他们所认为的这些人与其应该使用的品牌对号入座地联系起来。通过这种方法可以从受测者那里分析和寻找到不同品牌的真正消费者应该是谁。

BBDO 广告代理公司曾用这样的方法分析啤酒市场的目标消费人群。它们选择了100名目标消费者进行调查研究,他们的特征是男性、年龄在 21—49 岁,每周至少喝 6 瓶啤酒。调研者向他们出示了 98 张照片(不同身份特征的人),要求他们根据自己的判断给每张照片上的人选择一个他可能喝的啤酒的品牌。这样测试的结果显示,即便同是蓝领人群,如果脾气不同,其选择的品牌也是不同的,而每一个品牌都有自己的个性和特定的人群。

第二部分 实 践 活 动

活动 13：设计访问提纲、实施访谈

1. 设计访谈提纲、实施访谈。

时间：45 分钟。

人数：以小组为单位。

活动目的：了解访谈，学习设计访谈提纲并实施。

活动过程：

（1）老师给出题目要求，或根据自己小组的调研项目提出要求；

（2）小组讨论设计访谈提纲，并进行完善；

（3）选择若干小组按提纲实施访谈；

（4）全班评议讨论实施访谈法应注意的问题。

2. 总结不同访问法的特点。

时间：30 分钟。

人数：全班同学。

活动目的：总结不同访问调查法的特点，了解其优缺点和适用条件。

工具：不同访问法特点总结表。

活动过程：

（1）每位同学完成访问法特点总结表；

（2）小组内讨论归纳总结，分析不同访问法的适用条件；

（3）各小组选派 1—2 位同学报告讨论的结果；

（4）老师小结点评。

提示：不同的访问法，调研者与被调研者的接触方式是不同的，这就决定了不同调查方法的适用性和准确性等方面的不同，同时对问卷的要求也会不同。

 参考案例

关于"奢侈化消费"深度访谈提纲

×××：

您好！我是来自某学院的一名大三的学生，我正在研究关于人们选择消费品时的一些想法，我能不能耽误您一点时间和您聊聊您的一些情况。整个访问大约需要 30 分钟，您看我们是不是找个舒服一点的位置坐下来聊一聊。

1. 引出主题

◇ 今年圣诞很冷啊！不过圣诞节打折促销活动搞得很火热！您有没有趁着打折大减价期间购置期望已久的东西呢？

◇ 您这个手机很漂亮啊,很贵吧?

◇ 您会在什么样的情况下买这些奢侈品呢?

◇ 假设性问题:如果您有足够的经济能力购置奢侈品,您是会选择奢侈品还是会选择物美价廉的适合您的产品呢?

◇ 有些人认为奢侈消费行为是未来消费的发展方向,对于这一看法,您是怎么认为的?

2. 消费与使用过程研究

详细追问从开始受到触动、有想法、收集信息、与人互动、选择购买场所、购买现场互动直到购买完成、后期使用。针对每一环节细致追问心理、当时的场景与感受、行为方式与原因。

3. 消费心态与价值观

您认为一个人可以在社会上受到尊重的原因是什么,与消费能力有联系吗?

4. 人群互动

在您周围的同事或朋友中,您的消费与他们的消费之间有什么关系?他们的消费受到您的影响了吗?如果回答是肯定的,那么这种影响是怎么发生的,具体描述一下当时互动的情况。

5. 结论

问到奢侈,您想到什么?什么是奢侈消费行为?您有这样的消费行为吗?您的消费与您自己说的奢侈消费之间有多大的差距?您认为未来您的消费会向哪个方向发展?有什么具体的奢侈消费的计划吗?实现这样的计划需要什么条件?您如何创造这些条件?

 参考案例

关于"某大学学生阅读情况"的访谈计划

一、访谈目的

了解此次活动的影响及活动对象的反应

二、访谈方式

面对面的访谈

三、访谈对象

某大学本科所有学生

四、访谈提纲

(一)访谈开场语

你好,我是某大学某专业的一名三年级学生,现在在做一个关于这次活动的专题调查,最多耽误你30分钟宝贵的时间完成这个访谈。本次访谈主要通过问答形式进行,访谈内容将严格保密!为保证访谈的有效性,请真实地回答每个问题,如果没有疑问的话,我们就开始吧!

(二)访谈对话

第一部分:对话部分

(1)你现在是大几的学生?

(2）你坚持每天阅读吗？
(3）你喜欢阅读自己的专业书籍吗？
(4）你每天花在阅读上的时间有多少？
(5）你平时最喜欢阅读一些什么类型的课外书？
(6）你一般的阅读方式是什么？
(7）相对于专业书籍，你是否更偏爱课外书？
(8）你每个月花费在图书上的费用有多少？
(9）你喜欢电子书籍还是纸质书籍？
(10）你认为电子书籍会取代纸质书籍吗？
(11）你是否会对自己阅读的专业书籍或课外刊物进行总结？
(12）你认为课外阅读对你的帮助大吗？
(13）你是否经常去图书馆借阅与自己专业相关的书籍？
(14）你觉得大学生是否有必要多进行课外阅读？
(15）你进行课外阅读的主要目的是什么？
(16）你平时会因为什么原因而不进行课外阅读？

第二部分：访谈结束语

再次感谢你的配合！祝你学习进步，生活愉快！

五、采访步骤

(1）观察活动现场；
(2）选取对象；
(3）开始访谈并记录；
(4）访谈的反思与评估。

六、可能碰到的问题

(1）被访者拒答；
(2）访谈地点受干扰性大；
(3）访谈过程中被访者不耐烦；
(4）访谈过程中被第三者打断；
(5）被访者敷衍回答。

七、设想解决的方法

(1）选取适当的访问对象，明确告知其访谈的目的；
(2）选取适当的访谈时机和地点；
(3）尽量速战速决，在活动现场多数人可能都是匆匆而过，不愿合作，所以时间宝贵；
(4）也可以采用交流小组的形式，一对多地进行访问；
(5）如果被访者敷衍回答，应尽早结束访谈，并将此次访谈作废。

八、访谈前所需准备

(1）笔记本、笔及相关个人证件；
(2）录音笔；
(3）访谈提纲。

活动 14：完成访谈报告

1. 以小组为单位，根据访谈内容，参照访谈报告的结构要求撰写访谈报告。访谈报告结构要求与"活动9"中列示的调查报告结构要求一致，此处不再赘述。
2. 分享访谈报告。

 参考案例

奢侈化消费深访要点记录

1. 普通消费群一般不会选择奢侈化消费，但是有想要购置奢侈品的欲望。
2. 普通消费群购置奢侈品一般是作为礼物送给亲朋好友，而且认为价格越贵，越能表达心意。
3. 普通消费群的消费行为受周围同事、朋友的影响很深，容易采纳他们的建议消费，但不会盲从，以理性消费为主。
4. 普通消费群会购置一两件奢侈品作为其重要的行头。他们认为有一两件奢侈品是必要的，但是不必什么东西都买奢侈品。
5. 如果在经济能力强的情况下，普通消费群还是会尽量选择奢侈品，他们认为买奢侈品是一种身份的象征。
6. 普通消费群购买奢侈品之前会长时间地考虑，心里有高攀或特别消费的感觉；购买之后特别在乎别人的称羡感，或有珍惜感；购买的物品没有特别的用处，但是可以显示自己完全可以有这样的消费品位或者产生自我形象上的独特感；购买能力有勉强支持的感觉，通过节省或偶尔消费才能实现。
7. 普通消费群一般选择在节假日打折促销的时候购置奢侈品。
8. 普通消费群认为一个人在社会上受到尊重的重要因素是经济能力。
9. 普通消费群认为随着经济的发展，未来消费会向奢侈化方向发展。

项目四

调研问卷设计

项目概述

问卷设计是根据调查目的,将所需调查的问题具体化,使调查者能顺利地获取必要的信息资料,并便于统计分析。由于问卷方式通常是被调查者通过问卷间接地向调查者提供资料,所以,作为调查者与被调查者之间中介物的调研问卷,其设计是否科学合理,将直接影响问卷的回收率,影响资料的真实性、实用性。因此,在市场调查中,应对问卷设计给予足够的重视。

项目目标

☞ 知识目标
1. 了解市场调研问卷设计的含义以及问卷的基本结构;
2. 理解设计调研问卷的原则和程序;
3. 掌握调研问卷的设计技巧。

☞ 能力目标
1. 具备设计整体调研问卷的能力;
2. 具备设计询问问句和合理安排问句顺序的能力。

☞ 素养目标
1. 培养学生良好的思维习惯和严谨的工作作风;
2. 提高学生提出问题、分析问题和解决问题的能力;
3. 提高学生团队合作的意识和能力;
4. 提高学生的竞争意识。

任务十　问卷的基本结构

第一部分　学习引导

【任务导入】

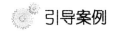引导案例

苹果手机市场调研问卷

尊敬的先生/女士：

您好！我是某大学的市场调查员,我正在进行一项有关苹果手机的市场调研,想请教您对于这方面情况的一些看法。我们采用不记名方式,请您真实回答,您的问卷信息会被严格保密。希望您在百忙之中抽出一点宝贵的时间协助我们完成以下这份调研问卷。谢谢您的合作！

A1:您的职业是(　　)。

1. 企业职员　2. 事业单位人员　3. 个体经商户　4. 学生　5. 自由职业者

A2:您的性别是(　　)。

1. 男　2. 女

A3:您所居住的城市是(　　)。

1. 一线城市　2. 二线城市　3. 三线城市　4. 县级市　5. 乡镇

A4:您的年龄是(　　)。

1. 20岁以下　2. 21—25岁　3. 26—30岁　4. 31—35岁　5. 36—40岁

6. 40—45岁　7. 45岁以上

A5:您现在所用的手机品牌是(　　)。

1. 三星　2. 苹果　3. 诺基亚　4. 索尼　5. 联想　6. 小米　7. 其他国产品牌

8. 其他外国品牌

A6:您的月收入是(　　)。

1. 2 000元以下　2. 2 000—4 000元　3. 4 000—6 000元　4. 6 000—8 000元

5. 8 000—10 000元　6. 10 000元以上

A7:您的月消费额是(　　)。

1. 2 000元以下　2. 2 000—4 000元　3. 4 000—6 000元　4. 6 000—8 000元

5. 8 000—10 000元　6. 10 000元以上

B1. 您在挑选手机时比较注重什么？（　　）[可多选]

1. 品牌　2. 价格　3. 质量　4. 功能　5. 款式　6. 配置　7. 售后服务　8. 其他

B2. 您选择手机时可以接受的价位是（　　）。

1. 1 500元以下　2. 1 500—2 500元　3. 2 500—3 500元　4. 3 500元以上

B3. 您在购买手机时主要通过什么渠道获取相关信息从而作出购买选择？（　　）[可多选]

1. 广告宣传　2. 网络搜索　3. 朋友介绍　4. 去体验店体验　5. 店员介绍推荐

B4. 您一般在什么地方购买手机？（　　）

1. 体验店　2. 大型电子产品卖场　3. 连锁式手机卖场　4. 小型店面　5. 其他

B5. 你对苹果品牌的产品印象如何？（　　）

1. 很好　2. 好　3. 一般　4. 不是很好　5. 差

B6. 您是通过什么渠道知道苹果手机上市的？（　　）

1. 朋友介绍　2. 网络媒体　3. 杂志　4. 自己本身很关注苹果的产品

B7. 您觉得苹果手机的价位合理吗？（　　）

1. 太贵了　2. 贵一点　3. 能接受　4. 一般　5. 偏低

B8. 您觉得苹果手机在设计上最吸引你的是哪个方面？（　　）[可多选]

1. 可视电话　2. Retina显示屏高分辨率　3. 超薄　4. 游戏体验真实
5. 硬件配备强大，多任务处理功能　6. APP STORE的下载资源　7. 其他

B9. 如果您买了一部苹果手机，那么促使您购买的主要原因是什么？（　　）

1. 紧跟时尚潮流　2. 功能强大，满足了对手机的很多功能需求
3. 大品牌，使用时有面子　4. 技术上的创新　5. 其他

B10. 您在苹果手机软件使用上的花费为（　　）。

1. 只是用自带的软件　2. 50—150元　3. 150—300元　4. 300元以上

B11. 您认为苹果手机的不足之处是（　　）。

1. 外形过于简单　2. 兼容性差　3. 价格太贵　4. 其他_____

讨论与思考：

请认真阅读并分析此问卷，思考调研问卷由哪几部分组成。你认为此问卷还有哪些不足？

问卷是指调查者事先根据调查的目的和要求所设计的，由一系列问题、说明、备选答案组成的调查项目表格，所以又称调查表。

一份完整的调研问卷通常由标题、卷首语、被调查者的基本情况、调查的主题内容、编码、结束语、调查情况记录等部分组成。

10.1　标题

每份问卷都有一个研究主题。问卷的标题概括说明调查研究主题，使被调查者对所要回答什么方面的问题有一个大致的了解。标题应简明扼要，易于引起被调查者的兴趣，例如"××大学大学生消费状况调查""北京消费者对大型综合超市满意状况的调查"等。

而不要简单采用"问卷调查"这样的标题,否则容易引起被调查者不必要的怀疑而拒答。

10.2 卷首语

卷首语又称说明信或开场白,它是写在问卷开头的一段话,是调查者向被调查者写的短信,用来介绍调查者并说明调查的目的、意义以及有关填答问卷的要求等内容。卷首语一般包括这样几方面的内容:

(1) 问候语

问候语又分为称呼和问候两个部分,如"××先生、女士:您好!"问候语需要用敬语,口吻要亲切,态度要诚恳,从而增加被调查者回答问题的热情,并能激发他们的兴趣,使其积极配合。

(2) 调查者身份

即表明调查者的个人身份或组织名称。

(3) 调查内容、目的与意义

即指简单的内容介绍,对调查目的的说明,以及合作请求等,这是问卷设计中一个十分重要的方面。

(4) 保密措施

如涉及需要为被调查者保密的内容,必须指明予以保密,不对外提供等,以消除被调查者的顾虑,以期获得准确的数据。

(5) 填表说明

填表说明是对被调查者填答问题的各种解释和说明。如关于选出答案做记号的说明,关于选择答案数目的说明等。例如,凡在回答中需选择"其他"一项作为答案的,请在后面的"_____"中用简短的文字注明实际情况,或只需在选中的答案中打"√"即可。

(6) 感谢语

最后要对被调查者的配合表示真诚的感谢,或说明将赠送小礼品。

大量的实践表明,几乎所有拒绝合作的人都是在开始接触的前几秒钟内就表示不愿参与的。因此卷首语是不可或缺的,特别是前三项是必须具备的内容,其他内容视具体情况而定。

尊敬的先生/女士:

您好! 我是成都××公司的调查员,目前正在进行一项当地市民饮料消费状况的市场调查,希望得到您的支持。答案没有对错之分,请您根据实际情况和感受回答问题。您的回答将按照国家《统计法》予以保密。对您的合作我们将奉上一份小小的礼品以示感谢。谢谢您的合作!

这个卷首语中包含了问候语、调查者身份、调查内容、保密措施和感谢语。

案例材料

有些问卷有填表说明,例如:

1. 请在每一个问题后适合你自己情况的答案序号上画圈,或在_____处填上适当的内容;
2. 问卷每页右边的数码及短横线是录入计算机用的,你不必填写;
3. 如无特殊说明,每一个问题只能选择一个答案;
4. 填答问卷时请不要与他人商量。

案例材料

有些问卷还有其他事项的说明等,例如:

"娃哈哈第五届全国高校市场营销大赛调研问卷"问卷说明

本问卷是娃哈哈第五届全国高校市场营销大赛指定的调研问卷模板。其中产品测试部分包含娃哈哈的四种产品,分别是:冰糖雪梨、启力、激活和酸牛奶。

参赛团队可根据自己的选题对问卷进行增减修正,选择一种或多种产品进行调查,同时鼓励各团队增加其他创新性的问题,以丰富问卷内容,更好地完成营销策划案。

10.3 被调查者的基本情况

这是指被调查者的一些主要特征,例如在消费者调查中,消费者的性别、年龄、民族、家庭人口、婚姻状况、文化程度、职业、单位、收入、所在地区等;又如,在企业调查中的企业名称、地址、所有制性质、主管部门、职工人数、商品销售额(或产品销售量)等情况。采用这些项目,便于对调查资料进行统计分组、分析。在实际调查中,列入哪些项目,列入多少项目,应根据调查目的、调查要求而定,并非多多益善。尽管被调查者往往对这部分问题比较敏感,不愿意回答,但有些问题与研究目的密切相关,如消费者个体特征不同对某一特定事物的态度、意见以及行为倾向存在很大差异。

10.4 调查的主题内容

调查的主题内容是调查者所要了解的基本内容,也是调研问卷中最重要的部分。它主要是以提问的形式提供给被调查者,这部分内容设计的好坏直接影响整个调查的价值。

调查的主题内容主要包括以下几方面:第一,对人们的行为进行调查。它包括对被调查者本人的行为进行了解或通过被调查者了解他人的行为。第二,对人们的行为后果进行调查。第三,对人们的态度、意见、感觉、偏好等进行调查。

10.5 编码

在问卷调查中大量的问卷被收回后,需要对每个问题的答案进行整理、汇总。为了充分利用问卷中的调查数据,提高问卷的录入效率及分析效果,需要对问卷中的数据进行科学的编码。

编码就是对一个问题的不同答案给出一个电脑能够识别的数字代码的过程,在同一道题目中,每个编码仅代表一个观点,然后将其以数字形式输入电脑,将不能直接统计计算的文字转变成可直接计算的数字,将大量的文字信息压缩成一份数据报告,使信息更为清晰和直观,以便对数据进行分组和后期分析。这就使问卷编码工作成为问卷调查中不可缺少的流程,也成为数据整理汇总阶段重要而基本的环节。

10.6 结束语

结束语通常置于问卷的最后,在有的问卷中也可以省略结束语。结束语要简单明了,用来简短地对被调查者的合作表示感谢;也可以设置开放题,征询被调查者的意见、感受以及其他补充说明等。

10.7 调查情况记录

在问卷的最后,附上调查人员(访问人员)的姓名、访问日期、时间等,以明确调查人员完成任务的情况。如有必要,还可写上被调查者的姓名、单位或家庭住址、电话等,以便于审核和进一步追踪调查。但对于一些涉及被调查者隐私的问卷,上述内容则不宜列入。

第二部分 实 践 活 动

活动15:根据市场调研计划书,撰写问卷卷首语

1. 案例分析

(1)分组:把班级分成若干项目小组,以学生自愿组合为主、指导教师为辅,每个小组有3—5名学生,每组确定1名组长。

(2)指导教师布置任务,让各小组就"第一部分 学习引导"中的任务导入案例"苹果手机市场调研问卷"进行讨论。

(3)各小组需要讨论的内容是:任务导入案例中问卷标题设定是否科学?此问卷由哪几个部分组成?你认为此问卷还有哪些不足?

(4)任务导入案例卷首语中包含了哪些方面的内容?你认为是否完整?如不完整,请你补充修改该案例的卷首语。

2. 根据小组的市场调研计划书,撰写问卷卷首语

(1)分组:把班级分成若干项目小组,以学生自愿组合为主、指导教师为辅,每个小组有3—5名学生,每组确定1名组长。

(2) 由指导教师指派调研项目,或由各项目小组自选调研项目。

(3) 指导教师布置任务,让各小组确定问卷标题,撰写问卷卷首语。

(4) 在指导教师的指导下,修改标题和卷首语。通过修改,让各组学生进行对比,发现备选标题和备选卷首语中存在的问题。

(5) 确定正式的标题和卷首语。

任务十一 问卷设计的原则与程序

第一部分 学习引导

【任务导入】

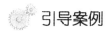引导案例

"娃哈哈冰糖雪梨能否包装成时尚情侣产品"问卷调查

随着改革开放的不断深入,人民的生活水平不断提高。但是,我国饮料人均消费指标远低于世界平均水平,而每年饮料的消费量呈持续上涨的趋势,且整个行业处于一个快速增长期(年平均增长率为21%),国内饮料行业的发展空间非常可观。

杭州娃哈哈集团有限公司是中国最大、全球第五的饮料生产企业,集团主要生产含乳饮料、饮用水、碳酸饮料、果汁饮料、茶饮料、保健食品、罐头食品、休闲食品等8大类100多个品种的产品。作为民族企业的领军者,娃哈哈集团一直致力于新产品的研发生产。

然而娃哈哈近几年主打的健康新饮品——冰糖雪梨,其在强大的竞争对手统一、康师傅之后进入市场,失去了先入为主的市场机会。在这样的情况下,如何更行之有效地提高产品销量、培养顾客忠实度,进而提升品牌价值、提高核心竞争力是娃哈哈亟待思考的。

企业的发展只有不断地推陈出新,找到产品差异化所在,创造产品新的市场机会,才有可能在竞争中取胜。纵观饮料市场,无论哪个饮料品牌,对情侣市场都未有过多地涉及甚至毫无涉及。娃哈哈抓住情侣这个关键点,并以此为重点来推广其冰糖雪梨产品,树立新的产品形象,进行了一系列强有力的促销推广。

娃哈哈冰糖雪梨包装成时尚情侣产品融入传统主流饮料消费市场是否真的可行?若可行,怎样才能进入这样一个尚且空白的市场?这能否在提升产品销售业绩的同时提升产品知名度、提升品牌知名度?这正是所需要探讨的问题。

为了弄清以上问题,我们该如何开展此次问卷调查?问卷调查会面临哪些困难?问卷设计要遵循哪些原则?问卷设计的程序是什么?

11.1 问卷调查面临的困难

一个成功的问卷设计应该具备两个功能:一是能将所要调查的问题明确地传达给被调查者;二是设法取得对方合作,并得到真实、准确的答案。

但在实际调查中,由于被调查者的个性不同,他们的受教育程度、理解能力、道德标准、宗教信仰、生活习惯、职业和家庭背景等都具有较大差异,加上调查者本身的专业知识与技能高低不同,将会给调查带来困难,并影响调查的结果。具体表现为以下几个方面:

第一,被调查者不理解或是误解问题的含义,不是无法回答就是答非所问。

第二,被调查者虽理解问题的含义,愿意回答,但是记不清应有的答案。

第三,被调查者理解问题的含义,也具备回答的条件,但不愿意回答,即拒答。具体表现为:(1)被调查者对问题毫无兴趣。导致这种情况发生的主要原因是,问卷设计呆板、枯燥,调查环境和时间不适宜。(2)对问卷有畏难情绪。当问卷内容过多,较难回答时,常会导致被调查者在开始或中途放弃回答,影响问卷的回收率和回答率。(3)对问卷提问的内容有所顾虑,即担心如实填写会给自己带来麻烦。其结果是不回答,或随意作答,甚至作出迎合调查者意图的回答,这种情况是调查资料失真的最主要原因。

第四,被调查者愿意回答,但无能力回答,包括被调查者不善于表达意见、不适合回答和不知道答案等。例如,当询问消费者购买某种商品的动机时,有些消费者对动机的含义不了解,很难作出具体回答。

为了克服上述困难,完成问卷的两个主要功能,问卷设计时应遵循一定的原则和程序。

11.2 问卷设计的原则

1. 目的性原则

问卷调查是通过向被调查者询问问题来进行调查的,所以,询问的问题必须是与调查主题有密切关联的问题。这就要求在问卷设计时,要重点突出,并将主题分解为更详细的细目,即把它分别做成具体的询问形式供被调查者回答,避免可有可无的问题。

2. 可接受性原则

问卷的设计要比较容易让被调查者接受。由于被调查者对是否参加调查有着绝对的自由,调查对他们来说是一种额外负担,他们既可以采取合作的态度,接受调查;也可以采取对抗行为,拒绝回答。因此,请求合作就成为问卷设计中一个十分重要的问题。应在问卷说明中,将调查目的明确地告诉被调查者,让对方知道该项调查的意义和他的回答对整个调查结果的重要性。问卷说明部分要亲切、温和,提问部分要自然、有礼貌和有趣味,必要时可采用一些物质奖励,并代被调查者保密,以消除某种心理压力,自愿参与,认真填好问卷。此外,还应使用适合被调查者身份、水平的用语,尽量避免列入一些会令被调查者难堪或反感的问题。

3. 顺序性原则

它是指在设计问卷时,要讲究问题的排列顺序,使问卷条理清楚、顺理成章,以提高回答问题的效果。问卷中的问题一般可按下列顺序排列:

(1)容易回答的问题(如行为性问题)放在前面;较难回答的问题(如态度性问题)放在中间;敏感性的问题(如动机性、涉及隐私等问题)放在后面;关于个人情况的事实性问题放在末尾。

（2）封闭性问题放在前面；开放性问题放在后面。这是由于封闭性问题已由设计者列出备选的全部答案，较易回答，而开放性问题需被调查者花费一些时间考虑，放在前面易使被调查者产生畏难情绪。

（3）要注意问题的逻辑顺序，如可按时间顺序、类别顺序等合理排列。

4．简明性原则

简明性原则主要体现在三个方面：

（1）调查内容要简明。没有价值或无关紧要的问题不要列入，同时要避免出现重复，力求以最少的项目设计必要的、完整的信息资料。

（2）调查时间要简短。问卷问题和整个问卷都不宜过长。设计问卷时，不能单纯从调查者的角度出发，而要为被调查者着想。调查内容过多，调查时间过长，都会招致被调查者的反感。调查的场合一般都在路上、店内或居民家中，被调查者行色匆匆，或不愿让调查者在家中久留等，而有些问卷太长，让被调查者望而生畏，一时勉强作答也只有草率应付。根据经验，一般问卷的回答时间应控制在30分钟左右。

（3）问卷设计的形式要简明易懂、易读。

5．匹配性原则

匹配性原则是指要使被调查者的回答便于进行检查、数据处理和分析。所提的问题都应事先考虑到能对问题结果作适当分类和解释，以便于作交叉分析。

11.3 问卷设计的程序

问卷设计是由一系列相关工作过程所构成的，为使问卷具有科学性和可行性，需要按照一定的程序进行。问卷设计的程序详见图11-1。

图11-1　问卷设计的程序

1．准备阶段

在这一阶段，应根据调研问卷需要确定调查主题的范围，将所需问卷资料一一列出，分析哪些是主要资料、哪些是次要资料，哪些是必要资料、哪些是可要可不要的资料，并分析哪些资料需要通过问卷来取得，需要向谁调查等，对必要资料加以收集。同时，要分析调查对象的各种特征，即分析调查对象的社会阶层、行为规范、社会环境等社会特征；文化程度、知识水平、理解能力等文化特征；需求动机、行为等心理特征。以此作为拟定问卷的基础。

在此阶段，应充分征求有关人员的意见，以了解问卷中可能出现的问题，力求使问卷切合实际，能够充分满足各方面分析研究的需要。可以说，问卷设计的准备阶段是整个问卷设计的基础，是问卷调查能否成功的前提条件。

2. 初步设计

在准备工作的基础上,设计者可以根据收集到的资料,按照设计原则,设计问卷初稿。在初步设计中,主要是确定问卷结构,拟定并编排问题。首先,要标明每项资料需要采用何种方式提问,并尽量详尽地列出各种问题。其次,对问题进行检查、筛选、编排,设计每个项目。设计者对提出的每个问题,都要充分考虑是否有必要,能否得到答案。同时,要考虑问卷是否需要编码或向被调查者说明调查目的、要求、基本注意事项等。这些都是设计调研问卷时十分重要的工作,必须精心研究,反复推敲。

3. 试答和修改

一般来说,所有设计出来的问卷都存在一些问题,因此,需要将初步设计出来的问卷在小范围内进行试验性调查,以便弄清问卷在初稿中存在的问题(如哪些语句不清、多余或遗漏,问题的顺序是否符合逻辑,回答的时间是否过长等),了解被调查者是否乐意回答和能否回答所有的问题。如果发现问题,应作必要的修改,使问卷更加完善。试调查与正式调查的目的是不一样的,它并非要获得完整的问卷,而是要求被调查者对问卷各方面提出意见,以便于修改。

4. 付印

付印就是将最后定稿的问卷,按照调查工作的需要付印,制成正式的问卷。

第二部分　实 践 活 动

活动 16:了解问卷设计程序

1. 案例分析

(1) 分组:把班级分成若干项目小组,以学生自愿组合为主、指导教师为辅,每个小组约 3—5 名学生,每组确定 1 名组长。

(2) 指导教师布置任务,让各小组就"第一部分　学习引导"中的任务导入案例"'娃哈哈冰糖雪梨能否包装成时尚情侣产品'问卷调查"进行讨论。

(3) 各小组需要讨论的内容是:该问卷调查面临的困难、问卷设计的原则和问卷设计的程序。

(4) 确定任务导入案例调查主题的范围。

(5) 分析哪些资料需要通过问卷来取得,需要向谁调查,对哪些资料要加以收集。

(6) 分析调查对象的特征,包括:社会特征、文化特征和心理特征。

2. 根据本小组确定的调研项目,分析调查对象

(1) 分组:把班级分成若干项目小组,以学生自愿组合为主、指导教师为辅,每个小组约 3—5 名学生,每组确定 1 名组长。

(2) 由指导教师指派调研项目,或由各项目小组自选调研项目。

(3) 指导教师布置任务,各小组就调研项目进行讨论。

（4）确定调研项目调查主题的范围。

（5）确定调研项目中的哪些资料需要通过问卷来取得,需要向谁调查,对哪些资料要加以收集。

（6）分析调研项目调查对象的特征,包括:社会特征、文化特征和心理特征。

（7）要求各小组认真学习、充分讨论,教师进行点评。

任务十二　问卷设计技巧

第一部分　学习引导

【任务导入】

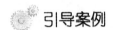引导案例

消费者饮料市场购买行为调研问卷

尊敬的先生、女士：

您好！衷心感谢您在百忙之中参与此项问卷调查。我们是某调研公司职员，正在开展关于消费者饮料市场购买行为的调查，希望您根据个人情况认真填写问卷。本次调查我们将严格按照《统计法》要求进行，不记名，对您的回答绝对保密，请放心！谢谢您的配合！

一、饮料消费习惯

1. 您一般在什么情况下购买饮料？（　　）
　A. 运动时（后）　　B. 娱乐时　　　C. 口渴时　　　D. 其他
2. 请问您一般购买的饮料品牌是？（　　）[可多选]
　A. 娃哈哈　　　　B. 康师傅　　　C. 百事　　　　D. 农夫山泉
　E. 可口可乐　　　F. 统一　　　　G. 其他_____
3. 您一般购买的饮料类型是？（　　）[可多选]
　A. 果蔬　　　　　B. 茶饮　　　　C. 咖啡　　　　D. 奶茶
　E. 功能　　　　　F. 碳酸　　　　G. 含乳　　　　H. 酒精
　I. 其他_____
4. 您一般情况下购买什么价位的饮料？（　　）
　A. 2元以下　　　　B. 2—3元　　　C. 3—4元　　　D. 4—5元
　E. 5元以上
5. 您每周购买饮料要消费多少元？（　　）
　A. 10元以下　　　B. 10—20元　　C. 20—30元　　D. 30元以上
6. 您购买饮料时最重视的因素是什么（按重视程度排序）？（　　）
　A. 品牌　　　　　B. 价格　　　　C. 包装　　　　D. 口味
　E. 功能　　　　　F. 是否健康　　G. 其他

7. 对您而言哪种促销方式更具吸引力？（　　）
　　A. 广告、代言人　　　B. 抽奖　　　　　　C. 积分兑换　　　　D. 有买有送
　　E. 其他_____
8. 您获得饮料信息的途径是什么？（　　）
　　A. 网络　　　　　　　B. 报纸　　　　　　C. 朋友推荐　　　　D. 杂志
　　E. 看别人买　　　　　F. 电视　　　　　　G. 户外广告　　　　H. 其他_____

二、娃哈哈冰糖雪梨产品测试

1. 您对此产品卖点感兴趣吗？（　　）[1分表示非常抵制,5分表示很感兴趣]

产品卖点	很感兴趣	可以接受	一般，没感觉	不太接受	非常抵制
蜂蜜:蜂蜜中含多种酶和矿物质	5	4	3	2	1
冰糖:味甘、性平,润肺和胃	5	4	3	2	1
雪梨:味甘多汁,果肉嫩白如雪	5	4	3	2	1
传统配方,时尚品位	5	4	3	2	1

2. 娃哈哈冰糖雪梨的广告宣传语是"娃哈哈冰糖雪梨,生活更滋味",您觉得这句话能否吸引人们购买本产品？（　　）
　　A. 很有吸引力　　　　B. 一般,没感觉　　　C. 比较有吸引　　　D. 没有吸引力
3. 如果这瓶冰糖雪梨摆放在超市柜台,标价3元/瓶,结合刚才您了解到的产品卖点,您会购买吗？（　　）
　　A. 肯定买　　　　　　B. 很可能买　　　　　C. 很可能不买　　　D. 肯定不买
4. 您觉得娃哈哈冰糖雪梨还应该改进的地方是？（　　）
　　A. 品牌　　　　　　　B. 宣传方式　　　　　C. 包装　　　　　　D. 容量
　　E. 口感　　　　　　　F. 代言人　　　　　　G. 其他_____

三、情侣款饮料市场测试

1. 您目前的恋爱状态是什么？（　　）
　　A. 恋爱中　　　　　　B. 需要恋爱中　　　　C. 从未考虑恋爱　　D. 其他_____
2. 您身边是否有情侣款饮料上市？（　　）
　　A. 有　　　　　　　　B. 没有
3. 假如娃哈哈研发情侣款饮料,您是否有兴趣购买？（　　）
　　A. 是　　　　　　　　B. 否
4. 您会在哪种场合购买情侣款饮料？（　　）[可多选]
　　A. 游乐场　　　　　　B. 电影院　　　　　　C. KTV　　　　　　D. 超市
　　E. 自动贩卖机　　　　F. 酒店　　　　　　　G. 其他
5. 您希望情侣款饮料走哪种路线？（　　）
　　A. 高端精致　　　　　B. 时尚前卫　　　　　C. 简洁大方　　　　D. 实惠普通
6. 您认为情侣款饮料市场前景如何？（　　）
　　A. 非常不错　　　　　B. 一般　　　　　　　C. 堪忧

四、个人基本情况

1. 您的性别是?（　　）

A. 男　　　　　　B. 女

2. 您属于哪个年龄段?（　　）

A. 18 岁以下　　B. 19—24 岁　　C. 25—50 岁　　D. 50 岁以上

3. 您的月收入是?（　　）

A. 2 000 元以下　B. 2 000—3 000 元　C. 3 000—4 000 元　D. 4 000—5 000 元

E. 5 000 元以上

此次调查结束,再次感谢您抽出宝贵的时间支持我们的调查!

问卷由若干个问题所构成,问题是问卷的核心,因此在进行问卷设计时,必须仔细考虑问题的类别和提问方法,否则会使整个问卷产生很大的偏差,导致市场调查的失败。因此,在设计问卷时,应对问题有较清楚的了解,并善于根据调查目的和具体情况选择适当的询问方式。

12.1　问题的主要类型及询问方式

1. 直接性问题、间接性问题和假设性问题

（1）直接性问题

直接性问题是指在问卷中能够通过直接提问方式得到答案的问题。直接性问题通常给被调查者一个明确的范围,所问的一般是个人的基本情况或意见,比如,"您的年龄是?""您的职业是?""您最喜欢的洗发水是什么牌子?",等等,这些都可获得明确的答案。这种提问对统计分析比较方便,但遇到一些窘迫性问题时,采用这种提问方式,可能无法得到所需要的答案。

（2）间接性问题

间接性问题通常是指那些被调查者不宜于直接回答,或因对所需回答的问题产生顾虑,不敢或不愿真实地表达意见的问题。调查者不应为得到直接的结果而强迫被调查者,使他们感到不愉快或难堪。这时,如果采用间接回答方式,使被调查者认为很多意见已被其他调查者提出来了,他所要做的只不过是对这些意见加以评价罢了,这样,就能排除调查者和被调查者之间的某些障碍,使被调查者有可能对已得到的结论提出自己不加掩饰的意见。

例如,"您认为妇女的权益是否应该得到保障?"对于这个问题,大多数人只会回答"是"或"不是",而实际情况则表明许多人对妇女权益有着不同的看法。如果改问："A. 有一部分人认为妇女权益应该得到保障的问题应该得到重视;B. 另一部分人认为妇女权益的问题并不一定需要特别提出"。您认为哪种看法更为正确?

对 A 种看法的意见:

① 完全同意　　　　② 有保留的同意　　　　③ 不同意

对 B 种看法的意见:

① 完全同意　　　　② 有保留的同意　　　　③ 不同意

采用这种提问方式显然会比直接提问方式收集到更多的信息。

（3）假设性问题

假设性问题是指通过假设某一情景或现象存在而向被调查者提出的问题。例如，"有人认为目前的电视广告过多，您的看法如何？""如果在购买汽车和住宅中您只能选择一种，您可能会选择哪种？"这些语句都属于假设性提问。

2. 开放性问题和封闭性问题

（1）开放性问题

开放性问题是指所提出的问题并不列出所有可能的答案，而是由被调查者自由作答的问题。开放性问题一般提问比较简单，回答比较真实，但结果难以作定量分析。在对开放性问题作定量分析时，通常是对回答进行分类。

（2）封闭性问题

封闭性问题是指已事先设计了各种可能的答案的问题，被调查者只要或只能从中选定一个或几个现成答案的问题。封闭性问题由于答案标准化，不仅回答方便，而且易于进行各种统计处理和分析。但缺点是被调查者只能在规定的范围内被迫回答，无法反映其他各种有目的的、真实的想法。

3. 事实性问题、行为性问题、动机性问题、态度性问题

（1）事实性问题

事实性问题是要求被调查者回答一些有关事实性的问题。例如，"您通常什么时候看电视？"，等等。这类问题的主要目的是为了获得有关事实性资料。因此，问题的意见必须清楚，使被调查者容易理解并回答。

通常在一份问卷的开头和结尾都要求被调查者填写个人资料，如职业、年龄、收入、家庭状况、受教育程度、居住条件等。这些均为事实性问题，对此类问题进行调查，可为分类统计和分析提供资料。

（2）行为性问题

行为性问题是为了对被调查者的行为特征进行调查而提出的问题。例如，"您是否拥有××物？""您是否做过某事？"，等等。

（3）动机性问题

动机性问题是为了解被调查者行为的原因或动机而提出的问题。例如，"您为什么购某物？""您为什么做某事？"，等等。

在提动机性问题时，应注意人们的行为是由有意识动机、半意识动机或无意识动机产生的。对于前者，被调查者有时会因种种原因不愿真实回答；对于后两者，由于被调查者对自己的动机不十分清楚，也会造成回答困难。

（4）态度性问题

态度性问题是为了解被调查者的态度、评价、意见等而提出的问题。例如，"您是否喜欢××牌子的电动汽车？"，等等。

以上是从不同的角度对各种问题所作的分类。应该注意的是，在实际调查中，几种类型的问题往往是结合使用的。在同一个问卷中，既有开放性问题，也有封闭性问题。甚至

在同一个问题中,也可将开放性问题与封闭性问题结合起来,组成结构式问题。例如,"您家里目前有空调吗?若有,是什么牌子的?"

同样,事实性问题既可以采取直接提问方式,也可以采取间接提问方式,问卷设计者可以根据具体情况选择不同的提问方式。

12.2 问题的措辞

对问卷设计总的要求是问卷中的问题表达要简明、生动,注意概念的准确性,避免提似是而非的问题,具体应注意以下几点:

(1) 避免提一般性的问题

一般性问题对实际调查工作并无指导意义。例如,"您对某百货商场的印象如何?"这样的问题过于笼统,很难达到预期效果,可具体提问:"您认为某百货商场商品品种是否齐全、营业时间是否恰当、服务态度怎样?",等等。

(2) 避免用不确切的词

表达不确切的词,如"普通""经常""一些"等,以及一些形容词,如"美丽"等。这些词语各人理解往往不同,在问卷设计中应避免或减少使用。例如,"你是否经常购买洗发露?"被调查者并不知道经常是指一周、一个月还是一年,可以改问:"你上个月共购买了几瓶洗发露?"

(3) 避免用含糊不清的句子

例如,"你最近是出门旅游,还是休息?"出门旅游也是休息的一种形式,它和休息并不存在二选一的关系。正确的问法应是:"你最近是出门旅游,还是在家休息?"

(4) 避免引导性提问

如果提出的问题不是"折中"的,而是暗示出调查者的观点和见解,力求使被调查者跟着这种倾向回答,这种提问就是"引导性提问"。例如,"消费者普遍认为××牌子的冰箱好,你的印象如何?"

引导性提问会导致两个不良后果:一是被调查者不假思索就同意引导问题中暗示的结论;二是由于引导性提问大多是引用权威或大多数人的态度,被调查者考虑到这个结论既然已经是普遍性的结论,就会产生心理上的顺向反应。此外,对于一些敏感性问题,在引导性提问下,被调查者不敢表达其他想法等。因此,这种提问是调查的大忌,常常会引出和事实相反的结论。

(5) 避免提断定性的问题

例如,"你一天抽多少支烟?"这种问题即为断定性问题,因为被调查者如果不抽烟,就会无法回答这一问题。正确的处理办法是给此问题加一条"过滤"性问题。即:"你抽烟吗?"如果被调查者回答"是",可继续提问,否则就终止提问。

(6) 避免提令被调查者难堪的问题

如果有些问题非问不可,也不能只顾自己的需要穷追不舍,而应考虑到被调查者的自尊心。

例如,"您是否离过婚?离过几次?谁的责任?",等等。又如,直接询问女士年龄也是不太礼貌的,可列出年龄段:20 岁以下、20—30 岁、31—40 岁、40 岁以上,供被调查者挑选。

（7）问题要考虑到时间性

时间过久的问题易使人遗忘，例如"您家去年的生活费支出是多少？用于食品、衣服的开支分别为多少？"除非被调查者连续记账，否则很难回答出来。一般可问："您家上月的生活费支出是多少？"显然，缩小时间范围可使问题回忆起来比较容易，答案也比较准确。

（8）拟定问题要有明确的界限

对于年龄、家庭人口、经济收入等调查项目，通常会产生歧义的理解。例如，年龄有虚岁、实岁；家庭人口有常住人口和生活费开支在一起的人口；收入是仅指工资，还是包括奖金、补贴、其他收入、实物发放折款收入在内；等等。如果调查者对此没有很明确的界定，调查结果也很难达到预期要求。

（9）问题要具体

一个问题最好只问一个要点，否则，包含过多询问内容，会使被调查者无从答起，给统计处理也带来困难。例如，"您为何不看电影而看电视"？这个问题包含了"您为何不看电影？""您为何要看电视？""什么原因使您改看电视？"等内容。防止出现此类问题的办法是分离语句中的提问部分，使一个语句只问一个要点。

（10）避免问题与答案不一致

所提问题与所设答案应做到一致，否则，调查结果就很难达到预期要求。例如，"您经常看哪个栏目的电视？"

A. 经济生活　　B. 电视红娘　　C. 电视商场　　D. 经常看　　E. 偶尔看

F. 根本不看

12.3　问题的排列顺序

一份调研问卷往往是由许多问题组成的。在每个单独提问设计好之后，下一步就要考虑如何将它们按一定的顺序纳入问卷之中。如果提问顺序设计得合理，将有助于资料的收集获取；反之，将有可能影响被调查者作答，甚至影响到调查结果。问题编排顺序的设计应注意以下几个方面：

（1）预热效应

预热效应是指提问时应按照问题的复杂程度，先易后难、由浅入深地进行排列。最初的提问内容应能引起被调查者的兴趣和积极性，难度较大的问题和开放性问题、敏感性问题应尽量放在后面，以避免被调查者由于感到费力而对完成问卷失去兴趣或者干脆拒绝接受访问。

一般来说，有关被调查者本身的问题，不宜放在问卷开头，例如受教育程度、经济收入、家中耐用消费品数量等。

（2）逻辑效应

在一份问卷中，通常会包含好几类问题。同类性质的问题应尽量安排在一起，以利于被调查者集中思考作答。此外，调查人员应将一些无关紧要或被调查者难以回答的问题予以剔除或采用"跳答"的形式，请与该问题有关的被调查者回答，以增加提问的针对性。

（3）漏斗效应

在问题排列次序上，可运用"漏斗法"，即最初提出的问题较为广泛，然后根据被调查者的回答情况逐渐缩小提问的范围，即由广泛性问题到一般性问题，最后是某个专题性问题。

（4）激励效应

在调查过程中，被调查者可能会随着问题的深入，出现厌烦的情绪，直至拒绝继续接受访问。此时，调查人员应适当添加一些鼓励回答的语言，例如"下面的几个问题比较简单""再有三个问题就结束了"，等等，以此不断增加被调查者的兴趣。

（5）提示顺序

使用提示方式回答时，要注意提示顺序，并在不同的问卷中作合理的顺序变换以保证回答的客观性。例如，"您喜欢什么形状的车把（山地自行车）？"

　　A．平把　　　B．燕形把　　　C．羊角把　　　D．牛角把　　　E．其他

如果几个选择项提示顺序相同，则位于前面的选项占优势，因为被调查者容易先入为主，因此需要准备几种选项顺序不同的提示表以便交互向被调查者提示，保证回答尽量客观、真实。

12.4　问卷的一般编排技巧

一份问卷的编排从整体上看，大约可分为五个部分：

（1）过滤性问题。这部分问题主要是为了识别被调查者的身份。

（2）预热性问题，指最初少数的几个问题。这部分问题往往易于回答，以便取得被调查者的配合。

（3）过渡性问题。这部分问题是需要被调查者稍想一下就可回答的。问卷前1/3的题目多属于此类问题。

（4）复杂性、困难性问题。这部分问题则需要被调查者思考后再进行作答，如开放式问题。问卷中间1/3的题目多属于此类问题。

（5）有关被调研者基本情况的问题。例如，性别、年龄、受教育程度等，这些问题可放在问卷的最后部分。

此外，问卷的排版宗旨是要使问卷方便答题、记录，尤其是让被调查者自己填写的问卷，更要充分考虑到各种可能性，最好能把问卷分成若干部分，并分别标上编号，例如：A．甄别部分、B．品牌认知、C．消费行为、D．媒体习惯、E．背景材料等。

12.5　问卷回答项目的设计

问卷回答项目归结起来分为两类，一类是封闭式问题的回答项目，另一类是开放式问题的回答项目。封闭式问题的回答项目包括多种类型，如二项选择法、多项选择法、顺位法、评分法、比较法等。在市场调查中，无论是何种类型的问题，都需要事先对问题答案进行精心设计。在设计答案时，可以根据具体情况采用不同的设计形式。开放式问题的回答大多采用自由回答式，但在市场调查中，为挖掘被调查者潜意识的动机和态度，还可以采用词语联想法、句子完成法、故事完成法、漫画联想法等更生动灵活的方式。

1. 封闭式回答项目的设计

封闭式问题易于理解并可迅速得到明确的答案,便于统计整理和分析。但被调查者没有进一步阐明理由的机会,难以反映被调查者意见与程度的差别,了解的情况也不够深入。在封闭式回答项目设计时,可以根据具体情况采用不同的设计形式。

(1) 二项选择法

二项选择法也称真伪法或二分法,是指提出的问题仅有两种答案可以选择,即"是"或"否","有"或"无"。这两种答案是对立的、排斥的,被调查者的回答非此即彼,不能有更多的选择。

例如,"您家里现在有吸尘器吗?"只能回答"有"或"无"。又如,"您是否打算在近五年内购买住房?"也只能回答"是"或"否"。

这种方法适用于互相排斥的两项择一式问题,以及询问较为简单的事实性问题。

(2) 多项选择法

多项选择法是指所提出的问题事先预备好两个以上的答案,被调查者可任选其中的一项或几项。

例如,"您喜欢下列哪种品牌的牙膏?"(请在您认为合适的□内打√)
A. 中华□　　B. 云南白药□　　C. 洁银□　　D. 竹盐□　　E. 高露洁□
F. 黑妹□　　G. 其他_____

由于所设答案不一定能表达出被调查者所有的看法,所以在问题的最后通常设"其他"项目,以便被调查者充分表达自己的看法。

这个方法的优点是比二项选择法的强制选择有所缓和,答案有一定的范围,也比较便于统计处理。但采用这种方法时,设计者要考虑以下两种情况:一是要考虑到全部可能出现的结果,以及答案可能出现的重复和遗漏。二是要注意可选答案的排列顺序。有些被调查者常常喜欢选择第一个答案,从而使调查结果发生偏差。此外,答案较多,会使被调查者无从选择,或产生厌烦。一般这种多项选择答案应控制在 8 个以内,因为当样本量有限时,多项选择易使结果分散,缺乏说服力。

(3) 顺位法

顺位法是指列出若干项目,由被调查者按重要性排列先后顺序。顺位法主要有两种形式:一种是对全部答案排序;另一种是只对其中的某些答案排序。究竟采用何种方法,应由调查者来决定。而具体的排列顺序,则由被调查者根据自己所喜欢的事物和认识事物的程度等进行排序。

例如,"您选购空调的主要条件是(请将所给答案按重要顺序 1,2,3……填写在□中):"
价格便宜□　外形美观□　维修方便□　牌子有名□　经久耐用□　噪音低□
制冷效果□　其他□

顺位法便于被调查者对其意见、动机、感觉等作衡量和比较性的表达,也便于对调查结果加以统计;但调查项目不宜过多,过多则容易分散,很难顺位,同时所设答案的排列顺序也可能对被调查者产生某种暗示。

这种方法适用于对要求答案有先后顺序的问题。

（4）比较法

比较法通常是把调查对象中同一类型不同品种的商品，每两个配成一对，由被调查者进行对比，把他认为好的在调查表的有关栏内填上规定的符号，由此来了解被调查者的态度。为便于了解消费者对所调查商品态度上的差别，也可以在不同商品品种之间，划分若干评价尺度，以利于被调查者评定。

该方法主要用于调查消费者对商品的评价，根据被调查者喜好程度的不同进行比较选择产品的品牌、商标、广告等，也可用于比较商品质量和效用等方面。

应用比较法要确保被调查者对所要回答中的项目是熟悉的，否则将会导致空项发生或答案缺乏真实性。

例如比较牙膏品牌偏好，如表12-1所示。

表12-1　各类牙膏的品牌偏好比较

	洁银	佳洁士	康齿灵	高露洁	两面针
洁银	—	0	0	1	0
佳洁士	1	—	0	1	0
康齿灵	1	1	—	1	1
高露洁	0	0	0	—	0
两面针	1	1	0	1	—
合计	3	2	0	4	1

表中每一行列交叉点上的数字表示该行的品牌与该列的品牌进行比较的结果，其中数字"1"表示被调查者更喜欢这一列的品牌，"0"表示更喜欢这一行的品牌。将各列取值进行加总，得到合计栏中的数字，这表明各列的品牌比其他品牌更受偏爱的次数。

从表12-1中看到这位被调查者在洁银牙膏和佳洁士牙膏中更偏爱前者（第二行第一列数字为1）。在"可传递性"的假设下，可将配对比较的数据转换成等级顺序。所谓"可传递性"，是指如果一个人喜欢A品牌甚于B品牌，喜欢B品牌甚于C品牌，那么他一定喜欢A品牌甚于C品。将表中各列数字分别加总，计算出每个品牌比其他品牌更受偏爱的次数，就得到这位被调查者对于5个牙膏品牌的偏好，从最喜欢到最不喜欢，依次是高露洁、洁银、佳洁士、两面针和康齿灵。

（5）评分法

评分法又称数值分配法，是指调查者对所询问问题列出程度不同的几个答案，并对答案事先按顺序评分，请被调查者选择一个答案；调查者将全部调查表汇总后，通过总分统计，可以了解被调查者的大致态度。这一方法可采用5分制、10分制、100分制，或者正负分值对比等形式，对不同品牌的同类产品进行各种性能的评比。

例如，根据评分标准，给下列品牌电视机质量评定分数，请按分数填入括号内。评分标准：很好，10分；较好，8分；一般，6分；较差，4分；差，2分。

海信（　）　　康佳（　）　　TCL（　）　　长虹（　）　　创维（　）

2．开放式回答项目的设计

开放式问题项目只提问题不给具体答案，要求被调查者根据自身实际情况自由作答。

开放式问题允许被调查者用自己的话来回答问题。一般来说,因为被调查者的回答不受限制,所以开放式问题常常能揭露出更多的信息。

(1) 自由回答法

自由回答法是指提问后调查者事先不拟定任何具体答案,被调查者可以自由发表意见。自由式回答法比较适用于调查对消费者心理因素影响较大的问题,如消费习惯、购买动机、服务质量、服务态度等,因为这些问题一般很难预期或限定答案范围。这一方法在探测性调查中常常被采用。例如,"您觉得这种电器有哪些优缺点?""您认为应该如何改进电视广告?""您对本商场有何意见或建议",等等。

自由回答法的主要优点是被调查者的观点不受限制,便于深入了解被调查者的建设性意见、态度、需求问题等;涉及面广,灵活性高,使被调查者思维不受束缚,充分发表意见,畅所欲言,可为调查者收集到意料之外的资料。缺点是由于被调查者提供答案的想法和角度不同,因此在答案分类时往往会出现困难,使调查结果难以归类统计和分析;同时,由于时间关系或缺乏心理准备,被调查者往往放弃回答或答非所问,因此,这类问题应尽量少用。

(2) 词语联想法

词语联想法是给被调查者一连串的词语,每给一个词语,都让被调查者回答其最初联想到的词语(叫反应语)。在给出的一连串词语中,也有一些中性的或充数的词语,用于掩盖研究的目的。被调查者对每一个词语的反应是逐字记录并且计时的,这样反应犹豫者(要花三秒钟以上来回答)也可以被识别出来。

这种方法的潜在假定是,联想可让反应者或被调查者暴露出他们对有关问题的潜在态度或情感。这种方法可以在被调查者对某个问题不愿回答的情况下,掩藏调查目的,挖掘被调查者潜意识的动机和态度。对回答或反应的分析可计算以下几个变量:每个反应词语出现的频数;在给出反应词语之前耽搁的时间长度;在合理的时间段内,对某一试验词语,完全无反应的被调查者的数目;等等。先向被调查者提示一个访问词,然后让被调查者就这个词全盘写出他们的感觉或想法。例如,电视——新闻、娱乐、音乐、广告、液晶、噪音;鞋——运动、优雅、不舒服、爬山、耐克。

词语联想法又可以分为自由联想法和限制联想法两种。自由联想法是指提供相应的字词让被调查者随意发挥,不作任何限制,被调查者可以任意回答,如"提到面包时你会想到什么?"而"提到面包,你最先想到的品牌是什么?"则显然是把被调查者局限在品牌范围之内作出选择,这就是限制联想法。

不过,无论是自由联想法还是限制联想法,在选用刺激语时,都要考虑以下几个原则:符合调查研究的目的;使用简洁的语句;避免使用具有多重意义和可能有多种反应的刺激语。

(3) 句子完成法

句子完成法与词语联想法类似,是指调查者给出一些不完整的句子,要求被调查者完成。句子完成法是按固定顺序和语句提问,该类问题可以解决敏感性问题、回答率较低的问题等,但答案的审核、编码、分析比较烦琐,不同研究者对同一答案可能得出不同的结论,因而可靠性较差。这一方法主要适用于探索性调查。

与词语联想法相比,句子完成法对被调查者提供的刺激是更直接的,可能得到的有关被调查者感情方面的信息也更多。不过,句子完成法不如词语联想法那么隐蔽,许多被调查者可能会猜到研究的目的。

例如,目前新闻联播和天气预报之间播出的短广告是_____;
晚上 7:30 看完新闻联播后我_____;
我喜欢_____洗发精,因为_____;
我出去旅行时,选择酒店的标准是_____。

(4) 故事完成法

是指给出故事的一个部分,请被调查者发挥想象续写故事。在故事完成法中,被调查者的注意力被吸引到某一特定的话题上,要用自己的话来给故事写出结尾。

例如,我下了出租车,来到一家大型百货公司,刚进到一楼就发现……(请您完成下面的故事)又如,小张在自己喜爱的一家百货商店里,花了一个小时试了几套衣服之后,终于选中了一套自己喜欢的职业装。当要去结账时,一位店员过来说:您好,我们现在有减价的职业装,同样的价格但质量更好。您想看看吗?这时小张是怎么做的呢?(请您完成下面的故事)

(5) 漫画完成法

漫画完成法类似于看图说话,即提供一幅漫画请被调查者观看,让被调查者假定是画中的某个角色来描述一个故事或一段对话,从而判断出被调查者对事物的态度和意见。例如,有这样一幅漫画,漫画中有两个人物,一个是售货员,一个是顾客,售货员问顾客:"您要买彩电吗?喜欢哪一款我给您介绍一下?"顾客回答处则留有空白,要求被调查者填写。这时被调查者假定自己是顾客,向售货员询问他最关注的问题,从而获得调查资料。使用这一方法时应注意漫画中的人物不要带有任何表情,以防诱导被调查者产生调查误差。

12.6 态度测量表的使用技巧

在市场调查中,经常要取得被调查者的态度、意见、感觉等心理活动方面的信息,如消费者对某企业促销活动的反应、对某个品牌的喜好程度等,对于这类信息往往要借助态度测量表法加以判别和测定。

1. 态度测量的含义与作用

测量是指根据一定的规则,给事物的特性分配一定的数字或序号,从而将其特征量化的过程。例如,购买鞋时,你会购买品牌 A 的可能性有多大?可能的答案是"肯定再买""可能再买""肯定不买",我们可以用数字 1 表示"肯定购买",用数字 2 表示"可能购买",用数字 3 表示"肯定不买"。

测量的主要作用在于确定所测对象特定属性的类别或水平。它不仅可以确定特定属性的水平,也能确定特定属性的类别。给事物特性分配的数字或序号提供了对态度进行统计分析的可能性,有助于测量规则与结果的传达。

2. 测量尺度

(1) 定类尺度

它是一种标记方法,其中数字只用作对事物进行识别和分类的标准或标签。定类尺度之间只能进行"="或"≠"(即"是"或"否")的逻辑运算,如性别编号等。

(2) 定序尺度

它是一种排序尺度,分配给物体的数字表明了物体拥有一些特性的相对程度。定序尺度之间不仅可以进行"="或"≠",还可以进行"<"或">"的运算,如质量排序、考试成绩排名等。

(3) 定距尺度

尺度上数字相等的距离代表了被测特性的相等值,又称间隔尺度、区间尺度。定距尺度之间除了可以进行"="或"≠""<"或">"的运算外,还可以进行"+"或"-"的运算,如温度、质量评分等。

(4) 定比尺度

除拥有定类、定序、定距特性外,定比尺度还有一个绝对的零点。因此,定比尺度可以进行"="或"≠"、"<"或">"、"+"或"-"的运算,还可以进行"×"或"÷"的运算,如长度、重量、销售量等。

3. 测量量表的类型

测量量表是测量的工具,通常表现为一系列结构化的问题、符号或数字及其所代表的事物属性程度等。

(1) 类别量表

类别量表是根据被调查对象的性质分类的,一般而言,该量表中所列的答案都是不同性质的,每一类答案只表示分类,不存在比较关系,被调查对象只能从中选择一个答案,而不必对每个答案进行比较。例如,性别、出生地、喜欢的电脑品牌、购买者/非购买者,以及其他用"是"或"否"、"同意"或"反对"来回答的问题。

又如,你的职业是:

作家□　　医生□　　教师□　　工程师□

你的性别是:

男□　　女□

指出所有你可能购买的笔记本品牌:

联想□　　苹果□　　戴尔□　　华硕□

你是否同意:"网络教学是一种发展趋势"?

同意□　　反对□

这些例子只是指出消费者特征,而没有提供其他信息。类别量表的每类答案的代表数字只作为分类使用,这些代表数字仅代表了某种名义或特性,真正的目的在于对被调查者作出一定的分类。

(2) 顺序量表

顺序量表是指量表中所罗列的答案之间要具有顺序关系,而且其顺序关系是由每个调查者根据自己的态度来确定的。顺序量表比类别量表要多一个特性,即顺序量表必须充分考虑每个备选答案,逐一比较,然后确定每个答案的顺序,如 A>B>C>D>E>F。顺序量表表示了特指对象间规模的差异,具有比较的特性,可以比较出各项答案之间的高低次序,但是无法知道它们的差距究竟有多大,因为其不具有差距度量的特性。

例如,某研究机构要求全职太太根据她们心中的偏好,对五种品牌的洗衣粉,依最喜欢到最不喜欢排列,最喜欢给 5 分,最不喜欢给 1 分,这就是一个顺序排列表。如果某位全职太太的答案是这样的:5. 汰渍;4. 奥妙;3. 超能;2. 雕牌;1. 白猫。这只表明她对各品牌洗衣粉的好恶次序看法,并不能说明各品牌洗衣粉之间的差距有多少,即她是否认为奥妙洗衣粉比白猫洗衣粉好 4 倍。

(3) 等距量表

等距量表不仅能表达各备选答案(态度)之间的顺序关系,还可以测定各顺序位置之间的距离。在上例中,如果以 100 分为满分,这位全职太太给出的分数分别是:90 分、70 分、50 分、30 分、10 分,这就可以表示顺序和差距。可以确定地指出 90 分与 70 分之间的差距等于 70 分和 50 分之间的差距。这种差别通常被定义为一个等级单位。差距量表上并没有一个真正的零点(真零)。

例如,评价某个商店的售货员的态度为:"非常友好""比较友好""友好""比较不友好""非常不友好"。

当然这种评定有一定的主观性。调查人员通常假定每个等级与前一个等级的差别都是一个单位。在这种情况下,我们可以说差别是"等间隔的"。有时,调查人员必须暗示自己,每个等级之间的差别是相等的。

(4) 等比量表

等比量表除了具备差距类别所有的特征以外,还具有真正的零点这一特征,也就是说,等比量表中的各个答案之间具有类别关系、顺序关系、差距关系、等比关系和比率关系。比如,可以说 160 公斤人的体重是 80 公斤人的体重的两倍。市场营销研究中的销售额、生产成本、市场份额、消费者数量等;被调查者的物理特性,如体重、年龄、身高、收入等;面积、距离、货币单位、回报率、人口统计、时间间隔等都可以通过等比量表来描述。

不过,在态度测量方面,运用等比量表就非常困难。比如,当消费者给予某个品牌 100 分,而给另外一个品牌 50 分时,并不能说明他对前者的喜好程度是后者的两倍。由此可见,态度测量本质上是一种顺序概念,不太适宜用等比量表或等距量表测量。

以上四种测量尺度所表达的信息内容逐渐增加,其测量值的数量化程度也依次加深。但也应注意到,间距尺度及比率尺度在计量人们态度时也有一定的限度。因此,调研人员在问卷设计过程中,应正确把握各种尺度的含义,根据调研的目的和采用的分析方法来确定测量尺度,从而确保信息资料的正确性,减少误差。

数据的四种测量尺度及其适用统计方法的比较如表 12-2 所示。

表 12-2 数据的四种计量尺度及其适用统计方法的比较

量表类型	描述性统计	推论性统计	营销实例
类别量表	百分比、众数	卡方检验	商店类型、性别
顺序量表	百分位数、中位数	方差检验	偏好排序、市场地位
差距量表	全距、平均数、标准差	t 检验等	态度、指数
等比量表	几何平均数、调和平均数	变异系数等	成本、销售额

这是一项对 10 个电视栏目的调查(见表 12-3)。栏目编号采用数字对应 10 个栏目名称,属于类别量表;第二栏是受访者对这 10 个栏目按照喜好程度的排序,这种排序不一定要用 1—10 的顺序数字,该栏中的两列序列是一致的,都是顺序量表;第三栏是受访者对每个节目按照喜好程度打分,同样也不一定要使用 1—7 的分制和固定的起点,从 1 开始和从 11 开始是一样的,都是等距量表;最后一栏的收视时间属于等比量表。

表 12-3 10 个电视栏目的调查

类别量表		顺序量表	等距量表		等比量表
栏目名称	栏目编号	按喜好程度排序	按喜好程度打分		上月内收视时间(小时)
			1—7	11—17	
A	1	7	79	5	15	20
B	2	2	25	7	17	40
C	3	8	82	7	17	0
D	4	3	30	6	16	35
E	5	1	10	7	17	50
F	6	5	53	5	15	30
G	7	9	95	4	14	0
H	8	6	61	5	15	20
I	9	4	45	6	16	35
J	10	10	115	2	12	2

4. 市场调研中常用的几种量表

如前所述,量表作为一种测量工具,它试图确定主观的、有时是抽象的定量化测量程序,即用数字来代表测量对象的某一特性,从而对测量对象的不同特性以多个不同的数字来表示。下面介绍市场调查中经常用到的一些态度量表。

(1)评价量表

评价量表也叫评比量表,是市场调查中最常用、最基本的一种顺序量表形式。它是由调查人员事先将相关问题的各种可能的答案标示在一个评价量表上,然后要求受访者在量表上指出其态度或意见。量表的两端设置极端答案,中间一般为中性答案,两个极端答案之间被划分为若干等级。

根据量表的形式,评价量表又可以分为图示评价量表和列举评价量表。一般图示评价量表要求被调查者在一个有两个固定端点的图示连续谱上进行选择;列举评价量表则是要求被调查者在有限类别的表格标记中进行选择。评价量表获得的数据通常作为等距数据使用和处理,下面分别对这两种评价量表进行说明。

① 图示评价量表。图示评价量表的形式如图 12-1 所示。

不喜欢 ←0 1 2 3 4 5 6 7 8 9 10→ 喜欢

图 12-1　图示评价量表

图示评价量表制作简单,使用方便,文字、数字和插图的配合使用构成了一个容易为不同区域、不同受访者群体理解的叠加的评分系统。它不仅具有定序的性质,其获得的数据还可作定距处理。但是,在被调查者不太清楚调研人员的评价标准,且很难作选择的情况下,往往倾向于选择中间答案。

② 列举评价量表。列举评价量表一般用于品牌比较和产品各方面性能的测试。由于列举评价量表要求被调查者在有限的类别中作出选择,因而相对具有更高的准确性。下面列举三种常用的列举评价量表。

量表 A 案例:

下面我将向您列举一些白酒品牌,当我提到每一种品牌时,请您告诉我您认为该品牌的电视广告是非常差、差、一般、好还是非常好。

起始位置〇	〇五粮液	〇剑南春	〇衡水老白干	〇郎酒
1. 非常差	□	□	□	□
2. 差	□	□	□	□
3. 一般	□	□	□	□
4. 好	□	□	□	□
5. 非常好	□	□	□	□

量表 B 案例:

下面我将向您列举一些平板电视品牌,当我提到每一种品牌时,请您告诉我您认为该品牌的知名度是非常低、低、一般、高还是非常高。

起始位置〇	非常低	低	一般	高	非常高
〇康佳	□5	□4	□3	□2	□1
〇长虹	□5	□4	□3	□2	□1
〇TCL	□5	□4	□3	□2	□1
〇创维	□5	□4	□3	□2	□1
〇海信	□5	□4	□3	□2	□1

量表 C 案例:

您认为喜之郎公司的水晶之恋果冻的味道怎样?

量表 A 和量表 B 中品牌的起始位置是循环的,因此相同的起点会给被调查者带来影响,可能成为误差的一个来源。量表 C 则适用于针对儿童进行的调查,"小人头"的表情有助于儿童的理解和反应,同时也增加了调查的趣味性。

列举评价量表比图示评价量表容易构造和操作,在可靠性方面也比图示评价量表要好,但是列举评价量表不能像图示评价量表那样衡量出客体的细微差别。

总体来讲,评价量表有许多优点:省时、有趣、用途广、可以用来处理大量变量等,因此在市场营销研究中被广泛采用。但是这种方法也可能会产生三种误差:

一是仁慈误差。有些人对客体进行评价时,倾向于给予较高的评价,这就产生了所谓的仁慈误差;反之,有些人总是给予较低的评价,从而引起负向的仁慈误差。

二是中间倾向误差。有些人不愿意给予被评价的客体很高或很低的评价,特别是当不了解或难以用适当的方式表示出来时,往往倾向于给予中间性的评价。可以用以下方法防止这种误差的发生:首先,调整叙述性形容词的强度,如将完全反对改为通常反对;其次,增加中间的评价性语句在整个量表中的空间;再次,使靠近量表两端的各级在语意上的差别加大,使其大于中间各级间的语意差别;最后,增加量表的层次。

三是晕轮效果。如果被调查者对被评价的对象有一种整体印象,可能会导致系统偏差。预防的方法是对所有要被评价的对象,每次只评价一个变量或特性;或者问卷的每一页只列出一种特性,而不是将所有要被评价的变量或特性全部列出。

（2）语义差异量表

语义差异量表(Semantic Differential Scale)是由社会心理学家奥斯古德、萨奇和泰尼邦(Osgood, Suci, Tannenbaum)于 1957 年首先提出的。在市场研究中,常常用于测量人们对研究对象的印象。

在设计语义差异量表时,首先要确定与测量对象相关的一系列属性,对于每个属性,选择一对意义相反的形容词或短句,分别放在量表的两端,量表的中间被划分为 7 个连续的等级。被调查者被要求根据他们对被测对象的看法评价每个属性,并在合适的等级位置上作标记,从而实现了个人的定性判断向定量分析的转换。

使用语义差异量表测定印象时,奥斯古德将构成印象的因素分为三种:一是评价的因素;二是潜在的因素;三是行动的因素。现代研究者一般将形容词或短语进一步细化为三个维度:一是评价(好与坏、善良与残酷、重要与不重要等);二是力量(强与弱、硬与软、刚与柔等);三是行动(主动与被动、快与慢等)。

您对 A 酒店的看法如何?

图 12-2 是一系列评价标准,每个标准的两端是与描述它的意义相反的形容词。请用这些标准来评价 A 酒店,并在您认为合适的地方作标记。请确保在每个标准上都作了标记。

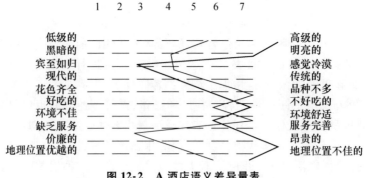

图12-2 A酒店语义差异量表

由于功能的多样性,语意差别量表被广泛地应用于市场研究,用于比较不同品牌商品、厂商的形象,以及帮助制定广告战略、促销战略和新产品开发计划等。

语义差异量表也有不足之处,在使用时需要注意以下几点:

首先,避免晕轮效应。在市场调查中,两极化的形容词或短句如果全部按照"不利位置的"到"有利位置的"从左到右排序,很容易影响被调查者对被测对象总体印象的评判。因而一般会打乱置放两极化反义词的次序,使之随机分散分布;或者预先设计两份量表,重新编排次序;再或者增大样本量。这样可以最大限度地避免晕轮效应,减少其对调研结果的影响。

其次,评分等级的设定。在市场调查中,基本上没有一套标准模式可以遵循。但在测量标准上,如果评分极点太少,量表就过于粗糙,容易丢失很多信息。而评分极点过多,又可能超出被调查者的分辨能力。一般来说,7级评分标准测量的效果比较令人满意。

再次,中间值的设定。采用7级评分标准,我们就要考察中间值——4分回答的具体情形。也就是说,被调查者对中间值——4分回答有时未必是其中间态度的反映,也可能是其对此陈述根本不了解。

最后,务必要填写好对被调查者的指导语,最好能举例示范,从而减少被调查者因对如何填答摸不着头脑而放弃回答的情况。

(3) 李克特量表

李克特量表是问卷设计中运用十分广泛的一种量表。这种量表是由能够表达对所测量的事物是肯定还是否定态度的一系列陈述所构成的。它要求被调查者按照对每一条陈述的肯定或否定的强弱程度进行表态,并折合成分数;然后将这些分数进行加总,并以此测定被调查者的态度。

李克特量表的设计过程可分为以下几个步骤:

第一步,收集大量与测量概念相关的陈述语句。

第二步,根据测量的概念将每个测量的项目划分为"有利的"或"不利的"两类,每类项目都应有一定的数量。

第三步,选择部分被调查者对全部项目进行预先测试,要求被调查者指出每个项目是"有利的"或"不利的",并在下面的方向—强度描述语中进行选择,一般采用所谓的"五点"量表：

  a. 非常同意 b. 同意 c. 无所谓（不确定） d. 不同意 e. 非常不同意

  第四步，对每个回答给出一个分数，如从非常同意到非常不同意的有利项目分别为1、2、3、4、5分，对不利项目的分数则为5、4、3、2、1分。

  第五步，根据被调查者的各个项目的分数计算代数和，得到个人态度的总得分，并依据总分的多少将被调查者划分为高分组和低分组。

  第六步，选出若干个在高分组和低分组之间有较大区分能力的项目，构成一个李克特量表。如可以计算每个项目在高分组和低分组中的平均得分，选择那些在高分组平均得分较高并且在低分组平均得分较低的项目。

  因为李克特量表比较容易设计和处理，被调查者也容易理解，因此在市场营销研究中，对它的使用十分普遍，尤其在邮寄访问、电话访问和人员访问中使用得较多。李克特量表的主要缺点：一是回答时间长，因为被调查者需要阅读每条态度陈述语句；二是李克特量表是顺序量表，每条态度陈述语句的得分及每个被调查者的态度分数都只能用作比较态度有利或不利程序的等级。如果态度得分相同，则不能测量态度之间的差异。

  （4）等级量表

  等级量表是一种顺序量表，它是将许多研究对象同时展示给被调查者，并要求他们根据某个标准对这些对象进行排序或分成等级。例如，要求被调查者根据总体印象对不同品牌的商品进行排序。典型地，这种排序要求被调查者对他们认为最好的品牌排"1"号，次好的排"2"号，依次类推，直到量表中列举出的每个品牌都有了相应的序号为止。一个序号只能用于一种品牌。顺位法、比较法、评分法都是等级量表的具体表现形式，详见12.5.1 封闭式回答项目的设计部分。

第二部分 实 践 活 动

活动 17：根据市场调研计划书，完成问卷设计

  1. 案例分析

  （1）分组：把班级分成若干项目小组，以学生自愿组合为主、指导教师为辅，每个小组约 3—5 名学生，每组确定 1 名组长。

  （2）指导教师布置任务，让各小组就"第一部分 学习引导"中的任务导入案例"消费者饮料市场购买行为调研问卷"进行评价。

  （3）评价的主要内容，包括：该问卷设计的调研主体是否恰当？该问卷的基本结构是否完整？问题排列顺序、问题询问方式、答案设定是否科学？量表应用是否合理？

  （4）你认为该问卷设计还存在哪些不足？如有，请进行修改。

  2. 以小组为单位，根据本小组的市场调研计划书，完成问卷设计

  （1）分组：把班级分成若干项目小组，以学生自愿组合为主、指导教师为辅，每个小组约 3—5 名学生，每组确定 1 名组长。

（2）由指导教师指派调研项目,或由各项目小组自选调研项目。

（3）设计问卷初稿。利用所学相关知识完成本小组问卷设计初稿,主要包括问卷主体、问卷结构、问题类型、提问用语、问题排列顺序等。

（4）在指导教师的指导下,各组交叉审核,互相发现各自在问卷设计中存在的问题,教师点评。各组根据改进意见修改问卷,完成问卷修改。

（5）确定正式调研问卷。

项目五

抽样设计

项目概述

　　抽样调研是抽取具有代表性的样本,测算样本结果,并以此推断总体特征的一种调研方法。这种"用代表性样本方法来代替全面调研"的方法,具有经济、高效、精度高、抽查误差可控等显著特点,特别适合调查总体单位数众多的市场调查,目前已成为一种被广泛采用的调查技术。本项目将引导大家从了解抽样调研的基本概念、基本方法入手,进而将抽样调研的理论与实践相结合,熟悉抽样设计方案的基本内容、抽样调研的一般过程、抽样误差与样本容量的确定、各种抽样调研方法的组织实施及应用。

项目目标

☞ 知识目标

1. 了解抽样调研的基本概念;
2. 了解抽样方案设计的基本内容;
3. 掌握抽样调研的一般过程。

☞ 能力目标

1. 掌握抽样调研的基本方法;
2. 掌握确定样本容量的方法;
3. 掌握计算抽样误差的方法。

☞ 素养目标

1. 具有尊重客观事实、遵循科学方法的态度;
2. 具有一定的洞察力和判断力。

任务十三 抽样调研的一般问题

第一部分 学 习 引 导

【任务导入】

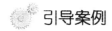

北京市海淀区某项调研的抽样设计

一、调查总体与样本的界定

本次抽样调研总体为北京市海淀区农村、城区中20—65岁的居民。最终抽样单位为单个个体居民。

二、海淀区人口总体情况

本次调查抽样框的编制,以海淀区政府计生办公室掌握的"人口统计资料"为主,参照《北京市统计年鉴(1997)》。资料显示,海淀区共有常住人口143万,暂住人口15万人。143万常住人口中,128.8万为城市人口,14.2万为农村人口。以户为单位计,非农业户为40.1万户,农业户为5.4万户。海淀区20—65岁人口的年龄结构及性别比如表13-1所示。

表 13-1 海淀区20—65岁人口的年龄结构及性别比

年龄段 (岁)	人口合计 (人)	各年龄段比重 (%)	性别比 (%)
20—29	268 120	0.263	96.24
30—39	289 072	0.284	101.81
40—49	222 230	0.218	92.05
50—59	156 629	0.154	87.66
60—65	82 990	0.081	102.83
合计	1 019 041	1.000	106.30

就行政建制而言,在海淀区辖区内,共有17个街道办事处、1个镇、10个乡。其中17个街道、1个镇下辖888个居委会,10个乡、1个镇下辖82个村民委员会。

三、样本量的确定

考虑经费因素,计划抽选样本单位为300个。在调查区域上,确定农村抽选100户,城市抽选200户。在每户中随机抽取1名年龄为20—65岁的家庭户成员为调查样本。

四、抽样方法

本次调查采用 PPS 抽样(Proportional Probability Sampling),该抽样方式在本次调查中分 2 部 4 阶。第一部为城市部,其每一级的抽样单位(Primary Sampling Unit,PSU)分别是:街道(含 1/2 镇)、居委会、居民户、居民个人;第二部为农村部,其每一级的抽样单位分别是:乡(含 1/2 镇)、村民委员会、农户、农民个人。计划从 17 个街道中抽取 4 个街道、8 个居委会,从 10 个乡中抽取 2 个乡、4 个村民委员会;然后从每一个抽中的居、村委会中抽取 25 户居民户、农户;再从每一户中抽选 20—65 岁的居民 1 人,作为访谈对象。

五、具体抽样过程

1. 对城区中街道的抽样

城区中 17 个街道及 1/2 个镇中共有 888 个居委会,从中抽取 4 个街道或镇,其抽样过程如下:

首先,计算抽样距离(K)。

根据上述要求,$K = 888 \div 4 = 222$。

其次,将海淀区 17 个街道随机排定顺序。

再次,根据随机数表,选取起点。我们获得的起始随机点是 31。

最后,根据等距抽样原则,描出落点街道。其结果如表 13-2 所示。

表 13-2　以街道为 PSU 的抽样过程

PSU 号码名称	PSU 规模	规模累计值	PSU 对应选择范围	选样号码
中关村	26	26	0—26	
北太平庄	109	135	27—135	31
甘家口	73	208	136—208	
青龙桥	31	239	209—239	
紫竹院	76	315	239—315	253
北下关	67	382	316—382	
永定路	13	395	382—395	
清华园	8	403	395—403	
燕园	8	411	404—411	
海淀	66	477	412—477	475
万寿路	90	567	478—567	
学院路	63	630	568—630	
八里庄	46	676	631—676	
羊坊店	92	768	677—768	697
清河	51	819	769—819	
双榆树	38	857	820—857	
香山	17	874	858—874	
温泉、东北旺	14	888	875—888	
合计	888			

根据上述抽样,我们抽到的 4 个街道是:北太平庄、紫竹院、海淀、羊坊店。

2. 对以乡为 PSU 的抽样

步骤、过程同对城区中街道的抽样。其中,抽样距离(K) = 82÷2 = 41。我们抽到的 2 个乡分别是:海淀乡、东升乡。

3. 抽取居委会、村委会

将抽到的 4 个街道(北太平庄、紫竹院、海淀、羊坊店街道)中所有的居委会随机排列在一起,编制成抽样框。根据步骤 1 中的方法,抽取居委会。其结果如下:学院南路居委会、蓟门里南居委会,属于北太平庄街道;小南庄居委会、倒座庙居委会,属于海淀街道;军博路居委会、向东居委会,属于羊坊店街道;魏公村第三居委会、老营房居委会,属于紫竹院街道。

将抽到的 2 个乡:海淀乡、东北旺乡中所有的村委会随机排列在一起,编制成抽样框。根据步骤 1 中的方法,抽取村委会。其结果如下:清河村委会、马坊村委会,属于东北旺乡;万泉庄村委会、六郎庄村委会,属于海淀乡。

4. 抽取家庭户

在抽到的 8 个居委会、4 个村委会中,各抽取 25 户作为调查对象。另根据经验,有可能经过 3 次或多次造访后仍然不能遇到访问对象,这样的比例在 15% 左右。因此,我们决定在每个居委会、村委会多抽取 3—5 个家庭户作为备用样本。

家庭户抽样框的制作:对 12 个居委会、村委会分别制作抽样框。做法是派学生到每个居委会、村委会去购买住户资料,主要是花名册。但此花名册经常发生变动。许多登记在册户,由于种种原因,已不在原地居住。因此,拿到花名册以后,需要就地找村中的主要干部、居委会的负责人进行核实。之后,以花名册上的户主姓名为抽样框,以等距抽样的方法,抽选户主,即得到我们要访问的家庭户。

在调查过程中,我们实际抽选了 340 户家庭户。

5. 家庭内的抽样

由于我们最终要访问的是个人,因此抽到家庭以后,还有一个对其家庭成员抽样的问题。我们采用克西表来满足抽样的要求。这一级抽样,实际上由调查员在每份问卷的调查开始前完成。

至此,完成本次调查的抽样全过程。

考虑到本次调查样本量较小,我们也对大部分备用样本作了采访。因此,实际问卷数是 331 个。

资料来源:http://www.chinadmd.com/file/3xzs13prwcrviwoow6atxcuw。

13.1 抽样调研的概念

1. 抽样调研的含义

1895 年,挪威统计学家凯尔(Kiaer)在国际统计学会第五届大会上提出"用代表性样本方法来代替全面调研"的建议,自此抽样调研开始逐步发展和推广应用。至今,抽样调研已经成为一门成熟的统计学分支学科。我们无法找到任何一种其他的社会科学研究方法，能像抽样调研那样如此普遍地深入到我们社会生活中的各个方面。

抽样调研是相对于普查而言的，普查是对构成总体的每一个个体都进行调研，并从中得出有关总体特征结论的一种调研方法；抽样调研则是抽取具有代表性的样本，测算样本结果，并以样本结果推断总体特征的一种方法。

北京联合大学 4G 手机市场抽样调研计划书

一、前言

4G 手机是指能支持 4G 无线传输技术的移动终端。4G 手机的主要特点是屏幕大、分辨率高、内存大、主频高、处理器运转快、摄像头高清。4G 手机的核心应用包括手机宽带上网、视频通话、手机电视、手机音乐、手机购物、无线搜索与手机网游等流媒体应用，而且 4G 手机能提供更加高性能的手机多媒体内容，并通过 ID 应用程序成为个人身份鉴定设备。总之，4G 手机不仅可以通话、上网，还具备了娱乐和支付功能，用户可以便捷安全地通过手机消费。

为配合某 4G 手机产品扩大在北京联合大学的市场占有率，评估北京联合大学 4G 手机营销环境，制定响应的营销策略，预先进行北京联合大学 4G 手机市场调查大有必要。

本次市场调查将围绕市场环境、消费者、竞争者来进行。

二、调查目的

要求详细了解北京联合大学 4G 手机市场各方面的情况，为该产品在北京联合大学的扩展制订科学合理的营销方案提供依据。

1. 全面摸清企业品牌在北京联合大学消费者中的知名度、渗透率、美誉度和忠诚度。
2. 全面了解本品牌及主要竞争品牌在北京联合大学的销售现状。
3. 全面了解目前北京联合大学主要竞争品牌 4G 手机的价格、广告、促销等营销策略。
4. 了解北京联合大学消费者对 4G 手机消费的观点、习惯。
5. 了解北京联合大学在校学生的人口统计学资料，预测 4G 手机在该校的市场容量及潜力。

三、调查内容

市场调研的内容要根据市场调查的目的来确定。市场调研分为内部调研和外部调研两个部分，此次 4G 手机市场调研主要运用外部调研，其主要内容有：

（一）行业市场环境调查

主要的调研内容有：

1. 北京联合大学 4G 手机市场的容量及发展潜力。
2. 北京联合大学 4G 手机市场的营销特点及行业竞争状况。
3. 北京联合大学的教学、生活环境对 4G 手机市场发展的影响。

4. 当前北京联合大学4G手机的种类、品牌及销售状况。

5. 北京联合大学4G手机市场各产品的经销网络状态。

(二) 消费者调查

主要的调研内容有:

1. 消费者对4G手机的购买形态(购买过什么品牌、购买地点、选购标准等)与消费心理(必需品、偏爱、经济、便利、时尚等)。

2. 消费者对4G手机各品牌的了解程度(包括功能、特点、价格、包装等)。

3. 消费者对品牌的意识、对本品牌及竞争品牌的观念及品牌忠诚度。

4. 消费者平均月开支及消费比例的统计。

5. 消费者理想的4G手机描述。

(三) 竞争者调查

主要的调研内容有:

1. 主要竞争者的产品与品牌优劣势。

2. 主要竞争者的营销方式与营销策略。

3. 主要竞争者的市场概况。

4. 本产品主要竞争者的经销网络状态。

四、调查对象及抽样

由于4G手机在高校的普遍性,全体在校学生都是调查对象,但因为家庭经济背景的差异,全校学生月生活支出还是存在较大的差距,导致消费购买习惯的差异性,因此他们在选择4G手机的品牌、档次、价格上都会有所不同。为了准确、快速地得出调查结果,此次调查决定采用分层随机抽样法:先按其住宿条件的不同(住宿条件基本上能反映各学生的家庭经济条件)分为公寓学生与普通宿舍学生,然后再进行随机抽样。此外,分布在北京联合大学校内及附近的各经销商、专卖店也是本次调查的对象,因其规模、档次的差异性,决定采用判断抽样法。

具体情况如下:

消费者(学生):300名,其中住公寓的学生占50%。

经销商:10家,其中大型综合商场2家、中型综合商场4家、专卖店4家。

消费者样本要求:

1. 家庭成员中没有人在4G手机生产单位或经销单位工作。

2. 家庭成员中没有人在市场调查公司或广告公司工作。

3. 消费者没有在最近半年中接受过类似产品的市场调查测试。

4. 消费者所学专业不能为市场营销、调查或广告类专业。

五、调查员的规定、培训

(一) 规定

1. 仪表端庄大方。

2. 举止谈吐得体,态度亲切热情。

3. 具有认真负责、积极的工作精神及职业热情。

4. 调查人员要具有把控谈话气氛的能力。

5. 调查人员要经过专门的市场调查培训,专业素质好。

(二) 培训

培训必须以实效为导向,本次调查其人员的培训决定采用举办培训班、集中讲授的方法,聘请有丰富经验的调查人员面授调查技巧、经验,并对他们进行思想道德方面的教育,使之充分认识到市场调查的重要意义,培养他们强烈的事业心和责任感,端正其工作态度、作风,激发他们对调查工作的积极性。

六、人员安排

根据我们的调研方案,在北京联合大学及市区进行本次调研需要的人员有三种:调研督导、调查人员、复核员。具体配置如下:

调研督导:1名;

调查人员:20名,其中15名对消费者进行问卷调查,5名对经销商进行深度访谈;

复核员:1—2名,可由督导兼职,也可另外招聘。

如有必要还将配备辅助督导(1名),协助进行访谈、收发和检查问卷与礼品。问卷的复核比例为全部问卷数量的30%,全部采用电话复核方式,复核时间为问卷回收的24小时内。

七、市场调查方法及具体实施

1. 对消费者以问卷调查为主。具体实施方法如下:在完成市场调查问卷的设计与制作以及调查人员的培训等相关工作后,就可以开展具体的问卷调查了。把调查问卷平均分发给各调查人员,统一选择中餐或晚餐后这段时间开始进行调查(因为此时学生们多待在宿舍里,便于集中调查,能够给本次调查节约时间和成本)。调查人员在进入各宿舍时说明来意,并特别声明在调查结束后将赠送被调查者的一份精美礼物以吸引被调查者的积极参与、得到正确有效的调查结果。调查过程中,调查人员应耐心等待,切不可催促。记得一定要求被调查者在调查问卷上写明姓名、所在班级、宿舍、电话号码,以便以后的问卷复核。调查人员可以在当时收回问卷,也可以第二天收回问卷(这有利于被调查者充分思考,得出更真实有效的结果)。

2. 对经销商以深度访谈为主。由于调查形式的不同,对调查人员提出的要求也有所差异。与经销商进行深度访谈的调查人员相对于实施问卷调查的调查人员而言,其专业水平要求更高一些。因为调查人员对经销商进行深度访谈以前一般要预约好时间并承诺支付其一定的报酬,访谈前调查人员要做好充分的准备,列出调查所要了解的所有问题。调查人员在访谈过程中应占据主导地位,把握整个谈话的方向,能够准确筛选谈话内容并快速做好笔记以得到真实有效的调查结果。

3. 通过网上查询或资料查询调查北京联合大学人口统计资料。调查人员查找资料时应注意其权威性及时效性,以尽量减少误差。因为其简易性,该工作可直接由复核员完成。

八、调查程序及时间安排

市场调研大致来说可分为准备、实施和结果处理三个阶段。

1. 准备阶段。这一阶段一般又分为界定调研问题、设计调研方案、设计调研问卷或调研提纲三个部分。

2. 实施阶段。在这一阶段应根据调研要求,采用多种形式,由调研人员广泛地收集与调查活动有关的信息。

3. 结果处理阶段。在这一阶段应将收集的信息进行汇总、归纳、整理和分析,并将调研结果以书面的形式——调研报告表述出来。

在客户确认项目后,有计划地安排调研工作的各项日程,用以规范和保证调研工作的顺利实施。按调研的实施程序,可分7个小项来对时间进行具体安排。

调研方案、问卷的设计:3个工作日;

调研方案、问卷的修改、确认:1个工作日;

项目准备阶段(人员培训、安排):1个工作日;

实地访问阶段:4个工作日;

数据预处理阶段:2个工作日;

数据统计分析阶段:3个工作日;

调研报告撰写阶段:2个工作日;

论证阶段:2个工作日。

九、经费预算

1. 策划费:1 500元;

2. 交通费:500元;

3. 调查人员培训费:500元;

4. 公关费:1 000元;

5. 访谈费:1 000元;

6. 问卷调查费:1 000元;

7. 统计费:1 000元;

8. 报告费:500元。

经费预算总计:7 000元。

---

2. 抽样调研的特点

与普查相比,抽样调研具有无可争议的优越性。具体如下:

(1) 经济性

就调研对象的数量而言,普查是对全体对象进行信息收集,而抽样调研则抽取具有代表性的对象,显然,后者的数量较少,因此问卷制造数量、问卷收集工作量、调研人员数量都会减少,调研费用也会随之减少。

(2) 高效性

凭借统计中完备的抽样技术,仅对相对较少的具有代表性的调研对象进行信息收集,既能保证调研的质量,又可快捷地完成调研任务,因此抽样调研的高效性使之特别适用于要求在短时间内完成的调研项目。

(3) 高精度性

调研的精度主要受样本误差的影响,并受到调研人员的专业化程度和被调研者的配合及支持程度的影响。抽样调研所抽取的调研对象较少,可以保证由受过培训的专业调研员进行调研,同时,也可以有效地控制来自样本的误差。

(4) 信息深入性

由于普查面对的调研对象众多,为控制工作量,调研的形式设计往往会较简单,从而收集到的信息量也较为有限。但抽样调研只针对较少的调研对象,调研者可以有充足的时间和精力进行深入的访问和信息收集,因此其所收集的信息更加深入和全面。

(5) 较小的破坏性

有些调研工作需要对调研产品进行破坏性试验或研究,例如,电器寿命的测试、对某些食品口味喜好的调研、对轮胎耐磨性能的研究等。抽样调研可以通过从总体中抽取有代表性的相对较少数量的产品进行破坏性试验,从而得到总体特征的认识。

尽管抽样调研具有诸多优点,但也存在某些局限性,它通常只能依据样本结果推断全部调研对象的共性特征,而缺少详细的分类资料或某些个性特征认识,从某种程度上难以满足对市场经济活动进行深入分析的需要。并且当抽样数目不足时,将会直接影响调研结果的准确性。抽样调研方案设计较为复杂,对方案设计人员的要求较高。

13.2 抽样的基本概念

1. 总体与样本

总体,又称为全及总体或母体,是指所要调查观测的全部事物。总体可以是一群人、一类团体、一个企业、一种情境或一项活动等。一般调查总体可以从地域特征、人口统计学特征、产品或服务使用情况或者对产品或服务的认知度等方面来描述。总体单位数用 N 表示。

样本,又称为抽样总体或子样,是指从全及总体中按照一定程序抽取出来进行调查观测的部分。样本单位数又称为样本容量,用 n 表示。当 $n \geq 30$ 时,被界定为大样本;当 $n < 30$ 时,被界定为小样本。

例如,研究某指定区域女性对某品牌化妆品的购买行为时,所有该地区现实的或潜在的购买该品牌化妆品的女性就构成了一个总体。抽取出在近期(一年内)购买或者使用了该品牌化妆品或竞争品牌化妆品的女性作为调研对象,这部分女性就构成了样本。

2. 总体参数与样本统计量

总体参数,又称为全及指标或总体指标,通常用 X 表示,是根据总体各个单位标志值计算出来的综合指标,反映总体的数量特征。总体参数主要包括总体平均数($\bar{X}$)、总体成数(P 或 Q)、总体方差(σ^2)和总体标准差(σ)。具体如表 13-3 所示。

样本统计量,又称为抽样指标,简称为统计量,是指由样本总体各单位标志值计算的综合指标。样本指标主要有样本平均数($\bar{x}$)、样本成数(p 或 q)、样本方差(S^2)和样本标准差(S)。具体如表 13-3 所示。

表 13-3　描述总体参数和样本统计量的常用统计符号与表达式

	名称	符号与表达式
总体参数	总体平均数	$\bar{X} = \dfrac{\sum X}{N}$ 或 $\bar{X} = \dfrac{\sum XF}{\sum F}$
	总体方差	$\sigma^2 = \dfrac{\sum(X-\bar{X})^2}{N}$ 或 $\sigma^2 = \dfrac{\sum(X-\bar{X})^2 F}{\sum F}$
	总体成数	$P = \dfrac{N_1}{N}$
	总体标准差	$\sigma = \sqrt{P(1-P)}$
样本统计量	样本平均数	$\bar{x} = \dfrac{\sum x}{n}$ 或 $\bar{x} = \dfrac{\sum xf}{\sum f}$
	样本方差	$S^2 = \dfrac{\sum(x-\bar{x})^2}{n}$ 或 $S^2 = \dfrac{\sum(x-\bar{x})^2 f}{\sum f}$
	样本成数	$p = \dfrac{n_1}{n}$
	样本标准差	$S_p = \sqrt{p(1-p)}$

3. 抽样框与抽样单元

抽样框又称为抽样结构、抽样范畴,是指涵盖总体的一个详细名单,即对可以选择作为样本的总体抽样单位列出名册或顺序编号,以确定总体的抽样范围和结构。例如,要从 50 000 名员工中抽取 300 名组成一个样本,则 50 000 名员工的名册,就是抽样框。

理想的抽样框应具备以下几个条件:(1) 包含尽可能多的样本单位,而且总体是清晰的、易确定的;(2) 所有样本单位出现在这一集合中的概率相等;(3) 可以按照一定的原则、方法进行人为的假定。

依据所采取的形式不同,抽样框可分为名单抽样框、区域抽样框、时间表抽样框等。抽样框必须是有序的,即抽样单元必须编号,且根据某种顺序进行了排列,以保证无论抽样框采取何种形式,在抽样之后,调研者能够根据抽样框找到具体的抽样单元;抽样框中包含的抽样单元要保证"不重不漏",否则将出现抽样误差。

抽样单元,又称为样本单元或样本点,是指构成抽样框的单元。抽样单元不一定是组成总体的最小单位——基本单元。抽样单元可能包含一个或一些基本单元。例如,在手机调研中我们抽中一栋居民楼,居民楼是抽样单元,而楼中的每个居民就是基本单元。

4. 重复抽样与不重复抽样

重复抽样,又称为重置抽样,是指每次从总体中抽取一个单位记录其标志表现后又放回,重新参加下一次的抽选。在抽样过程中总体单位数始终相同,被抽中样本单位的概率也完全相等。

不重复抽样,又称为不重置抽样,是指每次从总体中抽取一个单位记录其标志表现后不再放回,从剩余的单位中抽取下一个单位。所有单位在同一次抽样中被抽中为样本单位的概率是相等的,但每个单位在各次抽样中中选的机会是不同的。

5. 精确度与准确度

精确度是用以衡量估计值精确可依赖的程度。准确度是用以衡量总体特征与实际总体特征间的差异。

13.3 抽样方案设计

1. 抽样方案设计的基本内容

抽样方案设计一般需要确定如下基本内容：
（1）确定抽样调研的目的、任务和要求；
（2）确定调查总体的范围和抽样单位；
（3）确定抽取样本的方法；
（4）确定必要的样本数；
（5）对主要抽样指标的精确度提出要求；
（6）确定样本容量的估算方法；
（7）制订实施总体方案的办法和步骤。

2. 抽样调研的一般程序

一般要按照以下抽样设计程序进行抽样调研，如图13-1所示。

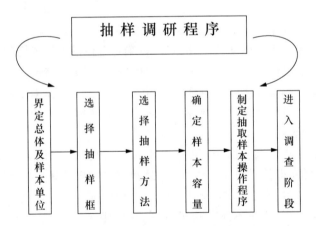

图13-1 抽样调研的一般程序

（1）界定调查总体及样本单位

即详细说明和描述提供信息或与所需信息有关的个体或实体所具有的特征，确定调查范围及总体单位。如前所述，调查总体即市场调查对象的全体。它可以是一群人、一个企业、一个组织、一种情境或一项活动等。目标总体应根据个体、抽样单位、范围（即地理界限）和时间来界定。样本单位是指将总体划分成的互不相交的各个个体。总体中的每一个个体应该属于而且只属于一个单位。样本单位（又称为同质总体）可以从地域特征、人口统计学特征、产品或服务使用情况、认知程度等特征进行描述。明确总体和样本单位后，需要使用过滤性问题识别合格的受访者。

（2）选择抽样框

通常总体和抽样框之间不一定完全一致,在某些情况下,这种不一致性可以忽略不计。但大多数情况下,调研人员必须处理抽样框误差,通常可以采用两种方法来处理:第一种方法是根据抽样框重新界定总体。如调研某区域的人群对某种产品的使用情况,抽样框是电话簿,则家庭成员总体可以被重新界定为列入电话簿中的那部分家庭的成员。第二种方法是筛选个体,可以依据人口统计特征、产品的使用习惯特征等筛选受访者,剔除抽样框中不适当的个体。

（3）选择抽样方法

根据调研要求,可以从多种抽样方法中选择适当的方法。比如,可以在重复抽样和不重复抽样中选择,也可以在随机抽样和非随机抽样中选择。

按抽样的随机性,抽样方法可以分为随机抽样(又称为概率抽样)和非随机抽样(又称为非随机抽样)两大类,而且根据抽样形式及特点可以对随机抽样和非随机抽样进一步加以细分,如图13-2所示。

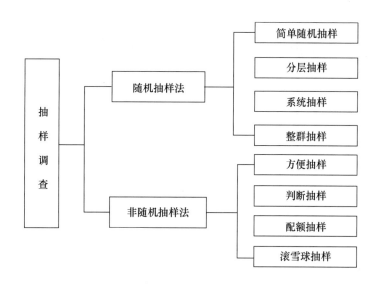

图 13-2　抽样方法

图13-2所示的各种抽样方法以及制定抽取样本操作程序将在"任务十四　抽样调研的基本方法"中介绍。而关于"确定样本容量"的方法将在"任务十五　抽样误差与样本容量的确定"中介绍。

执行抽样程序包括对抽样框、抽样单位、抽样技术和样本容量等进行设计,以及对实施决策进行详细的说明。例如以家庭为抽样单位,就需要确切定义这类家庭,并对无人户和回访作程序上的详细说明。

第二部分 实践活动

活动18：了解抽样方案设计的基本内容

请参照"第一部分 学习引导"中抽样调研的方案设计案例，以小组活动方式（3—5人为一组），选择适当的调研项目，按照抽样方案设计的基本内容要求，讨论并初步列出抽样设计方案提纲。

以下所列调研项目可供参考：
1. 了解同学们对某产品的消费偏好；
2. 了解同学们外出旅行至少迷路一次的百分比；
3. 了解同学们中有谁购买了苹果公司竞争对手的手机产品及其选择购买的原因；
4. 了解同学们的学习状况；
5. 了解同学们的消费结构情况；
……

活动19：了解抽样调研的一般过程

请参照"第一部分 学习引导"中的知识点，仍以小组活动方式（每组3—5人），根据"活动17"中所选的调研项目，按照抽样调研的一般过程，讨论并初步列出抽样过程的要点。

任务十四　抽样调研的基本方法

第一部分　学习引导

【任务导入】

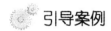引导案例

由美国总统大选预测失败引发的抽样方法选择的思考

《文摘》(Literary Digest)是一本创刊于1890年、极富影响力的大众杂志,它曾多次通过调研准确预测了美国总统大选。大家早已习惯于将该杂志的调研结果作为对未来事件的准确预测。但是该杂志对1936年总统大选的预测却令人大失所望,以至于严重损害了杂志的信誉,导致其于1938年被《时代》杂志收购。这一事件激发了人们对调研抽样技术的深度思考。

1936年,美国进行总统选举,竞选人是民主党的罗斯福和共和党的兰登。为了预测谁能当选,《文摘》杂志社采用了大规模的模拟选举,抽取了三类人作为抽样框代表美国选民。他们给200万《文摘》订阅者发去明信片,接着又将电话用户和汽车用户的样本加入到抽样框中以增大样本容量,然后往电话簿上的地址和俱乐部成员名单上的地址发出1 000万封信,收到回信200万封,样本容量这么大在调查史上是少见的。杂志社花费了大量的人力和物力,他们相信自己的调查统计结果,即兰登将以57%对43%的比例获胜,并大力进行宣传。然而,最终的结果却是罗斯福以62%对38%的巨大优势获胜,连任总统。这个调查使《文摘》杂志社信誉扫地。

《文摘》杂志社使用前所未有的大样本却得出了错误的结论,为什么会出现这种情况?答案是:抽样方法有误。

当时的美国正值经济大萧条的谷底,订得起杂志、有私人电话和参加汽车俱乐部的家庭,都是比较富裕的家庭,经济状况远好于普通民众,并且这些"上层"公民多数是共和党人。而且在1929—1933年,出现了世界范围的经济危机,美国经济也遭受沉重打击,"罗斯福新政"动用行政手段干预市场经济,损害了部分富人的利益,因此引发了这些人对罗斯福的不满,进而在接受对新任总统选举的调查中表示支持兰顿而反对罗斯福。

由于《文摘》杂志社调查的绝大多数选民都是共和党人和"上层"公民,故所用的抽样方法不能保证民主党人获得同样被调查的机会。因此从这部分人中抽取的样本严重偏离了总体,导致样本不具有代表性。

【启示】 任何调研都要选择一种正确的抽样方法,一旦用错了抽样方法,即使样本容量巨大也无法得出正确的结论。

资料来源:http://www.mofangge.com/html/qDetail/02/g0/201401/xlmug002568863.html;http://3y.uu456.com/bp_1hsad8wpb66o2vs5ky7r_1.html。

由以上案例可见,选择正确的抽样方法进行抽样调研对获得准确可靠的结果至关重要。只有抽取出具有代表性的样本,才能根据测算的样本结果推断出总体特征。下面我们将介绍一些常用的抽样方法。

14.1 随机抽样

随机抽样,又称概率抽样,是指总体的全部基本单位都有同等被抽中的机会。随机抽样的一般过程是:先按照随机原则从总体中选取调研样本,然后依据样本调研结果推算出总体结果,并且计算出抽样误差。一般在调研之前应明确抽样误差需要控制的允许范围,这样就可以了解调研精确度。人们创造了多种多样的随机抽样方法,其中主要有:

1. 简单随机抽样

简单随机抽样,又称单纯随机抽样,是最简单、最基本的抽样方法。简单随机抽样能够确保总体中的每个基本单位都有相等的被选中的机会,样本抽选则完全按照随机原则。它的优点是简便易行,对于总体特征分布均匀的总体比较适用,并具有较高的可靠性。通常采用抽签法和随机号码表来随机抽取样本。

(1) 抽签法

抽签法是利用骰子的转动来指明样本的方法。骰子必须是立体正二十面形,并且在每个面上分别标注 $0,1,2,3,\cdots,9$,每个数字标注两次。这是为使 0—9 这十个数字都能有同等出现的概率。

抽签法的步骤如下:首先,将调研总体进行编号。如有 n 个基本单位,则用 l 到 n 的正整数对其逐一编号,即 $1,2,3,\cdots,n-1,n$。其次,利用骰子的转动指明样本。假设某单位有员工 728 人,想从中选出 20 人作为调研样本。因为总体为三位数,这时可以连续转动三次骰子:第一次出现的数字作为百位数;第二次出现的数字作为十位数;第三次出现的数字作为个位数,这样就能够得到一个三位数的数字。如果取得 20 个三位数的数字为:$892,620,701,\cdots$,这些数字中"892"超出员工的编号,需要将此数字舍弃掉,然后重复掷骰子,补充得到一个新的三位数数字,直到选出符合要求的 20 个三位数的数字。最后,将选出的数字与编号进行对号入座,作为调研的样本。获得样本情况后,再推算总体信息。

(2) 随机号码表

利用随机号码表抽选样本,是最常用的一种随机抽样法。将 0—9 这十个自然数,按编码位数的要求(如两位或三位为一组,甚至五位或十位为一组),利用特制的摇码器,自动摇出一定数目的号码编成随机号码表,或通过计算机自动生成此表以备查。随机号码表内任何号码的生成,都有同等的可能性。随机号码表的数字应不受任何限制,可以任意指定一个数字,然后按上下左右的顺序或按一定的间隔顺序读起;数字可以按排列顺序用作两位数的号码或四位数的号码,也可以用作三位数的号码或五位数的号码。利用随机号码表抽取样本能够大大简化抽样程序。

简单随机抽样法,特别适用于市场调研对象不明,难以对其进行分类,或总体内各基本单位之间差异较小的情况。如果市场调研总体范围广,内部各基本单位之间差异大,一般不直接采用此法,应该与其他方法结合进行抽样。

2. 分层抽样

分层抽样,又称类型抽样或分类抽样,是指将市场总体分成若干层,再从各层中随机抽取所需数量的基本单位,综合成一个调研样本。分层随机抽样在分层时,要求将同一性质的基本单位分在同一层,而处于不同层的基本单位的特性应具有较大差异,即分层后要做到:层内个体特性相似,能够代表该层中基本单位的某些特征;层间个体特性相异,能够代表不同层中基本单位的不同特征。这种方法适用于总体基本单位特征存在较大差异,且分布不均匀的情况。如果采用简单随机抽样,则有可能出现因样本集中于某些特征而造成样本缺乏代表性,而分层随机抽样能够有效地避免这样的问题。

分层抽样的实质是将分层与简单随机抽样结合进行。例如,调研某地区医药经营企业的商品资金周转情况,需要先按其经营方式分为医药批发企业、医药零售连锁企业、医药零售企业(单体店)三种类型,同时还可以将每一类型按照经营规模进一步分为大型企业、中型企业和小型企业,然后根据分层情况从各层次(类型)中分别随机抽出样本。分层情况如图14-1所示。

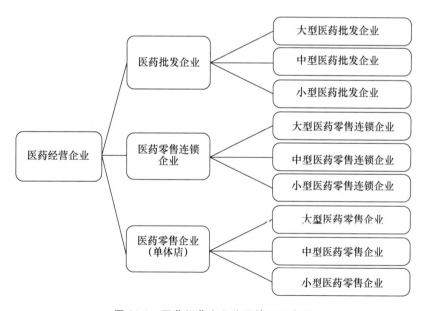

图14-1 医药经营企业分层情况示意图

实际操作中,使用分层随机抽样需要特别注意几点:第一,必须可以把总体分隔为相互排斥的层次,而层间基本单位的特征不能有交叉重叠;第二,必须与调研项目所关注的总体特征相关;第三,各层次之间具有较大差异,而层内基本单位之间的特征差异小;第四,各层单位数目和比例必须可以获得;第五,分层的数量不能太多;第六,在各层抽取样本的方法依然是简单随机抽样。

依据具体形式的不同,分层随机抽样可以分为分层比例抽样、分层最佳抽样、最低成本抽样等。

(1) 分层比例抽样

分层比例抽样是按照各层基本单位数目占总体的比例来确定各层所抽出的样本数的一种分层抽样方法。采用分层比例抽样可以提高样本的代表性,同时能够更精确地确定总体数量指标的估计值,并避免简单随机抽样所出现的集中于某些特性或遗漏掉某些特性的缺陷。

分层比例抽样包括三个步骤:首先,将调研总体按照一定的标准分层;其次,计算出各层的样本数;最后,按各层样本数目从各层中随机抽选样本单位开展调研。其中,各层的样本数可以按照以下公式进行计算:

$$n_i = n \frac{N_i}{N}$$

式中,n_i 表示第 i 层应抽取的样本数目;n 表示样本总数;N_i 表示第 i 层所含基本单位的数目;N 表示总体所含基本单位的数目。

调研某地医药经营企业销售情况。该地区有医药经营企业 500 家(即要调研的总体所含基本单位数目),依据经营方式的分层情况对应各层的基本单位数目分别为:医药批发企业 100 家,医药零售连锁企业 50 家,医药零售企业(单体店)350 家。如果确定样本数为 100 家,采取分层比例抽样法,计算各层应选取的样本数目。

【解答】

对于医药批发企业,该层应选取的样本数为:

$$n_i = n \frac{N_i}{N} = 100 \times \frac{100}{500} = 20 (家)$$

对于医药零售连锁企业,该层应选取的样本数为:

$$n_i = n \frac{N_i}{N} = 100 \times \frac{50}{500} = 10 (家)$$

对于医药零售企业(单体店),该层应选取的样本数为:

$$n_i = n \frac{N_i}{N} = 100 \times \frac{350}{500} = 70 (家)$$

(2) 分层最佳抽样

分层最佳抽样法,又称为非比例抽样法,是根据各层中基本单位标准差的大小来调整各层样本数目的一种分层抽样方法。当遇到分层后层内基本单位间差异较大时,就要采用考虑层内标准差因素的抽样方式,即分层最佳抽样。对于各层差异过分悬殊,存在某些层的重要性大于其他层的情况下,若采取非比例抽样,需要从重要性强的层中抽取出较多的样本数,而从重要性弱的层中抽取出较少的样本数。由于此抽样方法同时兼顾了分层与层内差异程度,有利于提高综合样本对总体特征的代表性,从而提高样本的可信程度。

分层最佳抽样法中确定样本数目的计算公式如下:

$$n_i = \frac{n \times N_i S_i}{\sum N_i S_i}$$

式中,n_i 表示第 i 层应抽取的样本数目;n 表示样本总数;N_i 表示第 i 层所含基本单位的数目;S_i 表示第 i 层调研单位的样本标准差。

各层中的标准差估计值,反映了各层的每一个基本单位的值和平均值之间的差异。若某层中各基本单位的特征差异较小,那么从理论上说,标准差就小。因此,即使抽取较少量的样本,仍可以具有代表性,能够反映该层的特征。若某层内各基本单位差异较大,那么标准差就较大,则要适当多选一些样本才行。各层标准差估计值可以通过在各层中先抽选少量样本,用试验调研抽取数据计算得到。

调研某地居民对空调的潜在需求量。该地的家庭总数为 100 万户,已确定计划抽取样本 1 000 户。按照家庭收入的高、中、低分层,其中高收入家庭为 15 万户,中等收入家庭为 65 万户,低收入家庭为 20 万户。假定已知高、中、低收入家庭对应各层的标准差估计值 S_i,即 $S_{高}=300$, $S_{中}=200$, $S_{低}=50$。求高、中、低收入家庭对应各层应抽取的样本数目。

【解答】

$$\sum N_i S_i = N_{高} S_{高} + N_{中} S_{中} + N_{低} S_{低} = 15 \times 300 + 65 \times 200 + 20 \times 50 = 18\,500$$

各层应抽取的样本数目为:

高收入家庭($n_{高}$) $= \dfrac{n \times N_i S_i}{\sum N_i S_i} = \dfrac{1\,000 \times 15 \times 300}{18\,500} = 243$(户)

中等收入家庭($n_{中}$) $= \dfrac{n \times N_i S_i}{\sum N_i S_i} = \dfrac{1\,000 \times 65 \times 200}{18\,500} = 703$(户)

低收入家庭($n_{低}$) $= \dfrac{n \times N_i S_i}{\sum N_i S_i} = \dfrac{1\,000 \times 20 \times 50}{18\,500} = 54$(户)

(3)最低成本抽样

最低成本抽样法是指根据抽样调研的费用来调整各层应当抽取的样本数的一种抽样

方法。与主要关注统计效果的分层比例抽样法和分层最佳抽样法相比,最低成本抽样法不仅关注了统计效果,还兼顾了各层之间调研费用的明显差异,通过进行层间抽样数的合理调整,同时达到较好的经济效果。

最低成本抽样法中确定样本数目的计算公式如下：

$$n_i = n \times \frac{N_i S_i / \sqrt{C_i}}{\sum_{i=1}^{k}(N_i S_i / \sqrt{C_i})}$$

式中,n_i 表示第 i 层应抽取的样本数目;n 表示样本总数;N_i 表示第 i 层所含基本单位的数目;S_i 表示第 i 层调研单位的样本标准差;C_i 表示分配到第 i 层的调研费用;k 表示总层数。

3. 整群抽样

整群抽样,又称为分群随机抽样、聚类抽样,是指将市场调研总体按某种方式(如地区、单位)分为若干群体,然后以群作为抽样对象,抽取若干群作为调研样本,对群内的所有基本单位进行普遍调研。整群随机抽样区别于分层随机抽样,分层随机抽样要求所分各层之间有差异性,各层内部的基本单位具有相同性;而整群抽样恰恰相反,要求各群体之间具有相同性,每一群体内部的分子具有差异性。以"调研某地居民对空调的潜在需求量"为例,采用整群抽样和分层抽样的对比情况如表 14-1 所示。

表 14-1 整群抽样与分层抽样比较

整群抽样	分层抽样
各群——各群内部	各层——各层内部
群体1——高 中 低	高收入层——高 高 高
群体2——高 中 低	中等收入层——中 中 中
群体3——高 中 低	低收入层——低 低 低
抽样方式:随机抽取一个或几个群作为样本	抽样方式:各层分别随机抽取个体组成样本

注:表中 高 中 低 分别代表若干高、中、低收入家庭。

采用整群抽样的优势在于抽中的单位比较集中,因此调研起来方便、省时、省力(人力和物力)。但是在分群过程中,需要注意分层的各群之间差异要小,才能确保抽取的某一个或某几个群具有代表性,否则,抽中的群体就不能很好地体现总体属性,抽样误差就大。

分层抽样适用于界限分明的总体抽样;整群抽样则适用于界限不明显,总体中不同质单位多、混乱度高,不便于判定分层标准时,可以用地域或外部特征将调研总体分成若干群。整群抽样可以设计为单阶段整群抽样、两阶段整群抽样和多阶段整群抽样。

(1) 单阶段整群抽样

单阶段整群抽样是指将总体分成若干个群,然后从中随机抽取若干个群作为样本,再直接对抽出的部分群内的每个单位进行普查。

例如调研某地大学生消费支出情况,拟抽出 10 000 个样本。假定该地有 20 所高校,每校大约有 5 000 名学生,共有大学生 100 000 名。这样,学生按学校分群,按随机原则从 20 所高校中随机抽出 2 所,然后把这 2 所高校的学生约 10 000 人作为调研样本,对其消费支出进行调研,如图 14-2 所示。

图 14-2　单阶段整群抽样示意图

（2）两阶段整群抽样

两阶段整群抽样是指将调研总体各基本单位按一定标准(如区域)分成若干群体,形成抽样的"一段群体";然后将每个"一段群体"按另一标准分成若干个小的群体作为"二段群体";再按随机原则抽取出若干个一段群体作为"一段样本群",并在"一段样本群"中抽选出"二段样本群";最后对"二段样本群"进行全面调研以推断总体的情况。

继上例,首先按照学校划分,该地共 20 所高校,每所高校都是"一段群体";然后将每个"一段群体"按照班级分成 2 500 个小的群体(假设每所高校平均有 125 个班,每班平均有 40 人)作为"二段群体";再按随机原则抽取出"一段群体"中的 5 个单位(即 5 所高校)为"一段样本群",并在这 5 所高校中每校抽选出 50 个班级(共 250 个班)作为"二段样本群";最后对这 250 个班级共 10 000 名学生进行调研,如图 14-3 所示。

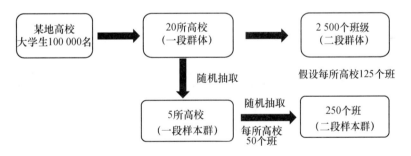

图 14-3　两阶段整群抽样示意图

在这个案例中,一段抽样比(P_1)为 5/20,即 1/4,二段抽样比(P_2)为 50/125,即 2/5,总抽样比($P = P_1 \times P_2$)为 1/10。一段抽样比较大时,样本单位分布范围更大、更均匀,样本的代表性较好,统计效果会较优;而二段抽样比较大时,会出现抽取出的许多学生来自于同一所高校的情况,从而使实地调研集中在少数学校,节省调研费用,经济效果会较优。然而抽取的样本量确定后,总抽样比就已确定(如本例中 $P = 10\,000/100\,000 = 1/10$),由于总抽样比与两段抽样比存在一定关系,即 $P = P_1 \times P_2$,因此,在实际抽样过程中,需要兼顾经济效果和统计效果两个因素,确定最佳的两阶段抽样比。

（3）多阶段整群抽样

也可以根据调研需要，实行多阶段整群抽样。如全国性抽样，可以从 34 个省级行政区群中抽取部分一段群体；从抽中的部分省级群体（一段群体）中抽取部分区县级群体作为二段群体；从抽中的区县级群体（二段群体）中抽取部分乡镇或街区作为三段群体；从三段群体中抽取部分村庄或居委会作为四段群体；最后从四段群体中抽取某些家庭组成调研样本。

4. 系统抽样

系统抽样，也称等距抽样或机械抽样，是指将调查总体中的基本单位按照一定标志进行排序，然后按照固定顺序和一定间隔抽取样本。系统抽样时，可以按照与调查无关的标志对基本单位进行排序，如调查某地的家庭对空调的需求量时，按照住户所在街道的门牌号码排序（门牌号码与家庭对空调的需求无关），然后每隔一定号码间隔抽取住户进行调查；也可以按照与调研目的有关的标志进行排序，仍以调查某地的家庭对空调需求量为例，按照住户平均月收入进行排序（因为家庭收入状况会影响其对空调的需求，所以家庭收入状况即为与调研目的相关的因素），排好序列后再按一定号码间隔抽样调研。抽样间隔（k）的计算公式如下：

$$k = N/n$$

式中，N 表示调研总体；n 表示样本数。

例如，从 100 个家庭中抽取 10 个家庭进行调研。首先，用 1—100 的数字对 100 个家庭进行编号，抽样间隔（k）= 100/10 = 10；然后，在 1—10 号中随机抽取起始号码，假设起始号码为 3，则按照抽样间隔，将抽出号码为"3，13，23，33，…，93"共 10 个家庭进行调研。

若不能均匀分段，即 $k = N/n$ 不是整数时，可采用随机方法从总体中剔除一些个体，使总体中剩余的个体数 N' 满足 $k = N'/n$ 是整数的条件。如要从某汽车厂生产的 3 005 辆汽车中随机抽取 100 辆汽车，采用系统抽样法时，由于 $N = 3\,005$（辆），$k = N/n = 3\,005/100$，不是整数，就需要先随机从总体中抽出 5 辆汽车，剔除这 5 辆汽车后，$N' = 3\,000$（辆），能满足 $k = N'/n$ 是整数（= 3 000/100 = 30）的条件，然后再按抽样间隔 30 对 3 000 辆汽车进行系统抽样。

系统抽样法尤其适合调研对象的标志变异程度较大，而随机抽取样本单位的数量又不能太多的情况。因为系统抽样可以使抽出的样本均匀分布于调查总体中，所以在此情况下，系统抽样法比简单随机抽样法更为有效。

14.2 非随机抽样

随机抽样法要求每一个样本被抽取的机会是相等的，因此，其调研结果可信度强、误差小。但是随机调研不仅要求市场调研人员掌握总体的某些基本信息，并具有比较熟练的技术水平与丰富的工作经验，而且需要花费较长的时间，费用支出较多。因此，实际调研时，随机调研并不是对所有调研都适用。在一些市场调研中，在对调研的总体不甚了解或者调研的总体过分庞杂时，往往采用非随机抽样法抽取样本。

非随机抽样法，是指从总体中非随机地选择特定的要素，按照特定要素进行抽样的一类方法。比如根据简便易行、节约开支的原则选择总体中的某些要素。非随机抽样法能够节约调研时间和调研经费。与随机抽样法不同，非随机抽样法可能导致系统地排除总体的某些部分或强调某些部分的重要性而抽取相应的部分。非随机抽样法属于机会性或目的性的抽样,一方面是出于方便的目的,另一方面是为了尽快确定有典型意义或代表性的样本单位。由于非随机抽样是根据主观标准来抽取样本,所以不能计算其抽样误差,也就很难客观评估非随机抽样的总体质量。

采用非随机抽样通常是出于以下几个原因:第一,受客观条件限制,无法进行严格的随机抽样;第二,为了快速获得调查结果;第三,调查对象不确定或无法确定,如对某一突发(偶然)事件进行现场调查等;第四,总体中各单位间离散程度不大,且调查员具有丰富的调查经验。

非随机抽样法主要有方便抽样法、判断抽样法、配额抽样法和滚雪球抽样法。

1. 方便抽样法

方便抽样法,又称任意抽样法,是指建立在方便或"易接近"基础上的一种抽样方法。例如,调研人员只选择家中有人的住户作入户调查;在街头向路过的行人作拦截式访问;利用客户名片上的通信地址或电话进行调查;在零售商店向购买商品的人进行调研;将问卷刊登在媒体上,让读者自填后寄回;等等,都属于方便抽样。

方便抽样法是基于一种假设,即认为总体中的每一个基本单位都是相同的,随意选取任何一个样本单位都是一样的。而事实上,并非所有总体中的每一个单位都是一样的,有的总体中所有单位是同质的,而有的总体中单位间是异质的。只有在总体中的每一个单位都是同质的情况下,才适合采用方便抽样法。

方便抽样法是非随机抽样中最简便、最节省费用的一种方法,但是如果总体中基本单位之间差异较大时,会造成抽样误差大,其结果的可信度则大大降低。方便抽样法多用于市场初步调研或对市场不甚明了的情况,在正式市场调研中较少采用。

2. 判断抽样法

判断抽样法,是由市场调研人员根据经验判断选定样本的一种非随机抽样法。判断抽样法抽样简单易行、调查回收率高,但其抽样的代表性完全取决于调查人员对调查总体的熟悉程度,以及自身的工作经验和判断能力。

判断抽样法符合调查目的和特殊需要,可以充分利用调查样本的已知资料,被调查者配合较好,资料回收率高。但是,这种方法常因调查人员的主观判断而产生抽样误差,由于无法确定抽样中各个调查个体被抽中的概率,因而无法计算抽样误差和可信程度。判断抽样法适用于以下情况:一是样本数较小,同时设计者和调查者对总体的有关特征非常了解,即明白研究的具体指向的情况;二是特殊类型的研究(如产品口味测试)。由于费用支出较少、方便快捷,此方法在商业性调研中采用得较多。

判断抽样法的抽样结果受调研人员的倾向性影响大,若主观判断有偏差,则不能直接对调查总体进行推断。所以,只有对总体的基本特征相当清楚,才可能使所选定的样本具有代表性、典型性,进而才能透过对所选样本的调查研究,掌握总体的情况。

在市场调研实践中,常用的判断抽样法主要有典型抽样调研和重点抽样调研两种。例如,调查某企业的管理水平,可以按照个人经验选取若干个管理水平较高、中等及较差的三类典型企业作为调查样本进行调查,这属于典型抽样调研。又如,以行业中的大型企业为调查对象进行的抽样调研就属于重点抽样调研。以调查当年第一季度药品生产企业的生产情况为例,只需要重点调查国内几家大型医药企业(如扬子江药业、上海医药集团、哈药集团、华北制药等)即可。

3. 配额抽样法

配额抽样法是指市场调研总体按某些属性特征进行分层,对分层后的各层次总体样本按一定的特征(也称为控制特性)进行配额,配额内的样本则由调研人员主观判断抽样的一种非随机抽样。以某些社会的、经济的特征(如受调查者的年龄、性别、收入水平、文化程度等)作为配额抽样的基础,选定的这类特征就叫做控制特性。一方面,从对市场调研总体按一定特征分层来看,配额抽样法同分层抽样法有类似之处;另一方面,从层内的抽样方法来看,分层抽样是采用随机方法抽取样本,配额抽样是按照判断抽样法抽取样本。所以,从一定意义上讲,配额抽样法也是一种分层判断抽样法。

实行配额抽样法是基于一种假设:分层后的调查对象的特征具有同质性。如分层后层内的调查对象为同一年龄阶段、同一性别、同一收入水平的消费者,他们对市场需求的反应相似,因此他们的消费行为、习惯、态度与反应都基本一致。正因为其差异不明显,所以配额抽样就不必再按随机抽样法抽取样本,只采用判断抽样即可反映调查总体的特征。

采取配额抽样法不仅抽取样本简便易行、费用较低,还能较快地取得调研结果,而且经过配额后的样本在各层的分布较为合理。只要调研的项目设计得当,分析方法正确,所取得结果也就比较可靠。配额抽样法也有一些不足之处,比如仍然会因为非随机抽样中的主观判断而引起偏差。然而,配额抽样法已被人们广泛地采用,成为非随机抽样中最流行的一种方法。

配额抽样法按照控制特征的要求不同,分为独立控制配额抽样和相互控制配额抽样两种。

(1) 独立控制配额抽样法

独立控制配额抽样法是指调研人员只规定几种控制特性以及各控制特性的抽样配额,而不规定这几种控制特性之间各抽样配额的相互关系的一种非随机抽样方法。这种方法不仅简单易行,而且调查人员有较大的自由去选择抽样样本。但也可能因调查人员图一时方便,选择样本时过于偏向某一组别,过多地选择易获取资料的受访者,而影响了样本的代表性,这正是这种方法的不足之处。

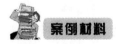

采用独立控制配额抽样法调查某品牌手机的市场需求情况。计划抽取400人。

【解答】

可以分别按照收入、年龄、性别特性分层,进行独立控制配额抽样,如表14-2所示。当按照收入水平进行独立控制配额抽样时,高、中、低收入的人数分别为80人、120人、200人,在80人的高收入层内就不再作诸如年龄或性别之类的任何规定,中等收入层、低收入层同理也不作任何规定;当按照性别独立控制配额抽样时,在200人的男性层内,也不需要再作年龄或收入特性的具体规定,同理在200人的女性层内也是这样。以此类推,按年龄特征分层的独立控制配额抽样也是在各层内完全由调查人员根据主观判断选取样本。各控制特性的抽样配额是彼此独立的。

表 14-2 独立控制配额抽样表

按收入水平独立控制配额抽样		按年龄独立控制配额抽样		按性别独立控制配额抽样	
收入水平	样本数(人)	年龄	样本数(人)	性别	样本数(人)
高收入	160	18—34 岁	150	男	200
中等收入	140	35—44 岁	120		
低收入	100	45—60 岁	80	女	200
		60 岁以上	50		
合计	400	合计	400	合计	400

(2) 相互控制配额抽样法

相互控制配额抽样法,又称交叉配额抽样法,是指在分层时规定各控制特性的抽样比例,并且在配额时也规定各控制特性每一类总体之间相互交叉关系的方法。由于这种方法对调查总体的分层与配额都进行了严格规定,所以其抽取结果具有较强的代表性,克服了独立控制配额抽样的缺点,取得的调查结果更为可靠。

案例材料

采用相互控制配额抽样法调查某品牌手机的市场需求情况。计划抽取 400 人。其中,高、中、低收入的人数比例为 10∶6∶4,四个年龄段(18—34 岁、35—44 岁、45—60 岁、60 岁以上)的人数比例为 7∶6∶4∶3,男、女性别的人数比例为 1∶1。

【解答】

采用相互控制配额抽样的结果如表 14-3 所示。

表 14-3 相互控制配额抽样表

配额数(人) 年龄	收入水平 性别	高		中		低	
		男	女	男	女	男	女
18—34 岁		35	35	21	21	14	14
35—44 岁		30	30	18	18	12	12
45—60 岁		20	20	12	12	8	8
60 岁以上		15	15	9	9	6	6
小计		100	100	60	60	40	40
合计		200		120		80	

根据国内外市场调研的实践经验，相互控制配额抽样可依据"先粗后细、先外后内"的原则逐步推进，大致分为四个步骤：

① 确定控制特性。主要是研究确定以哪些特征作为总体分层的标准，如年龄、收入、文化程度等。选定哪些控制特性则取决于调研的目的、调研对象的性质和客观环境的条件。如表 14-3 中选取了收入水平、年龄、性别三个特征作为分层标志。

② 按控制特性划分副次总体层，确定各分层之间的比例关系。如表 14-3 中按收入水平分为高、中、低三个层次，收入由高到低各层的人数比例为 10∶6∶4；按照年龄段分为四层，即 18—34 岁、35—44 岁、45—60 岁、60 岁以上，年龄由低到高各层的人数比例为 7∶6∶4∶3；按照性别分为男、女两层，各层的人数比例为 1∶1。

③ 确定各分层总体(副次总体层)的样本数。即按照比例确定各层样本数。这一步骤通常是依据分层总体在总体中所占的比例来分配样本数。如表 14-3 中总抽样数为 400 人，根据收入由高到低各层的人数比例为 10∶6∶4，可计算出收入由高到低各层的配额（即人数）分别为 200 人、120 人、80 人，依此方法，按照相互控制的比例再细化到更小的副次总体层，逐一确定各收入层中男女的配额以及各收入层内四个年龄层的配额。

④ 配额指派。即各分层总体的样本数目确定以后，由调研人员在指派的样本数内，自由地选择调研对象。

4．滚雪球抽样法

滚雪球抽样法是指在对随机方式抽取的一组符合要求的受调查者进行调研的基础上，根据他们提供的信息或由他们推荐选择下一组调查对象，进一步对下一组样本进行调研，这样，通过上一组选择下一组，像滚雪球一样不断地继续下去，直至满足样本量要求，如图 14-4 所示。除第一组调查对象为随机方式抽取的之外，后续的若干组调查样本都是非随机抽取获得的样本。

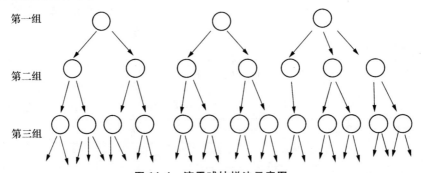

图 14-4　滚雪球抽样法示意图

滚雪球抽样法适用于分析调研总体中的稀有特征，如对特殊疾病、特殊生活习惯等的调查，都可以采用这一方法。这种非随机抽样法通过对调研总体设定期望的特征，增强了样本个体的相似性，因此抽样误差较小、费用较低。

14.3　抽样调研方法的选择

为了确保抽样调研的准确性，以样本结果推断总体特征，必须最大限度地减少抽样误差。而要减少误差,关键的问题在于抽选好样本,只有正确地确定抽选样本的方法,才能使抽选出来的样本能够真正代表总体,这直接关系到抽样调研结果的准确程度。选取的抽查样本,要真正能够代表、反映总体的情况和特征,成为总体的缩影。否则,结果就不会准确,也就失去了调查的实际意义。

面对诸多的抽样方法,何时选择非随机抽样,何时选择随机抽样呢?需要综合考虑各种主客观因素,依据调研对象总体的规模和特点、调研的目的与性质、抽样框资料、对调研结果的精确性要求(置信度与精度)、经济实力、时间限制等方面来作出选择。

随机抽样法与非随机抽样法在上述因素方面的比较如表 14-4 所示。

表 14-4　随机抽样法与非随机抽样法的比较

因素	随机抽样	非随机抽样
调研性质	描述性、因果关系	探索性
总体中的个体特点	异质	同质
抽样框确定性	容易	难
调研费用	较多	较少
统计分析	适合	不适合
主要误差	抽样误差	非抽样误差

根据以上对比,我们不难作出抽样方法选择:

(1)总体规模大的调研通常采用多级抽样方法。多级抽样,又称多阶段抽样,是指在复杂的、大规模的市场调查中,调查单位一般不是一次性直接抽取到的,而是采取两阶段或多阶段抽取的办法,即先抽取大的单元,在大单元中再选取小单元,再在小单元中选取更小的单元,这种抽样方式被称为多级抽样。多级抽样可以把上述各抽样方法的优势进行互补,因此大规模调研时多采用此方法。

(2)对异质性较强的总体,可以采用随机抽样。

(3)抽样框资料难以获得时,可以采用非随机抽样。

(4)调研费用比较有限时,非随机抽样可以节省费用。

(5)对调研结果的精确度要求高,则采用随机抽样。

(6)调研属于预备性研究性质的,可以采用非随机抽样中的任意抽样和判断抽样。

不同的抽样方法适用于不同的调研要求。从抽样方法本身来看,则应该力求做到:使总体中的任何一分子都有被抽选出来作为样本的机会,它们的"机遇"应该是均等的。只有做到机遇均等,才有利于使样本能够代表总体的情况。另外,在不影响工作效果的前提下,应该尽可能地使抽样方法简便易行。

假设某汽车厂要对近期生产出的 3 005 辆汽车进行出厂前某些性能指标的抽样检测,要求随机抽取 100 辆汽车进行测试,请选择合适的抽样方法并写出抽样过程。

【分析】

此调研的目的是测试汽车某些性能的稳定性,所以假定总体可能存在差异性,需要采用随机抽样法来确定其性能稳定性。系统抽样法尤其适合调研对象的标志变异程度较大,而随机抽取样本单位的数量又不能太多的情况,因为系统抽样可以使抽出的样本均匀分布于调查总体中,所以此情况下,系统抽样法比简单随机抽样法更为有效。

【解答】

采用系统抽样的方法,步骤如下:

第一步,对 3 005 辆汽车进行随机编号;

第二步,从总体中随机剔除 5 辆(可用随机数表法)汽车,将剩下的 3 000 辆汽车重新编号,并平均分成 100 段,抽样间隔为 30;

第三步,从第一段 001,002,003,…,030 中抽取一个数(可用简单随机抽样)作为起始值 L;

第四步,将编号为 L,30+L,60+L,…,2 070+L 的个体作为样本。

调研某地区人群的娱乐休闲方式需求,调研结果将为该地区的娱乐休闲设施的规划布局提供参考。预定抽样样本为 1 000 人。请选择合适的抽样方法并写出抽样过程。假设该地区有 3 所大学、1 所中学、若干家公司。人群以中学生、大学生和公司白领为主,年龄范围主要集中在 14—40 岁。

【分析】

此调研项目适合采取配额抽样法。因为通过配额抽样可以先对调研对象进行分层,层内的调查对象为同一年龄阶段、同一性别、同一收入水平的消费者,他们对市场需求的反应相似,因此他们的消费行为、习惯、态度等基本一致。分层后的调查对象的特征具有同质性,再进行配额抽样即可,抽出的样本能够反映调查总体的特征。

采用配额抽样法抽取样本简便易行,费用较低,也能较快地取得调研结果,而且经过配额后的样本在各层分布较合理。只要调研的项目设计得当,分析方法正确,所取得的结果就比较可靠。

【解答】

采取配额抽样法。首先,按照年龄、性别、职业特性分层,计划抽取 1 000 人。其中,中学生、大学生、公司白领的人数比例为 3∶5∶2,三个年龄段(14—18 岁、19—26 岁、27—40 岁)的人数比例为 3∶5∶2,男、女性别的人数比例为 1∶1。采用相互控制配额抽样的结果如表 14-5 所示。

表 14-5 相互控制配额抽样

配额数/人 年龄	职业 性别	中学生		大学生		公司白领	
		男	女	男	女	男	女
14—18 岁		45	45	75	75	30	30
19—26 岁		75	75	125	125	50	50
27—40 岁		30	30	50	50	20	20
小计		150	150	250	250	100	100
合计		300		500		200	

其次,按照各层样本配额,分别在该地区内的 3 所大学、1 所中学和金融街区进行拦截式问卷调查或访谈,收集相关调研资料。

第二部分 实 践 活 动

活动 20:根据市场调研计划书,选择抽样调研方法

1. 案例分析

请根据下面案例中的市场调研计划书,选择抽样调研方法,并写出抽样过程。

A 品牌服装市场调查项目计划书

一、调查背景

某服饰公司生产 A 品牌休闲服饰,该服饰公司认识到目前我国休闲服装市场品牌众多,市场竞争激烈,并存在如下问题:产品款式同质化现象严重,产品版型差距较大,市场推广手段雷同等。该公司准备对休闲服装市场进行深入了解和分析,调整经营策略,重新确定产品定位,制定价格策略、渠道策略、促销策略,使产品成功占领市场。该公司委托调研公司进行市场调查。

针对目前 A 品牌服装市场的基本情况,本次市场调查本着科学严谨、真实可靠、调查与论证相结合的原则,进行深入的研究。

二、调查目的

本次市场调查的目的包括:

1. 通过了解目前 A 品牌服装市场的消费现状,分析大学生对休闲品牌服装的购买动机及购买达成的主要影响因素。
2. 明确大学生对 A 品牌服装的品牌认知。
3. 了解大学生消费群体的消费需求和消费行为。
4. 了解大学生对 A 品牌服装的认知和建议。
5. 了解在大学生眼中 A 品牌与其他品牌休闲服装相比的优缺点。
6. 最终目的:

(1) 为该服饰公司对大学生休闲服饰的开发提供真实有效的依据;

(2) 帮助该服饰公司确定开发新休闲服饰产品的定位;

(3) 帮助该服饰公司确立其在大学生消费市场上的营销定位;

(4) 帮助该服饰公司在大学生中树立品牌形象,提高品牌忠诚度。

三、调查内容

1. 大学生对 A 品牌服装的认可程度;

2. 大学生对 A 品牌服装的购买频率;

3. 大学生对 A 品牌服装的购买意向;

4. A 品牌服装在大学生服装市场中的市场占有率;

5. 不同消费层次的大学生对 A 品牌服装产品价格的接受程度;

6. 大学生对 A 品牌服装产品质量的认知与评价;

7. 大学生对 A 品牌服装款式的认知与要求;

8. 影响大学生购买休闲服装产品的主要因素;

9. 大学生对待新产品的态度;

10. 大学生不接受新产品是由于哪些因素;

11. 大学生对休闲服装产品功能的要求;

12. A 品牌服装产品与其他品牌休闲服装相比的优缺点;

13. A 品牌服装产品存在的问题(如质量、价格、包装、客户服务、促销等)及提出建议。

四、调查地点及对象

调查地点:北京市、上海市、广州市

调查对象:在校大学生

五、调查方法与样本量设计

1. 以实物问卷的方式进行抽样调研,问卷共 100 份;

2. 以电子文档的形式在互联网上进行问卷调查,问卷共 300 份;

3. 采用电话访问的方式进行调查,由访问员向被访问者拨打电话进行讲解后,进行一对一的访问,访问量共 100 人。

六、分析方法(略)

七、组织安排

1. 设计问卷及调查方案、了解品牌:7 个工作日;

2. 修改、确定问卷和方案:3 个工作日;

3. 进行人员安排及培训:3 个工作日;

4. 实地调查:5 个工作日;

5. 数据的审核及处理:5 个工作日;

6. 统计分析:5 个工作日;

7. 编写调研报告:20 个工作日;

8. 印刷并提交调研报告:5 个工作日。

八、经费预算(略)

2. 以小组为单位,根据本小组的市场调研计划书,选择抽样调研方法,并写出抽样过程。

任务十五 抽样误差与样本容量的确定

第一部分 学习引导

【任务导入】

 引导案例

一项为美国65岁及以上人群销售产品的公司所做的调研项目

在对一项为美国65岁及以上人群销售产品的公司所做的调研项目进行复核时发现,对于销售产品的公司决策制定者来说,许多调研的结果并不能真正地为决策者敲响警钟,而且他们对所进行的调研结果也并不满意。发现这个问题并不需要花费很多时间。该市场调研公司专注于通过网络进行调研,他们使用了一个大家很熟悉的网络面板公司作为样本的来源。将调研对象与美国65岁及以上老人的人口统计学特征进行比较,我们很快就可以发现许多严重不一致的地方。最明显的不一致是调研对象的受教育水平。向网络面板公司提交调研问卷的52%的人具有本科及以上学历,而美国的人口普查得出的数据是16%。与他们想要研究的人群(65岁及以上)相比,已经有3倍以上的人拥有本科以上学历了。这对于研究结果会有重要影响,因为调研中广泛涉及态度及意见的题目,这些态度和意见会因为受教育水平的不同而显著不同。正如你所想的,65岁及以上的人对互联网的使用水平低于那些不到65岁的人。通过对一些65岁及以上的人互联网使用情况的调研回顾,可以发现,这个群体中使用互联网的人的收入水平更高。

虽然样本很大,但是它并没有代表那群人的利益,这个事实使得调研结果没有任何意义。更糟糕的是,如果客户以此作为行动依据,他们将会犯下严重的错误。我们不能强调说样本的选择方式会比样本的容量更重要。在这个案例中,调研人员以标准的方式计算了抽样误差,也以95%的置信度报告了±2%的误差水平。然而,样本误差的计算已经假定样本是按照能够代表调研人群的方式进行收集的。在这个案例中,这并不是一个正确的假设,也不适用于抽样误差的计算公式。

资料来源:〔美〕小卡尔·麦克丹尼尔,罗杰·盖茨著.李桂华等译.当代市场调研(原书第8版)[M].机械工业出版社,2012。

选定抽样方法之后,接下来就要确定合适的样本容量。对于非随机抽样,通常只需要依据经费预算、抽样规则来决定样本容量;而对于随机抽样,需要在允许的误差水平和置

信度下，计算样本容量。调研结果的准确性是调研组织者最关心的问题之一，其准确性是借助抽样误差的高低来反映的。抽样误差与抽样容量的确定是随机抽样调研中的两个重要问题。这里我们将学习确定样本容量以及抽样误差的方法。

15.1 调研误差的分类

调研误差是指在统计调查中测定的样本参数与总体实际的特征值之间的偏差，即抽样估计值与被推断的总体参数之差。调研误差一般被分为两种，即技术性误差和代表性误差。技术性误差是指在调查过程中，由于各种主观或客观的原因而引起的误差。调查范围越广，规模越大，产生这种误差的可能性就越大。代表性误差是指抽样调研中用样本推断总体所产生的误差。另外，调研误差还可以分为非抽样误差和抽样误差，按产生来源还可以对非抽样误差进行进一步的细分，如图 15-1 所示。

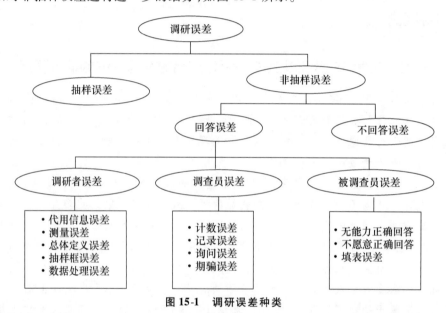

图 15-1 调研误差种类

非抽样误差是指抽样之外的许多其他原因而产生的误差，如在理论方面，调研者的概念性错误、逻辑性错误、对回答的错误解释等都可导致这类误差的出现。基于对大量调研过程进行具体分析发现，常常会因为出现如表 15-1 所示的问题而产生非抽样误差。

表 15-1 易产生非抽样误差的原因

(1)	资料的说明与调查目的不一致或不相称
(2)	地区单位界线不清或查记不明，引起资料的遗漏或重复
(3)	访问技术及度量方法不当，或列表、定义、说明等不清晰
(4)	缺乏熟练的访查员
(5)	回答误差和其他形式的回答误差（包括不回答误差）
(6)	缺乏熟练的督导人员
(7)	基本资料的审查不当
(8)	编码、打印、确认及制表等误差
(9)	排版、印刷及绘图等误差。

由此可见，非抽样误差是完全可以避免的。因此在调研中必须尽可能地减少甚至避免非抽样误差，这需要调查者特别认真地对待调研，切实做好调研准备和方案策划，并严格按照调研要求去实施，才有可能消除调研中的非抽样误差。

抽样误差是指样本指标与总体被估计的真实指标之间的误差。如某居民区全体居民人均年收入水平为12 000元（总体平均数），而采取抽样调研所得的样本人均年收入水平为11 000元（样本平均数），则用样本平均数推算总体平均数的实际误差为1 000元。

由于实际工作中，总体相应综合指标是不知道或不可能得到的，只能采用各种可能被抽中的样本数的综合指标（如平均数、成数）来代替总体指标，即通过计算样本指标同总体相应综合指标的平均离差，来反映样本指标对总体指标代表性的大小。所以，通常所说的"抽样误差"指的就是"抽样平均误差"。抽样误差也可以被定义为在遵循随机原则的基础上，用样本指标代表总体指标，即用样本指标推断总体特征，而产生的误差。

抽样误差是不可避免的误差，只能力求控制在允许的范围内。由于总体平均数、总体成数是唯一确定的，而样本平均数、样本成数是随机变量，因而抽样误差也是一个随机变量。抽样误差越小，说明样本具有的代表性越好；反之，样本具有的代表性越差。

影响抽样误差的因素主要包括：(1) 样本单位的数目（即样本容量）。抽样调研中，若样本数目越大，则抽样结果越接近总体实际特征，抽样误差越小；反之，则抽样误差越大。由此可以看出，扩大样本数目，对控制抽样误差有利，但是若样本数目达到总体容量时，抽样调研就变成了市场普查，也就失去了抽样调研的意义。因此要减小抽样误差，就需要把抽取的样本数目控制在合理的范围内。(2) 总体各单位之间的差异程度（即被研究标志的变异程度）。在其他条件都相同的条件下，抽样误差与总体中各单位间的差异程度成正比，即各单位间的差异程度越大，则抽样误差就越大；反之，则抽样误差就越小。(3) 抽样方法的选择。调研时采取的抽样方法不同，抽样误差也会有差异。一般情况下，不重复抽样比重复抽样的抽样误差小，简单随机抽样比分层抽样、整群抽样的抽样误差大。(4) 抽样组织方式。不同的抽样组织方式所抽中的样本，对于总体的代表性也不同。

鉴于以上因素对抽样误差的影响，调研人员可以通过调整所选样本数目，确定合适的抽样方法来控制误差。若调研项目允许的抽样误差较小，可以通过增加调研的样本数目，选择整群抽样或分层抽样等恰当的方法将随机误差降低到尽可能小的范围之内。另外，必须确保调研人员严格执行抽样计划，避免人为因素造成非抽样误差。

15.2 抽样误差的计算

在抽样调研中可以通过抽样方案的合理设计、严格控制抽样过程来尽可能地减小抽样误差，但是抽样误差产生的根本原因是样本不足以完全代表总体的特征而引起的，所以抽样误差无法完全避免，不过可以运用公式通过计算来预先估计抽样误差。下面介绍几种不同条件下抽样误差的计算方法。

1. 平均数抽样误差的计算

（1）重复抽样的平均数抽样误差

重复抽样的平均数抽样误差的计算公式为：

$$\mu_{\bar{x}} = \sigma/\sqrt{n} = \sqrt{\sigma^2/n}$$

式中，$\mu_{\bar{x}}$ 表示抽样误差；σ 表示总体标准差，即样本个体指标与总体指标之间的差异；σ^2 表示总体方差；n 表示样本单位数。

由于在实际调查中，往往不知道总体标准差而无法计算抽样误差，因此常用样本标准差(S)来代替总体标准差(σ)进行计算。样本标准差可以根据抽样结果来计算。

（2）不重复抽样的平均数抽样误差

不重复抽样的平均数抽样误差的计算公式为：

$$\mu_{\bar{x}} = \sqrt{\frac{\sigma^2}{n}\left(\frac{N-n}{N-1}\right)}$$

式中，N 表示总体单位数；$\left(\frac{N-n}{N-1}\right)$ 表示修正系数。

当总体单位数(N)足够大的条件下，$(N-1)$ 就可以近似为 N，则上式可以简化为：

$$\mu_{\bar{x}} = \sqrt{\frac{\sigma^2}{n}\left(\frac{N-n}{N}\right)}$$

即：

$$\mu_{\bar{x}} = \sqrt{\frac{\sigma^2}{n}\left(1-\frac{n}{N}\right)}$$

某地区对居民家庭的月平均消费支出进行抽样市场调研，在 1 000 户居民家庭中采取不重复抽样选出 50 户，经调查月平均家庭消费支出为 6 200 元，已知样本标准差为 50 元，求其抽样平均误差。

【解答】

由于总体标准差未知，故用样本标准差来代替。在不重复抽样的条件下，抽样误差为：

$$\mu_{\bar{x}} = \sqrt{\frac{\sigma^2}{n}\left(1-\frac{n}{N}\right)} = \sqrt{\frac{S^2}{n}\left(1-\frac{n}{N}\right)} = \sqrt{\frac{50^2}{50}\left(1-\frac{50}{1000}\right)} = 6.89$$

由计算可知抽样平均误差为 6.89 元。这说明样本家庭平均月消费支出与总体平均月消费支出平均误差为 6.89 元。

2. 成数抽样误差的计算

所谓成数，是指具有研究标志的样本数在总体中所占的比重。例如，合格品占产品总量的比重、女性占总人口的比重等。

（1）重复抽样的成数抽样误差

重复抽样的成数抽样误差的计算公式为：

$$\mu_p = \sqrt{\frac{P(1-P)}{n}}$$

式中，μ_p 表示抽样误差；P 表示总体成数；n 表示样本单位数。

其中，总体成数一般常用抽样成数来代替或者根据经验估算。

（2）不重复抽样的成数抽样误差

不重复抽样的成数抽样误差的计算公式为：

$$\mu_p = \sqrt{\frac{P(1-P)}{n}\left(\frac{N-n}{N-1}\right)}$$

式中，N 表示总体单位数；$\left(\frac{N-n}{N-1}\right)$ 表示修正系数。

当总体单位数（N）足够大的条件下，（$N-1$）就可以近似为 N，则上式可以简化为：

$$\mu_p = \sqrt{\frac{P(1-P)}{n}\left(1-\frac{n}{N}\right)}$$

某企业从近期生产的 10 000 件商品中随机抽取 50 件进行质量检验，发现其中 48 件合格，试求这批商品的合格率的抽样平均误差。

【解答】

$$P = \frac{n_1}{n} = \frac{48}{50} = 0.96$$

$$\mu_p = \sqrt{\frac{P(1-P)}{n}\left(1-\frac{n}{N}\right)} = \sqrt{\frac{0.96\times(1-0.96)}{50}\left(1-\frac{50}{10\,000}\right)} = 4.23\%$$

15.3 样本容量的确定

样本容量，是指一个样本的必要抽样单位数目。例如，中国人的身高值为一个总体，随机取 100 个人的身高，这 100 个人的身高数据就是总体的一个样本。换句话说，即某一个样本中的个体的数量就是样本容量。合理确定样本容量对抽样调研具有重要意义。若样本容量过大，则会增加调查工作量，造成人力、物力、财力、时间的浪费；若样本容量过小，则对总体缺乏足够的代表性，从而难以保证推算结果的精确度和可靠性。因此需要科学合理地确定样本容量。

在抽样方式和总体既定的前提下，抽样误差的大小主要取决于样本容量的大小。所以，需要通过控制样本容量来控制抽样误差的大小，进而保证调研结果的准确性。抽样的样本容量,可以依据要达到的置信度、允许误差和总体标准差,利用抽样误差计算公式推导而得。

1. 平均数条件下样本容量的计算

(1) 平均数条件下重复抽样的样本容量计算

其计算公式为:

$$n = \frac{t^2 \sigma^2}{\Delta_x}$$

式中,n 表示样本容量(即必要的样本量);t 表示概率度;σ^2 表示总体方差;Δ_x 表示平均数允许误差。

现将公式中的几个参数说明如下:

第一,允许误差(Δ_x)。它是根据抽样资料估计总体参数所允许的误差范围。

第二,概率度(t)。在抽样估计置信度的计算过程中所引出的一个变量。在数量上,它表示抽样极限误差为抽样平均误差的若干倍,从实际意义看,它反映了抽样极限误差的相对程度。在实际调研中,可以根据专门的标准正态分布表,由给定的置信度查出相应的概率度,进而用来计算允许误差。

第三,置信度($F(t)$),又称概率保证度。它描述了样本指标和总体指标的误差不超过一定范围的可靠程度,即表明抽样误差落在允许误差范围内的可能性程度。

概率度(t)与置信度($F(t)$)的关系是:$F(t)$ 越大,则 t 值越大,估计的可靠性越高,样本统计量与总体参数之间正负偏离的变动范围也越大。t 每取一个值,都有唯一确定的 $F(t)$ 值与之对应。由于抽样平均数的分布都服从正态分布,所以可利用正态分布函数,求取抽样估计的置信度。人们制定了《正态分布概率表》可供查找,详见表 15-2。

表 15-2 正态分布概率表(节选)

t	$F(t)$	t	$F(t)$	t	$F(t)$	t	$F(t)$
0.92	0.642 4	1.25	0.788 7	1.58	0.885 9	1.91	0.943 9
0.93	0.647 6	1.26	0.792 3	1.59	0.888 2	1.92	0.945 1
0.94	0.652 8	1.27	0.795 9	1.60	0.890 4	1.93	0.946 4
0.95	0.657 9	1.28	0.799 5	1.61	0.892 6	1.94	0.947 6
0.96	0.662 9	1.29	0.803 0	1.62	0.894 8	1.95	0.948 8
0.97	0.668 0	1.30	0.806 4	1.63	0.896 9	1.96	0.950 0
0.98	0.672 9	1.31	0.809 8	1.64	0.899 0	1.97	0.951 2
0.99	0.677 8	1.32	0.813 2	1.65	0.901 1	1.98	0.952 3
1.00	0.682 7	1.33	0.816 5	1.66	0.903 1	1.99	0.953 4
1.01	0.687 5	1.34	0.819 8	1.67	0.905 1	2.00	0.954 5
1.02	0.692 3	1.35	0.823 0	1.68	0.907 0	2.02	0.956 6
1.03	0.697 0	1.36	0.826 2	1.69	0.909 9	2.04	0.958 7
1.04	0.701 7	1.37	0.829 3	1.70	0.910 9	2.06	0.960 6

（续表）

t	$F(t)$	t	$F(t)$	t	$F(t)$	t	$F(t)$
1.05	0.7063	1.38	0.8324	1.71	0.9127	2.08	0.9625
1.06	0.7109	1.39	0.8355	1.72	0.9146	2.10	0.9643
1.07	0.7154	1.40	0.8385	1.73	0.9164	2.12	0.9660
1.08	0.7199	1.41	0.8415	1.74	0.9181	2.14	0.9676
1.09	0.7243	1.42	0.8444	1.75	0.9199	2.16	0.9692
1.10	0.7287	1.43	0.8473	1.76	0.9216	2.18	0.9707
1.11	0.7330	1.44	0.8501	1.77	0.9233	2.20	0.9722
1.12	0.7373	1.45	0.8529	1.78	0.9249	2.22	0.9736
1.13	0.7415	1.46	0.8557	1.79	0.9265	2.24	0.9749
1.14	0.7457	1.47	0.8584	1.80	0.9281	2.26	0.9762
1.15	0.7499	1.48	0.8611	1.81	0.9297	2.28	0.9774
1.16	0.7540	1.49	0.8638	1.82	0.9312	2.30	0.9786
1.17	0.7580	1.50	0.8664	1.83	0.9328	2.32	0.9797
1.18	0.7620	1.51	0.8690	1.84	0.9342	2.34	0.9807
1.19	0.7660	1.52	0.8715	1.85	0.9357	2.36	0.9817
1.20	0.7699	1.53	0.8740	1.86	0.9371	2.38	0.9827
1.21	0.7737	1.54	0.8764	1.87	0.9385	2.40	0.9836
1.22	0.7775	1.55	0.8789	1.88	0.9399	2.42	0.9845
1.23	0.7813	1.56	0.8812	1.89	0.9412	2.44	0.9853
1.24	0.7850	1.57	0.8836	1.90	0.9426	2.46	0.9861
2.48	0.9869	2.66	0.9922	2.84	0.9955	3.20	0.9986
2.50	0.9876	2.68	0.9926	2.86	0.9958	3.40	0.9993
2.52	0.9883	2.70	0.9931	2.88	0.9960	3.60	0.99968
2.54	0.9889	2.72	0.9935	2.90	0.9962	3.80	0.99986
2.56	0.9895	2.74	0.9939	2.92	0.9965	4.00	0.99994
2.58	0.9901	2.76	0.9942	2.94	0.9967	4.50	0.999993
2.60	0.9907	2.78	0.9946	2.96	0.9969	5.00	0.999999
2.62	0.9912	2.80	0.9949	2.98	0.9971		
2.64	0.9917	2.82	0.9952	3.00	0.9973		

Δ_x 与 t 和 μ_x 的关系如下：

$$\Delta_x = t\mu_x$$

（2）平均数条件下不重复抽样的样本容量计算

其计算公式为：

$$n = \frac{t^2\sigma^2 N}{N\Delta_x^2 + t^2\sigma^2}$$

式中，n 表示样本容量（即必要的样本量）；t 表示概率度；σ^2 表示总体方差；Δ_x 表示平均数允许误差；N 表示总体单位数。

2. 成数条件下样本容量的计算

（1）成数条件下重复抽样的样本容量计算

其计算公式为：

$$n = \frac{t^2\sigma^2 p(1-p)}{\Delta_p^2}$$

式中，n 表示样本容量（即必要的样本量）；t 表示概率度；p 表示成数；Δ_p 表示成数允许误差。

（2）成数条件下不重复抽样的样本容量计算

其计算公式为：

$$n = \frac{t^2 Np(1-p)}{N\Delta_p^2 + t^2 p(1-p)}$$

式中，n 表示样本容量（即必要的样本量）；t 表示概率度；p 表示成数；Δ_p 表示成数允许误差；N 表示总体单位数。

对某市小型零售商店进行月均营业额的调查。现从该市 400 家小型零售商店中随机抽取 10% 进行调查，获得月平均营业额资料如下：

月营业额	商店数（家）
10 万元以下	4
10 万—20 万元	10
20 万—30 万元	20
30 万元以上	6
合计	40

在不重复抽样情况下，已知样本方差为 71，要求抽样达到 95.45% 的可靠程度，对应概率度（t）= 2。请计算该条件下的抽样平均数误差。若其他条件不变，使允许误差减小 20%，则至少应抽取多少家小型零售商店进行调查？

【解答】

在抽样平均数误差计算公式中，用样本方差代替总体方差进行计算如下：

$$\mu_{\bar{x}} = \sqrt{\frac{\sigma^2}{n}\left(1-\frac{n}{N}\right)} = \sqrt{\frac{s^2}{n}\left(1-\frac{n}{N}\right)} = \sqrt{\frac{71}{40}\left(1-\frac{40}{400}\right)} = 1.26（万元）$$

允许误差减小 20% 后进行计算如下：
$$\Delta_x = t\mu_x(1-20\%) = 2 \times 1.26 \times 80\% = 2.02(万元)$$
抽样容量为：
$$n = \frac{t^2\sigma^2 N}{N\Delta_x^2 + t^2\sigma^2} = \frac{t^2 S^2 N}{N\Delta_x^2 + t^2 S^2} = \frac{2^2 \times 71 \times 400}{400 \times 2.02^2 + 2^2 \times 71} \approx 60(家)$$

第二部分　实　践　活　动

活动 21：计算抽样误差

1. 案例分析

根据下述抽样调研的方案设计，请计算本次调研的抽样误差。

北京市中小学寄宿制学校家长意见调研的抽样方案设计

北京市政府曾委托北京××学院调研统计研究所组织了一次关于北京市中小学寄宿制学校家长意见的调研。

一、调研目的

本次调研旨在决定是否需要建立部分寄宿制学校；如果需要，应该建立什么样的寄宿制学校以及建立多少寄宿制学校等。这次调研的范围为东城、西城、宣武、崇文、海淀、朝阳、丰台、石景山 8 个区。

二、调研对象

本次调查对象为在 8 个区的初中学校和小学学校就读的中小学生家长。

三、调研方法的选择

本次调研采用分层多级抽样。

第一级抽样从 8 个区 318 所初中学校和 868 所小学学校各抽取 20 所学校进行调研。各区应抽取的学校所数按各区的学生人数占该区学生总人数的比例进行分配，结果如表 15-3 所示。每个区在按地理位置分层（参考地图、邮政编码和电话号码）后，按照分层比例抽样的方法（某学校被抽中的概率等于该校占该层总人数的比例）随机抽取按表 15-3 分配的学校数。

表 15-3　各区的学生数及应抽取的学校数

调研范围	抽取样本	初　中			小　学		
		学生数（名）	占该区学生总数的百分比(%)	应抽所数（所）	学生数（名）	占该区学生总数的百分比(%)	应抽所数（所）
东　城		32 181	11.88	2	54 115	10.63	2
西　城		37 382	13.79	3	64 268	12.63	2

(续表)

抽取样本 调研范围	初中			小学		
	学生数（名）	占该区学生总数的百分比（%）	应抽所数（所）	学生数（名）	占该区学生总数的百分比（%）	应抽所数（所）
宣 武	26 539	9.79	2	47 273	9.29	2
崇 文	22 267	8.22	2	39 593	7.78	2
海 淀	53 958	19.91	4	106 800	20.99	4
朝 阳	54 184	19.99	4	106 780	20.98	4
丰 台	29 416	10.86	2	64 887	12.75	3
石景山	15 067	5.56	1	25 216	4.95	1
合 计	270 994	100.00	20	508 932	100.00	20

第二级抽样是从抽中的学校中抽取班级。每所抽中的学校按年级分层后，从每个年级中分别随机地抽取1个班级。因此，每所抽中的初中学校调研3个班级、小学学校调研6个班级。

第三级抽样是从每个抽中的班级抽取若干学生。按等距抽样法从每个抽中的小学班级中抽取15名小学生；从每个抽中的初中班级中抽取17名初中学生。计划抽取样本量为初中生家长1 020名（=3×17×20），小学生家长1 800名（=6×15×20），总样本量（n）为2 820名。样本中初中生（家长）数1 020名与小学生（家长）数1 800名的比例，是按总体中的初中生总数270 994名与小学生总数508 932名的比例确定的。

资料来源：赵伯庄，苏艳芳，吴玺玫.市场调研实务[M].科学出版社，2010。

2．根据本小组调研项目的抽样方案，计算抽样误差。

活动22：确定样本容量

1．案例分析

（1）请根据调研要求，计算不重复抽样的抽样容量。

（2）为该公司设计此次调查的总体方案，并设计抽样方案。

某经销公司于20××年在邢台市区把其代理产品"淡雅·衡水老白干"推广上市，半年多来产品销售近1 000万元。该公司需要对邢台市区白酒市场作一次深入调查，以了解主要竞争对手的产品政策、促销政策，同时希望进一步了解白酒消费者的消费习惯、消费水平及产品品牌态度。

《邢台统计年鉴》（20××年）数据显示：

邢台桥东区总人口226 000人，辖2个乡4个街道办事处，其中社区居委会52个：

南长街街道办事处——14个社区居委会；

西门里街道办事处——12个社区居委会；

西大街街道办事处——14社区居委会；

北大街街道办事处——12社区居委会。

邢台桥西区总人口320 000人,辖2个乡5个街道办事处,其中社区居委会74个:

钢铁路街道办事处——19个社区居委会;

达活泉街道办事处——19个社区居委会;

中兴路街道办事处——19个社区居委会;

章村街道办事处——5社区居委会;

张宽街道办事处——12社区居委会。

【调研要求】

要求抽样达到95.45%的可靠度,对应概率度$(t)=2$,按抽样绝对误差不超过4%,将以前类似调查的总体方差70作为本次抽样调研总体方差的估计。

2. 根据本小组的调研项目,计算样本容量。

项目六

调查实施

项目概述

调查实施是市场调研方案具体实施的过程,包含调研过程管理和访员培训两个环节。本项目将引导大家从了解调研过程管理和访员培训的基本概念、基本方法入手,进而将访员培训的理论与实践相结合,熟悉调研过程管理的一般程序、访员培训的基本内容、基础培训与项目培训的基本内容、各种抽样培训方法的组织实施及应用。

项目目标

☞ **知识目标**

1. 了解调查实施的基本概念;
2. 了解调查实施的基本内容;
3. 掌握访员培训的一般程序。

☞ **能力目标**

1. 掌握调查实施的基本方法;
2. 掌握访员培训的基本方法;
3. 掌握项目培训的方法。

☞ **素养目标**

1. 具有尊重客观事实、遵循科学方法的态度;
2. 具有一定的洞察力和判断力。

任务十六　调研过程管理

第一部分　学习引导

【任务导入】

 引导案例

润妍的黯然退市

世界著名消费品公司宝洁的营销能力早已被营销界所传颂,但2002年宝洁在中国市场却打了败仗。其推出的润妍洗发水一败涂地,短期内就黯然退市。业内资料显示,润妍产品在2001—2002年两年间的销售额大约在1亿元左右,品牌的投入大约占销售额的10%。两年中,润妍虽获得不少消费者认知,但据有关资料,其最高市场占有率不超过3%——这个数字,不过是飘柔市场份额的1/10。

2001年5月,宝洁收购伊卡璐,表明宝洁在植物领域已经对润妍失去了信心,也由此宣告了润妍的消亡。2002年4月,在经历了两年的市场耕耘后,润妍全面停产,逐渐退出中国市场。润妍的退市是宝洁在中国洗发水市场的第一次整体失败,面对染发潮流的兴起,在"黑头发"这块细分市场中,润妍没能笑到最后。

在"植物""黑发"等概念的"进攻"下,宝洁旗下产品被竞争对手贴上了"化学制品""非黑头发专用产品"的标签。为了改变这种被动的局面,宝洁从1997年起调整其产品战略,决定为旗下产品引入"黑发"和"植物"概念品牌,提出了研制中草药洗发水的要求。

在新策略的指引下,宝洁按照其一贯流程开始研发新产品,即先进行产品概念测试,找准目标消费者的真正需求,再研究全球的流行趋势。为此,宝洁公司先后请了300名消费者进行产品概念测试。

在调查中,宝洁公司又进一步了解到,东方人向来以皮肤白皙为美,而头发越黑,越可以反衬皮肤的白皙。经过3次概念测试,宝洁公司发现消费者认为滋润而又具有生命力的黑发最美。

经过长达3年的市场调查和概念测试,宝洁公司终于在中国推出一款全新展示现代东方女性黑发美的润发产品,取名为"润妍",意指"滋润"与"美丽"。在产品定位上,将目标人群定位为18—35岁的城市白领女性。在调查中,宝洁公司发现,虽然重庆奥妮是在中国最早提出黑头发概念的,但是,其经过调研得出的购买原因却是明星影响和植物概念,而夏士莲黑头发的概念更是建立在"健康、美丽夏士莲"和"黑芝麻"之上,似乎都没有

着力强调"黑发"。并且,润妍采用的是和主流产品不同的剂型,采取洗发和润发两个步骤,将洗头时间延长了一倍。然而,绝大多数中国人已习惯使用二合一洗发水,专门的护发产品能被广泛接受吗?宝洁公司认为,专门用润发露护发的方法已经是全球的趋势,因此,润发露在中国有巨大的潜在市场。

产品研制出来后,宝洁公司并没有马上投放市场,而是继续请消费者作使用测试,并根据消费者的要求,再进行产品改进。宝洁还通过设立模拟货架让消费者检验其包装的美观程度。在广告测试方面,宝洁让消费者选择她们最喜欢的广告。润妍广告最终的诉求是:让秀发更黑更漂亮,内在美丽尽释放。即润妍信奉自然纯真的美,并认为女性的美就像钻石一样熠熠生辉。

从产品研究与市场推广来看,宝洁体现了其一贯的谨慎。但宝洁似乎是在为对手创造蓄势待发的机会。奥妮败阵之后,联合利华便不失时机地将夏士莲"黑芝麻"草本洗发露系列推向市场,借用奥妮遗留的市场空间,针对大众人群,以低价格快速占领了市场。而宝洁在信息传播中似乎没有大力强调它的首乌成分。另外,润妍沿袭了飘柔等旧有强势品牌的价格体系,经销商觉得没有利润空间而消极抵抗,也不愿意积极配合宝洁的推广工作,致使产品没有被快速地铺向市场。

资料来源:http://wenku.baidu.com/view/c2a9272f453610661ed9f488.html。

市场调研是市场调查与市场研究的统称,是个人或组织根据特定的决策问题而系统地设计、收集、记录、整理、分析及研究市场各类信息资料、报告调研结果的工作过程,是市场预测和经营决策过程中必不可少的组成部分。

成功的市场调研管理就是要满足决策用户的需求,为决策者提供科学的依据,为此,调研过程的管理要达到以下三个重要目标:确保数据质量、控制成本、遵守时间计划。

16.1 确保数据质量

市场调研是一项科学性很强的工作,作为市场调研人员要保证整个调研过程必须遵守科学的规律,通过努力减少误差来确保数据的高质量。首先,要在抽样设计、资料收集方法及统计方法的运用上加以注意;其次,应对提交给用户的书面调研报告中的数据、图表和文字等资料进行仔细核查,减少不必要的工作失误。如果这些方面出现失误,很可能导致用户作出错误的决定,这在市场调研的历史上不乏其例。

数据整理是连接数据调查与数据分析的桥梁和纽带,为了达到数据整理的目的,使整理出来的数据符合数据分析的需要,数据整理应该遵循如下原则:

(1) 真实性原则

真实性原则是指数据整理必须最大限度地保证原始数据的真实性。这有两方面的含义:一是在数据整理之初,必须严格审核原始数据的真实性,对于审核出来的不真实的数据应该坚决加以剔除,对于缺失的数据应采取相应的补救措施;二是在数据整理的各个中间环节,应根据调查研究的目的和要求,合理地选择整理方法和技术,不能因为整理方法不当,而使得原始数据的真实性受到严重的损害。例如,在分组整理时,如果确定的组距过大,必然会损害原始数据的真实性。

（2）准确性原则

准确性原则是指数据整理必须保证整理出来的数据事实清楚、准确，不能含糊不清、模棱两可甚至相互矛盾。如果整理出来的数据不准确，则据此所做的数据分析就不可能得出准确、科学的结论。

（3）科学性原则

科学性原则是指数据整理应根据调查研究的目的和要求以及数据本身的性质，合理地选择科学的方法和技术，对原始数据进行系统的加工和处理，使之能够满足研究的需要。调查研究的目的和要求不同，数据整理所采用的方法也会有所不同。例如，如果研究的目的是要分析居民的收入水平对消费水平的影响，则在分组整理时，应该对居民的收入水平进行分组，并计算各收入组的平均消费水平。数据的性质不同，采用的整理方法也会有所区别。例如，累计频数和累计频率适用于定序数据，而不适用于定类数据。

（4）目的性原则

目的性原则是指数据整理的目标应符合调查研究的目的和要求。数据整理的内容很丰富，层次也有高低之分。数据整理要达到什么目标，层次是高是低、是简单还是复杂，在很大程度上取决于调查研究的目的和要求。只要整理的结果能够满足研究的需要，具有较好的系统性和条理性就可以了，而不必刻意地追求形式，更不必要无用的烦琐。

海尔在美国成功的奥妙

一、前言

1999 年 4 月 30 日，在美国南卡罗来纳州的一个 8 000 人的小镇坎姆登，举行了投资 3 000 万美元的海尔生产中心的奠基仪式。一年多以后，第一台带有"美国制造"标签的海尔冰箱从漂亮的生产线中诞生，海尔从此开始了在美国制造冰箱的历史，并成为中国第一家在美国制造和销售产品的公司。

二、内容

1．下棋找高手

在海尔首席执行官张瑞敏眼中，海尔的国际化就像一盘棋，而要提高棋艺，最好的办法就是找高手下棋，张瑞敏找的高手是欧洲和美国。海尔决定用自己的品牌进军欧美市场，其榜样是日本的索尼。20 世纪 60 年代，索尼在国际市场上还默默无闻，它们在每一个新生产品上市时，都会首先投放到欧美地区，制造出影响后再到日本和其他国家销售，索尼由此成为第一个世界性名牌。美国家电市场名牌荟萃、竞争激烈，几乎是所有世界名牌的竞技场。而且在美国本土，家用电器早已是处于成熟期的产品。通用（GE）、惠而浦（Whirlpool）和美泰克（Maytag）这三大美国电器生产商虎视眈眈，自然不会坐视不管，一场商业激战在所难免。那么，海尔靠什么来向这些美国著名企业叫板呢？

2. 美国市场调研

（1）需求能力

1998年、1999年中国出口美国的冰箱总额分别为4 718万美元、6 081万美元,其中海尔冰箱分别为1 700多万美元、3 100多万美元。据统计,在美国建一个冰箱厂的盈亏平衡点是28万台,海尔现在的冰箱出口数量已经远远超过这个数字。

目前在美国180 L以上的小冰箱市场中,海尔已占到超过30%的市场份额,但海尔大规格冰箱长期因远隔重洋而无法批量进军美国市场。项目见效后,海尔公司在美国市场的产品结构将更加合理,市场占有率将进一步提高。

（2）消费者的需求结构

目前,在美国200 L以上的大型冰箱被GE、惠而浦等企业所垄断;160 L以下的冰箱销量较低,GE认为这是一个需求量不大的产品,没有投入多少精力去开发市场,然而海尔发现美国的家庭人口正在变少,小型冰箱将会越来越受欢迎,独身者和留学生就很喜欢小型冰箱。

美国营销专家菲利浦·科特勒说:"海尔战略的另一个部分是对消费者群体的定位,它很正确,它针对的是年轻人。老一代习惯于像GE这样的老品牌,而年轻人对家电还没有形成任何习惯性的购买行为,因为他们刚有自己的公寓或者正在建立自己的第一个家、买自己的第一台电冰箱。所以,我认为定位于年轻人是明智的决策"。

根据以上调查分析,海尔决定在美国市场开发从60 L到160 L的各种类型的小型冰箱,因为这类冰箱的需求潜力很大。

三、成果

从海尔最初向美国出口冰箱到现在的短短几年时间里,海尔冰箱已成功地在美国市场建立了自己的品牌。2003年,零售巨人沃尔玛开始销售海尔的两种小型电冰箱和两种小型冷柜,并同海尔签订了再购买100 000台冰箱的协议。海尔在美国最受欢迎的产品是学生宿舍和办公场所使用的小型电冰箱。目前,这类产品的市场占有率为美国同类型号冰箱的25%,在赢得新的连锁店客户之后可望增至40%。海尔在卧室冷柜方面也取得了成功。该产品在美国同类型号中的市场占有率为1/3。海尔的窗式空调机也有广阔的市场前景,该产品已占美国3%的市场份额。

四、分析

营销大师菲利普·科特勒曾说过,"要管理好一个企业,必须管理它的未来,而管理未来就是管理信息"。在现代市场营销观念的指引下,企业要想在市场中获得竞争优势,取得合理的利润,发现企业产品的不足及营销中的缺点,便于企业及时加以纠正,修改企业的经营策略,使企业在竞争中保持清醒的头脑,永远立于不败之地,就要从研究市场出发,掌握及时、准确、可靠的市场信息;而要得到可靠的市场信息就必须进行全方位、多侧面的市场调研。

资料来源:http://wenku.baidu.com/。

16.2 控制成本

1. 成本控制概述

控制成本是指通过科学的组织管理,减少不必要的支出。它是成本管理项目的内在化,是企业实现成本计划的重要手段,能使企业利益最大化。

市场调研的成本是指从事市场调研的企业以市场调研的整体费用作为核算的对象,在市场调研过程中所发生的全部费用的总和。

按成本的经济性质,市场调研成本可以分为直接成本和间接成本。直接成本是指在市场调研过程中,耗费的实体成本,包括人工费用、材料费用、其他直接费用。间接成本是指企业内部为组织和管理市场调研项目顺利进行所发生的全部支出,包括管理人员的职工福利费、固定资产折旧费、固定资产修理费,以及其他费用(如水电费、保险费)等。

市场调研成本控制是在保证满足市场调研数据的真实性、时效性、准确性等合同要求的前提下,对市场调研实施过程中所发生的费用,进行有效的机会、组织、控制和协调等活动,以实现预定的成本目标,并尽可能地降低成本费用、实现目标利润、创造良好的经济效益的一种科学的管理活动。

2. 成本控制方法

(1) 强化成本控制理念,完善成本控制体系

成本控制的各项指标都有综合性,项目经理作为项目的直接负责人,负责项目的一切经济活动,包括成本的控制。首先,公司应该明确项目成本控制和质量控制等责任及相应的奖励措施,奖罚分明,提高项目经理和项目组人员的积极性。其次,项目经理应该领导项目小组制定成本控制的具体措施,对项目小组的成员进行培训,强化成本控制的理念,建立适合项目的成本核算岗位责任制,规定项目小组成员在核算中的作用、地位和所负的责任及考核奖励的办法,还要对成本控制的实施情况进行定期检查,找出成本控制中的问题,及时总结经验和工作中的不足,并使之与项目组人员绩效挂钩,进行奖罚,制定项目组内部的奖罚措施,对项目进行全过程的成本控制。

(2) 明确市场调研过程中成本控制的内容,有针对性地进行成本控制

可以按照市场调研的阶段进行分段成本控制。具体如下:

第一,确定调研目的、调研地点和调研人员阶段的成本控制。针对企业实际,确定市场调研目的、调研地点、调研人员。调研地点的确定要尽量有代表性,不要进行重复性调研;兼职调研人员数量的确定要合理,尽可能地减少人工费用。

第二,问卷设计阶段的成本控制。问卷成本在调研总成本中占有非常大的比重,要从问卷设计源头节省成本,问卷设计纸张在 1—2 页为宜。

第三,调研计划执行阶段的成本控制。在问卷的打印、运输、收发、保管等环节,应尽量减少损耗,明确各环节责任人。问卷用量的控制包括:坚持按定额领取问卷数量,对回收问卷数量有误的,要明确责任;制定措施杜绝在问卷发放过程中的损耗;提高问卷的有效率。

第四,调研汇总分析阶段的成本控制。调研数据的汇总可以在问卷回收工作开始的

时候同步进行,节省了数据汇总时间就意味着节省了公司的各种间接成本。

16.3 遵守时间计划

市场调研是对市场的全面情况或某一侧面、某一问题进行调查研究,是针对市场状况进行的调查与分析,因而有着不同于调研的特点。要顺应瞬息万变的市场形势,调查报告必须讲求时间效益,做到及时反馈。只有及时送达使用者手中,使决策跟上市场形势的发展变化,才能发挥市场调研的作用。

市场调研是一项时效性很强的工作,调研管理的第三个目标就是确保项目按预定调研计划进行。不同性质和类型的调研项目对时间的要求各异,有的要求在尽快短的时间内完成,有的则可以适当延期。恰当合理的时间管理包括:首先,项目经理必须了解项目是否会如期完成。如果预计时间上会存在问题,则需要及时判断是否可以加快项目进程,比如在各个环节增加人手,以促进项目的进展。其次,当某些项目可以适当延期时,则可以通过适当延期的方式来调整时间计划。

第二部分 实 践 活 动

活动 23:实施调研

1. 案例分析

阅读下述案例,分析友邦顾问公司访问过程管理和质量控制的措施与步骤。

友邦顾问公司的访问过程管理和质量控制

友邦顾问公司通过严格的项目流程控制与管理,保证了市场调查数据的客观性和准确性。具体包括:

1. 调查全程控制

为确保调查项目的高质量完成,公司设有专业的质量审核员负责质量检查工作,一般消费者调查的复核比例为总样本量的 10%—30%,集团消费者的复核比例为 30%—50%。公司实施严格的全程质量控制措施,对下面环节中的每个步骤都有严格的管理制度,这些环节包括:调查设计、问卷设计、调查记录、调查数据、数据审核、数据接收、数据复核、数据汇总与录入、数据分析、报告大纲、报告撰写、客户报告会、客户接收。

2. 访问过程控制

公司对调查项目实行项目经理负责制。项目经理接到部门经理转发下来的项目任务书时,即表明该项目正式确立,项目任务书是整个项目最主要和最有效的书面文件,项目经理将会按照项目任务书严格执行项目的操作流程。计划书内容包括:抽样计划、进度计划、访问员计划、可能问题预估报告。

相关人员须人手一份计划书,进度计划须复制一份给质量控制部。

- 抽样

抽样由项目经理负责。每个被调查地区的抽样是由地区访问督导(或抽样员)根据抽样原则来完成,最终由项目经理来确认。

- 访问员的召集或确认

在接到任务书当天,即应开始组织访问员,并进行技术培训。

- 工具准备

各种项目所需工具须在培训前全部准备好。所需工具包括:文件夹、问卷、项目进度计划表、调查样本框等。

- 模拟访问

——模拟安排在培训后进行,主持模拟的督导必须参加培训并对问卷细节进行熟悉。

——模拟应合理安排时间,不得短于正常问卷访问时间。

——模拟结束后必须把不合格的访问员剔除,并将模拟中出现的问题及时反馈给部门经理。

- 问卷移交

——每天收回的问卷必须在第二天上午10:30前一审后移交质量控制部负责督导。

——移卷须由专人负责,移卷时双方签名确认,不可由他人代收签名。

- 项目控制

——项目进行中,项目经理负有严密控制项目按计划进行的主要责任。如果发现出现偏差,必须马上追查偏差产生的原因;如果偏差会影响到项目的进度及质量,须马上采取应急措施,并告知部门经理。

——复核工作,由项目督导随机抽取30%作电话复核,汇总后交总部质量控制部。委托方可随时要求进行抽样复核;

——当质量控制部发现有人作弊时,须立即通知该访问员停止作业,并尽快回公司与质量控制部督导对质。

——由于各种原因,发现项目必须延迟时,须立即报知部门经理作出决定。

- 审卷

——审应在访问员交卷时马上进行,做到须补问的问卷可立即交访问员回去补问。

——审卷时需认真、仔细,审卷的准确率应不低于95%。

——审卷中发现不能解决的问题,须立即报知部门经理,由部门经理协助解决。

- 项目结束

——收卷后一天内,项目督导必须完成各项目收尾工作,召开访问员小结会,召开督导小结会。

——归档资料。

——按项目表现对访问员进行评价,评定后的访问员表现须输入访问员管理库中。

资料来源:http://wenku.baidu.com。

2. 根据本小组的调研计划书,实施调研。

任务十七 访员培训

第一部分 学习引导

【任务导入】

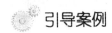 引导案例

市场调查中的访问技巧

现代企业越来越重视市场调查。调查方法很多,其中访问调查用途最广,如入户访问、拦截访问等。在访问调查中,访问员是一个颇为重要的角色,他们的服饰穿着、语气表情、询问方式等都会对访问能否成功进行产生影响。访问员要想获得成功的访问,就必须掌握一定的行为规范和技巧。

一、行为规范

作为一名访问员,在调查过程中应当遵守以下行为规范:

- 严格遵守调查技术规范,不得擅自更改调查程序和受访者。在受访者数量不足的情况下,不得随便找非指定的人访问,冒充指定受访者填写问卷。
- 要诚实、负责,绝不弄虚作假。
- 始终保持公平、中立的态度,不诱导受访者回答问题,并使受访者知道你既没有偏见,也不想左右他的想法。
- 要有坚韧不拔的精神,勇于克服困难,积极耐心地向受访者讲解调查活动的意义。
- 完整准确地保持调查数据的原始形态,无权修改受访者的答案。当答案可能有出入时,应及时追问;如受访者坚持答案,请将你的个人判断写在问题旁边,但不能更改受访者的答案。
- 遵守保密原则,不得向与本调查无关的人员提及项目、受访者的任何情况。
- 要有礼貌。应做到举止大方、轻松自然,创造融洽氛围,与受访者建立互相尊重、互相理解的人际关系,努力消除受访者的紧张情绪和怀疑心理。
- 始终保持愉快的心情。每当面对一位新的受访者时,都要把他当作一个新的开始,千万不要因为工作熟练起来而忽略许多应该注意的地方(如诱导受访者配合访问、解释问题的具体含义、介绍产品性能特点等)。
- 随身携带胸卡,以便争取受访者的信赖与合作。
- 衣着整洁,禁止穿着奇装异服进行访问。

- 尊重受访者的意愿,不触犯其禁忌。
- 将应交给受访者的礼品确实交给对方,不得擅自更换或藏匿礼品。

访问结束后应检查问卷,以保证问卷填写符合要求、所需信息准确无误。检查内容包括:是否询问了所有应问的问题;答案是否已被正确记录;有无遗漏、错填现象;答案之间是否符合逻辑;记录(包括接触记录)是否已经完成。

二、获得合作

访问员的首要任务是获取受访者的信任,使其能够接受访问。访问员面对的是不同阶层、不同年龄的受访者,他们并不认识访问员,往往根据访问员的服饰、发型、年龄、声调、口音等决定是否接受访问。因此,访问员必须保持仪表端正、用语得体、口齿伶俐、态度谦和,给人以亲切感,使受访者放心接受访问。

自我介绍是访问开始的重要步骤。访问员应使受访者感到他是可信的。访问员可出示有关证件,以表明调查是真实的,而不是推销商品。

如果访问备有礼品,在访问开始时可以委婉地暗示:"我们将耽误您一点时间,届时备有小礼品或纪念品以示谢意,希望得到您的配合。"但切不可过分渲染礼品,以免让受访者觉得难堪,有贪小便宜之嫌,反而拒绝接受访问;或者为了获取礼品来迎合访问,从而影响访问的实际效果。

访问员应避免使用"我可以进来吗""我可以问您几个问题吗"这类请求允许访问的话,因为在这种情况下,人们更容易拒绝而非接受访问。当然,访问员也应具备应付拒绝或不情愿接受访问情况的技巧,主要是确定拒绝或不情愿接受访问的原因并加以克服。另外,访问员还可以进一步解释调查目的,说明访问资料可供改善目前的产品及促进发展等;有时,向受访者承诺保密也是很重要的。如果受访者实在不情愿接受访问,访问员仍应礼貌地说:"谢谢!打扰了。"这对那些对自己的公众形象很敏感的委托企业而言是很重要的。

三、询问问题

向受访者询问问题是必不可少的步骤。访问员掌握询问问题的技巧非常重要,因为这方面的偏差是造成访问误差的主要原因。询问问题的原则是:

- 用问卷中的词语询问;
- 慢慢地读出并详细询问问卷中的每个问题;
- 按照问卷中问题的次序发问;
- 重复被误解的问题。

没有经验的访问员也许不能理解严格遵循这些原则的重要性,即使专业访问员当访问变得枯燥时也会讲得简单些,他们可能只靠自己对问题的记忆而非读出问卷中的问题,从而无意识地缩减了问题用词。即使问题用词只有一点变化,也可能歪曲问题的意思,从而产生访问偏差。而读出问题,访问员就能注意到问题中的特定用词或短语,并避免在语调方面发生变化。

有时,受访者会主动提供一些与访问员下面要问的问题相关的信息。在这种情况下,访问员要调整受访者的思路,使其不要离题太远,但又不能影响受访者的情绪。访问员可以这样说:"这个问题,我们等一下再讨论。让我们先谈谈……"依次询问每个问题,就不会有漏问问题的情况出现。

如果受访者不理解问题中的一些用词,他们通常会要求访问员予以解释。但是,如果问卷中没有注明要作出解释,访问员就不得随意解释。有些访问员会按照他自己的理解作解释,这些个性化的解释就会造成访问偏差,因为每个访问员的解释并不一样,而有些解释可能是错误的,最好的方法是回答:"正如您想的那样"。

四、适当追问

追问是进行访问调查的重要技巧,分为两类:勘探和澄清。勘探是在受访者回答的基础上,进一步挖掘更多答案的方法;澄清是让受访者对回答作出详细解释,以明确答案的方法。

【例1】 勘探

问题:您为什么喜欢这种球拍?

第一次回答:漂亮。

追问:您还喜欢什么呢?

第二次回答:手感好。

追问:您还有没有喜欢的呢?

第三次回答:没有了。

【例2】 澄清

问题:您为什么喜欢这种球拍?

第一次回答:很好,不错。

追问:您所谓的"很好,不错"是指什么呢?

第二次回答:舒服。

追问:怎么舒服呢?

第三次回答:握着时手感很舒服。

例1是勘探性追问的例子,通过追问扩展了受访者的答案。例2是澄清性追问的例子,从"很好,不错"这种模糊的回答中抽取出更确切的答案。

【例3】 先澄清,再勘探

问题:对这个电视广告,您有什么地方不喜欢的吗?

回答:不行,很差。(回答太模糊,没有给出任何确切的内容)

追问:您说的"很差"是指什么呢?

回答:档次低。(比上一个回答有进步,但仍不够确切)

追问:哪些地方档次低呢?

回答:女模特穿着睡衣坐在床上。

追问:您还有什么不喜欢的吗?(在已有答案基础上追问更多内容)

回答:没有了。(停止追问)

【例4】 先勘探,再澄清

问题:对这个电视广告,您有什么地方不喜欢的吗?

回答:不行,很差。

追问:您还有什么不喜欢的吗?

回答：没有了。
追问：您说的"很差"是指什么呢？（回到原来不确切的回答,加以澄清）
回答：档次低。
追问：哪些地方档次低呢？
回答：女模特穿着睡衣坐在床上。

追问应当是中性的,不应有任何提示或诱导。错误的示范,如"您不喜欢这种口味？是指太甜了吗？"正确的示范,如"您不喜欢这种口味？那么您不喜欢这种口味的什么方面呢？"

遇到停顿情况时,访问员可根据情况选择以下技巧：

- 重复问题。当受访者完全保持沉默时,他也许没有理解问题,或还没有决定怎样回答,重复问题有助于受访者理解问题,并鼓励他回答。
- 观望。访问员认为受访者有更多内容要说,那么沉默伴随着观望性注视,也许会鼓励受访者集中思想并作出完整回答。当然,访问员必须是敏感的,以避免观望真的成为沉默。
- 重复受访者的回答。访问员逐字重复受访者的回答,也许会刺激受访者扩展他的回答。

五、记录答案

尽管记录看起来非常简单,但是错误经常发生在记录阶段。因此,请使用钢笔或圆珠笔；在记录封闭式问题答案时要在符合的代码上画圈。访问员还应遵守的规则有：

- 在访问的同时记录回答；
- 因为筛选题的答案要在全部获得之后才能确认是否访问,所以通常先不记录,等筛选题完成之后确认合格再记录；
- 使用受访者的语言,不要增加、减少或变更受访者的回答；
- 记录所有追问的回答。

六、结束访问

访问技巧的最后一个方面是如何结束访问。访问员在所有信息到手之前不应结束访问。避免匆忙离开也是礼貌的一个方面,如果受访者问起调查目的,访问员应当尽己所能给予解释。

友好地离开受访者是极其重要的。因为在将来也许我们还会再次访问他们,而且他们的合作值得我们这样做,他们也应当为自己牺牲的时间和合作得到感谢。

资料来源：http://wenku.baidu.com/view/4d69aa649b6648d7c1c746bf.html。

在市场调研过程中,市场研究公司的访问员是原始数据的采集者和收集者,其对调查数据的质量起着关键性的作用,其访问工作的质量直接决定了整个研究工作的真实性和准确性。因此,对访问员的培训是调查实施过程中一项重要的工作。一个优秀的访问员,是经过培训、实践、再实践的过程成长起来的。

一个认真负责、诚恳灵活的访问员能高质快速地完成访问任务,拥有及保持一支由这样的访问员组成的队伍,既是市场研究公司最大的优势和宝贵的财富,也是市场研究公司努力的目标。市场研究公司要十分重视访问员的培训和日常管理,为访问员的个人发展创造良好条件。

17.1 访问员培训的目的

访问员培训主要有以下三个目的:

(1) 培养访问员的技能

调查访问是获取信息的基本环节,其专业性较强,对技能的要求相对比较高。通过专业培训,访问员能够了解本次调查的背景、目的、要求以及调查的对象、程序和方法等,以便于在调查访问过程中能够有效地完成工作。

(2) 提高访问的完成率

通过访问前进行的专项培训,使访问员具备一定的访问知识和专业技能,在访问工作中能够提高成功率,将被拒绝和访问中断的可能性降至最小。

(3) 激励访问员的工作热情

通过对访问员的培训,使访问员明确访问工作的重要性,激发访问员的工作热情,为调查访问工作的顺利进行提供保障。

17.2 访问员培训的方法

对于访问员培训我们一般采用以下三种方法:

(1) 讲解

由研究人员或访问督导就上述三个方面的有关内容进行讲解,即采用授课的形式先从认识上加以训练。

(2) 模拟训练

即设计作业情境,让访问员具体操作,检查他们在模拟作业中存在的问题,并加以指导、纠正。

(3) 实际操作训练

可以让新聘访问员充当有经验的访问员的助手;也可以让新聘访问员担当访问主角,有经验的访问员在旁辅导;还可以让访问员在预调查中单独进行访问。采用这种方法进行训练,目的是使访问员从实践中提高访问技能,掌握访问技巧。

17.3 访问员培训的内容

对访问员的培训内容应根据调研目的和接受培训人员的具体情况而有所不同。除了需要进行有关思想道德、性格修养、规章制度等方面的教育培训外,还必须进行有关市场调研业务方面的培训。市场调研业务的培训,通常包括基础培训和项目培训两个部分。

1. 基础培训

基础培训主要是针对新入职的访问员进行的。培训主要包含以下几个部分:

(1) 责任心教育

访问员的职责是利用合法的手段和方法,以严谨的态度去采集市场信息,在这里职业道德十分重要。要坚决杜绝弄虚作假的行为。以健康积极的心态去面对访问工作,同时为受访者和客户保密。因此,对访员进行责任心教育尤为重要。具体包括:

① 认真。访问员应认真地听取项目负责人就某个特定项目所进行的专项培训,并认真地理解手中的调查问卷。

② 刻苦。访问员要在时间、体力、精力甚至心理上付出很多,没有刻苦精神是不能在限定的时间、限定的区域,以限定的方式完成任务的。

(2) 访问行为规范

按调查项目的要求,规范访问员的行为是基础培训中重要的组成部分。对于访问员的行为规范培训,主要包括以下三点:

① 诚实的工作作风。诚实是个人品质最重要的组成部分,更是社会调查的基石。当访问员选择接受一项调查任务时,就肩负了一项使命,那就是以诚实的劳动完成调查工作。根据调查项目的要求,如果访问员被发现作弊,将受到严厉的惩罚。

② 与受访者建立和谐的关系。调查中要注意礼节礼貌,先征得同意后再进入房间,并表明身份及来意。要善于倾听受访者的谈话内容,同时应学会营造气氛,能使受访放松情绪。在确认完成调查问卷后,对受访者的配合表示感谢并道别。

③ 灵活的工作能力。在调查中会遇到许多意想不到的事情和形形色色的人物,访问员应有足够的心理准备和灵活的应变能力。

(3) 访问技巧培训

在培训中不仅要告诉访问员怎么做,而且要解释为什么这样做。虽然获得数据可以有不同的途径,但是通常要求访问员走的是一条比较困难的途径。在这种情况下,解释必须这样做的原因,以及如果不这样做可能会带来什么样的后果就显得十分重要。

同时,在访问技巧培训中,还需要遵循以下几点:

① 规范填写。每一份调查问卷中的选项都要求受访者能够填写在相应的位置,并且字迹要清晰。

② 严守时间。调查工作对时间的要求非常严格。因此访问员必须养成严守时间的习惯,例如必须准时出席项目培训、约会和访问等。特别要记住:调查结果的上交是有最终期限的,任何不必要的拖延都会影响调查结果的时效性。

③ 规划好时间。访问前要准备好所需工具(如笔及相关证件等),访问中应合理安排时间,切勿与工作、学习发生冲突。

××调查公司培训资料(摘录)

首先欢迎你加入我们的行列!接受一份极具挑战性的工作,我们为你而自豪!相信在未来的日子里你可以学到许多在学校里学不到的东西,也衷心希望你能过得充实、过得有意义,我一定竭力为你们提供好的锻炼机会、赚钱机会。相识是一种缘分,有困难请找我。多谢!

负责人:

电　话:

做一名优秀的访问员的首要条件是:认同、充分肯定市场调查的意义。也许在大多数人的眼中,作市场调查只是打扰他人,干扰他人的正常生活、工作……其实这种想法是十分错误且有害的,只会让你在做这份工作中觉得困难重重,难以成功。市场调查是有着极大的现实意义的,它可以为企业、为国家提供真实的数据,使企业、国家更健康、更快速地发展。我们上门或是电访、拦访只是一种正常的社会服务(就如理发、水电修理等服务一样),这种服务有着双重意义,既是为厂商服务,同时也是为消费者服务。因为我们是沟通他们之间的桥梁,通过我们的服务,厂商可以更清楚地知道消费者的真正需要,根据这些需要有针对性地向消费者提供更合适的产品和服务,从而更好地满足消费者的需求。改变调查会打扰人这种错误的观念,你才能真正做好这份工作。祝你成功!

我们应该理直气壮! 正如上面所说的,我们作访问归根到底是为消费者服务,也就是为受访者服务(当然受访者大都不理解当中的意义)。作访问时不该有惶恐、歉疚的心理,好像做了一件对不起人的事一样。访问是一种对社会有益的工作,我们是在例行公事(就如查水电表的人员、家访的老师……)。这种意识会使你显得正规、从容,这样受访者会更容易接受你的访问。

一、对访问员的基本要求和原则

1. 认真

认真意味着明确你的责任和工作任务。你必须很在乎你所从事的这份工作,也把做好工作当作一件很严肃的事情。为此,一开始就必须认真地听取公司项目研究人员就某个特定项目所进行的专项培训,并认真地理解你手中的问卷或提纲和《访问员手册》。

2. 刻苦

访问员的工作不是一件可以享受的工作。访问员的工作意味着时间、体力、精力甚至心理上的付出,没有刻苦精神是不能在限定的时间、限定的区域,以限定的方式完成任务的。

3. 诚实

诚实是一个人最重要的品质之一,更是调查业的生命。在你选择接受公司的任务时,就肩负了一项义务,那就是以你诚实的劳动完成你的工作。根据公司规定,如果被发现作弊,你将受到严厉的惩罚。

4. 守时

守时意味着严格按照公司确定的工作期限来进行工作。你必须在限定的期限内接受培训、访问、交问卷。工作时不能迟到。

虽然也许我们中有些人会逃课、不太遵守学校纪律(我就是其中之一,抱歉)但公司的纪律一定要遵守,因为这是你的工作! 在工作时,我们的身份是职业人士,不是学生。请大家必须记得!

二、接触调查对象的技巧

良好的初期接触,正确地介绍自己是工作成功的一半。正确介绍自己,准确地表达接触的目的。自我介绍时,首先要在一两句话中表明身份、说明来意,语速不宜过快但要流畅,声音要清晰,音量要适中。初次见面,说话一定要温和客气,有礼貌。自我介绍可以同时递上学生证和访问员证,以表示是真诚的访问,而非推销产品,也能解除调查对象的戒心。对于调查对象的质询应着重解释调查什么、为谁做此调查、保证其提供资料的保密性。入户后,寻找合适的位置坐下,最好坐在调查对象的左边,与调查对象呈45度,这样既便于出示卡片,又便于记录。

三、入户时对象提出质询的标准答复

即使是那些乐于接受调查的人也会提出一些问题,沉着、顺利地回答受访者提出的问题会对建立受访者对你的信任以及降低拒访率大有帮助。

1. 你到底是干什么的?

——刚才我已经提到了,我是××调查公司的访问员,这个研究是关于××的,委托我们进行这项研究的客户希望了解到市民对××是怎么想的,这样他们能更好地按照大家的想法来做好工作(注意,你应尽量使用"研究""访问"的字眼,而少使用"调查"。因为某些市民会把"调查"与侦查、秘密调查等联系在一起,这会引发他们不必要的顾虑,使你的访问成功率大大降低)。

2. ××调查公司是怎么回事?

——噢,这是一个专门做调查研究的公司,它们做过很多类似的研究项目,每年都有上万人接受他们的访问。

3. 我怎么知道你是这家公司派来的?

——这是我的访问员证(出示访问员证),上面有公司研究人员的电话,您可以给他们打电话确认(如果您有更多有关公司的问题,都可以给公司打电话)。

4. 你为什么找到我家?

——是这样的,公司有全市居民的家庭号码,他们用一种科学的抽样方法在市民中随机抽取了几百户家庭来访问。在这个区大约会有××户家庭被抽中。这些家庭的意见在研究中就代表了全市居民的意见。

5. 我没有什么看法,我的邻居(或我的先生/太太,或××人)就爱说这些,你找他吧?

——谢谢,我相信他们的意见一定很有意思,但公司告诉我们,那些被抽中的人的意见才是最重要的,也只有您的看法在我们看来才是最重要的(在少数家庭里,其他家庭成员会过来凑热闹,或参加讨论,你要告诉他们,这次访问只针对他们当中的一个人来进行,希望其他人不要影响他)。

6. 我对你说了些什么,你不会找我麻烦吧?

——按照《统计法》的规定,我们要对访问对象所提供的意见及个人资料进行保密。事实上,我们最后会把您这样的几百个人的意见统计起来,看看全市人民对这个问题有什么样的要求或看法。

7. 看起来,你的问题不少啊?

——其实,这是因为我们把各种答案都已印在上面了,我们只需根据您的回答勾选一下就可以了。而您只需要把真实的想法说出来就可以了。不是考试,这不复杂也并不像您想象得那么长。

8. 你是大学生,怎么干这个了?

——因为研究访问是一种科学的工作,它跟我学的专业很接近,所以实际上是我们运用专业知识的一个机会。我们也通过跟您这样的市民所进行的访问,增长自己的见识,了

解社会。

9. 你知道,我很忙,我没有那么多时间跟你谈完。

——很抱歉需要占用您的一些时间,但我想时间不会太长,而且回答起来也不太难。而您的意见对我们又是那么重要,所以我想最好我们现在就进入正题。

10. 我没有文化,也看不懂你的问卷。

——这您不用担心,我会把问题读给您听,您听完后再发表意见,我会把您的意见记下来的。

11. 调查,哼,调查有什么用?

——也许您的意见是对的,而且看来您还是有自己的看法的。如果大家都把自己的看法说出来,这样的调查结果也许就会越来越有用了。

12. 我现在没空,过几天再说吧。

——很抱歉打扰了您,我想我们的访问只需要占用您一点时间,而且公司要求我们必须在今天完成这个访问。事实上,我的同学今天要在全市各个区同时完成访问。其实,我们的问题很简单,比如……(转入问卷。如果他的确手上在忙一件重要的工作,那么问他半个小时后或更长一点时间再来访问他,可不可以?)注意避免使用"过一会儿""过几分钟"等语义指向不明确的词语而应确定具体的时间。

13. 你是一个人来的吗?

——不,我们有几个同学同时在这个小区进行访问,访问结束后我们就在小区门口(或是该小区一个明显的建筑物)集中一起回去。

四、入门受拒的通常情况

拒绝开门。在你敲门或按门铃时,调查对象在观察孔看一下后不开门。这时你应该继续敲门,事实上差不多有一半的人在第二次敲门的情况下会开门。如果他在你第二次敲门后仍不开门,我们要求你第三次敲门。经验显示,三次敲门使90%以上的原本拒绝开门的人开门。如果连续三次敲门仍不开门,这表明住户家中无人,或者此时住户因某种特殊原因(心情不好,有重要的事情在做,家中只有老人或儿童在家,不便给陌生人开门等情况)而不便开门,这时我们可以按一次未遇处理,继续访问下一家住户,一定时间后进行回访。

开门听取你的解释之后,调查对象表示因为太忙或不感兴趣这种情况的发生比上面这种拒绝开门的情况多一些。在这种情况下,你要再次说明,这只需要占用他几分钟的时间,而且只是要他说一些简单的想法。有一种方法被证明十分有效,即访问时对受访者说:"事实上我们要了解的是一些本来就有的想法,内容非常简单,比如你是否觉得现在物价上涨非常严重……"这样一下转入到问题上,许多受访者往往不自觉地就被带入访问。

有一些调查对象在开门听取你的介绍后(甚至没有听完)就关上了门,记住,你一定要耐心地再次敲门,直到敲到第三次。你要让他感到,"我们大家都很忙,但这就是我的工作,我必须访问你"。

我们要大家坚持在态度并不友好的家庭中进行访问,是因为他们往往代表了居民中的一个特殊的群体(通常是收入和职位较高的人),如果我们轻易放弃了对他们的访问,则有可能使我们得到一个偏差很大(缺少这一群体的意见)的调查结果。而且我们的抽样是随机进行的,如果我们过多地放弃随机选中的样本,则样本总体的代表性会下降。

另外,一些访问员在遭受拒访时会产生挫折感而放弃对这类家庭的访问,还有一些访问员会觉得很没面子。我们需要你清楚的是:对于一个访问员来说,最高的职业标准是成功地实施对特定调查对象的访问,并为此付出你的耐心和智慧,正如一个推销员的业绩在于他能把商品推销成功一样,你的能力不在于能访问几个对你友好的家庭,而在于你能够应付那些对你并不友好却最终接受你访问的家庭。

你不要觉得一再敲门是没有面子的事情。没有人在看着你,只有你在看着你自己。我们需要的是你能有效地访问你的全部样本。

资料来源:http://wenku.baidu.com/。

2. 项目培训

项目培训面对所有的访问员,其目的在于让访问员了解项目的有关要求和标准做法,使所有的访问员都能以统一的口径和标准的做法进行访问,同时进一步明确访问的记录和操作规范。项目培训的内容通常包括:

(1) 行业背景简介

市场调查项目会涉及不同的行业,每个行业都有不同的情况和专业知识,而访问员不会对每个行业都有基本的了解。简要介绍项目的行业背景、与调查项目相关的专业知识,有助于访问员更好地理解问题的含义和受访者回答的含义。

(2) 讲解问卷内容

向访问员解释调查问卷中每一个问题的含义,以及问题之间的逻辑关系。在问卷讲解中,特别要注意对复杂题干的分析,分析一般的情况、可能出现的特殊情况,以及处理特殊情况时所应掌握的原则。

(3) 其他要求

根据访问过程中可能出现的问题进行培训,以避免访问员在突发状况下无法顺利完成访问的情况。

第二部分 实 践 活 动

活动 24:进行访问

请根据下面的案例,制作一个访问计划,并根据该计划,制作访谈提纲,进行访问员的基础培训和项目培训。

美国航空公司对飞机上提供电话服务的调研

美国航空公司注重探索为航空旅行者提供他们需要的新服务。该公司一位营销经理提出在万米高空上为乘客提供电话服务的想法。其他经理们也认为这是激动人心的想法,并同意对此作进一步的研究。提出这一建议的经理自愿为此作初步调查。他与一个大型电信公司接触,以研究波音747型飞机从美国东海岸到西海岸的飞行途中,电话服务在技术上是否可行。据电信公司测算,应用这一技术后,每次的航行成本大约是1 000美元。因此,如果每次通话收费25美元,则在每次航行中至少要有40人通话才能保本。于是,这位经理与本公司的营销调研经理联系,请他研究旅客对这项新服务将作出何种反应。

1. 确定问题与调研目标

(1) 航空公司的乘客在航行期间打电话的主要原因是什么?

(2) 哪些类型的乘客最喜欢在航行中打电话?

(3) 有多少乘客可能会打电话?各种层次的价格对他们有何影响?

(4) 这一新服务会使美国航空公司增加多少乘客?

(5) 这一新服务对美国航空公司的形象将会产生多少长期意义的影响?

(6) 电话服务与其他因素(如航班计划、食物和行李处理等)相比,其重要性如何?

2. 拟订调研计划

假定该公司预计不作任何市场调研而在飞机上提供电话服务,并获得长期利润5万美元,而营销经理认为调研会帮助公司改进促销计划从而可获得长期利润9万美元。在这种情况下,在市场调研上所花的费用最高为4万美元。

调研计划包括:

(1) 资料来源;

(2) 调研方法;

(3) 调研工具;

(4) 抽样计划;

(5) 接触方法。

3. 收集信息

4. 分析信息

5. 提出结论

(1) 使用飞机上电话服务的主要原因是:有紧急情况,紧迫的商业交易,飞行时间上的混乱,等等。调研结果显示,用电话来消磨时间的情况是不大会发生的。而且绝大多数的电话是商人所打的,并且他们要报销单。

(2) 每200人中,大约有20位乘客愿花费25美元打一次电话;而约40人期望每次通话费为15美元。因此,每次收15美元($40 \times 15 = 600$美元)比收25美元($20 \times 25 = 500$美元)有更多的收入。然而,这些收入都大大低于飞行通话的保本点1 000美元。

(3) 推行飞行中的电话服务使美国航空公司每次航班能增加2个额外的乘客,从这2人身上能收到400美元的纯收入,然而,这也不足以抵付保本成本点。

(4) 提供飞行服务增强了美国航空公司作为创新和进步的航空公司的公众形象。

资料来源:http://www.docin.com/。

项目七

资料整理分析

项目概述

市场调研资料整理是根据市场分析研究的需要,对市场调查获得的大量的原始资料进行审核、分组、汇总、列表,或对二手资料进行再加工的工作过程。调查数据资料图表化仅是对其作了简单处理,还需要进行具体、深入的分析,才能使这些资料说明一定的问题、有实际意义,最终应用于实际的市场调查活动。市场调研资料的分析是指根据市场调查的目的,运用多种方法对市场调查活动中收集、整理的各种资料进行对比分析,得出调查结论,进行对策研究,为撰写市场调查报告作准备的工作过程。

项目目标

☞ 知识目标

1. 了解市场调研资料整理的含义和意义;
2. 理解市场调研资料整理的程序;
3. 了解调研资料分析的概念;
4. 理解调研资料分析的基本内容和过程;
5. 掌握调研资料的定性分析方法;
6. 掌握调研资料的定量分析方法。

☞ 能力目标

1. 能根据项目要求确认数据资料;
2. 能用 SPSS 软件进行数据录入;
3. 能列示市场调研资料;
4. 能基于 SPSS 软件对数据资料进行描述性分析、显著性分析和方差分析;

5. 能基于 SPSS 软件进行相关分析和回归分析。

☞ **素养目标**

1. 具有良好的思维习惯和严谨的工作作风；
2. 具有提出问题、分析问题和解决问题的能力；
3. 具有团队合作的意识和能力；
4. 具有竞争的意识。

任务十八　调研资料整理

第一部分　学 习 引 导

【任务导入】

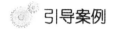

零售企业数据化管理案例

一、案例背景

　　A公司是某市主要大型连锁超市之一,年营业额近3亿元人民币。该公司目前存在的主要问题包括:(1)历年积压的滞销商品太多;(2)门店对75%的商品到货率很不满意;(3)没有一项总体控制指标来反映采购人员是否在争取最低进价及其成效;(4)无法掌握每个供应商的销售和毛利情况;(5)重点商品(A类商品)没有明确划分,也得不到重点管理;(6)系统中的毛利率长期不准,导致无法向相关业务部门和门店下达利润目标及其他经营指标;(7)新商品的引进没有评价依据。后来A公司董事会聘请独立管理顾问John来解决以上问题。通过分析论证,John认为没有高质量的数据信息作为决策支持是主要问题,于是数据化管理就被确定为提升A公司管理的突破口,并将随后的工作分为两大阶段进行,即数据清洗和整理与数据化管理工作的展开。

二、数据清洗和整理阶段

　　这一阶段的工作目标是提高数据信息的质量,重点解决数据的准确性、及时性和清洁度的问题。这个阶段的工作共分为五个步骤进行:(1)强化树立系统数据维护观念;(2)加强管理者系统使用培训;(3)提高系统数据的准确性和及时性;(4)清洗系统数据垃圾;(5)制定完整的系统使用和数据维护制度。

三、数据化管理工作的展开

　　当系统数据的质量足以支撑管理要求时,John以目标管理的方式,引导企业将系统数据大量应用于一些企业关键管理问题的解决上,数据化管理工作逐步展开。经过半年左右的集中清理,上述管理问题得到明显改善:历年积压商品全部得到清理,新的滞销商品能够及时发现和处理,不再过多地占用货架和资金;门店商品到货率平均达到85%,重点商品到货率保持在95%以上。

四、启示

　　这个案例告诉我们数据整理和合理利用的重要性,数据运用得当可以大大提高企业的运营效率。

资料来源:中国零售管理咨询网。

18.1 市场调研资料整理的含义

市场调研资料整理是根据市场分析研究的需要,对市场调查获得的大量的原始资料进行审核、分组、汇总、列表,或对二手资料进行再加工的工作过程。其目的在于使市场调研资料综合化、系列化、层次化,为揭示和描述调查现象的特征、问题和原因提供初步的加工信息,为进一步的分析研究准备数据。

18.2 市场调研资料整理的意义

市场调查人员通过一定的调查方法向被调查者调查,收集到大量原始的信息资料,只有经过整理、分析,才能揭示市场经济现象的内在联系和本质,为企业经营决策提供依据,调研资料整理具有以下重要意义:

(1) 调研资料的整理是市场调查研究中十分重要的环节

通过市场调查取得的原始资料都是从各被调查单位收集来的、零散的、不系统的资料,只是表明各被调查单位的情况,反映事物的表面现象,不能说明被研究总体的全貌和内在联系。而且收集的资料难免出现虚假、差错、短缺、余冗等现象,只有经过加工整理,才能使调研资料条理化、简明化,确保调研资料的正确性和可靠性。因此,调研资料的整理是市场调查研究中十分重要的环节。

(2) 调研资料的整理可以大大提高调研资料的使用价值

市场调研资料的整理过程是一个去粗取精、去伪存真、由此及彼、由表及里、综合提高的过程。它能有效地提高信息资料的浓缩度、清晰度和准确性,从而大大提高调研资料的使用价值。

(3) 调研资料的整理是保存调研资料的客观要求

市场调查得到的原始信息资料,不仅是当时企业作出决策的客观依据,而且对今后研究同类市场经济活动现象具有重要的参考价值。因此,每次市场调查后都应认真整理调查得到的原始信息资料,以便今后长期保存和研究。

(4) 调研资料的整理是对市场现象认识、深化的过程

调研资料的整理对市场调查人员来说,也是一个对市场现象认识、深化的过程。如果说实地调查阶段是认识市场现象的感性阶段,那么整理资料阶段则是认识市场现象的理性阶段。只有经过调研资料的整理,才能发现市场现象的变化规律。

18.3 市场调研资料整理的程序

1. 调研问卷的回收与登记

随着实地调查的展开,应及时进行问卷的回收与登记工作。在回收过程中,应加强责任制,保证问卷的完整和安全。要做好问卷的登记和编号工作,从不同调查地点由不同调查人员交回的问卷,都要立即登记和编号。一般需要事先专门设计登记表格,具体内容有:调查地区及编号、调查员姓名及编号;调查实施的时间、问卷交付日期;问卷编号;实发问卷数、上交问卷数、未答或拒答问卷数、丢失问卷数;等等。

回收的问卷应分别按照调查人员和不同地区(或单位)放置,醒目标明编号或注明调查人员和地区、单位,以方便整理和查找。如果发现没有满足抽样设计中对子样本的配额规定,应在正式的整理工作开始之前及时对不足份额作补充访问。

2. 调查问卷的审核

审核资料是资料整理工作的基础,通过对原始资料进行审核,可以避免调研资料的遗漏、错误或重复,保证调研资料的准确、真实、完整和一致,达到调研资料整理的目的和要求。

(1)调研资料的审核内容

调研资料的审核内容具体包括以下方面:

① 完整性审核。完整性审核主要看应调查的单位是否都已调查,问卷或调查表内的各项目是否都填写齐全。如果发现没有回答的问题,可能是被调查者不能回答或不愿回答,也可能是调查人员的疏忽所致,应立即询问,填补空白问题。如果问卷中出现"不知道"的答案所占比重过大,就会影响调研资料的完整性,应采取适当措施处理并加以说明。

② 准确性审核。准确性审核主要看调研资料的口径、计算方法、计量单位等是否符合要求,剔除不可靠的资料,使资料更加准确。调研资料要清楚易懂,如果所记录的回答字迹模糊,或者除调查员以外谁都不明白,则应返回问卷,让调查员校正或写清楚。

③ 一致性审核。一致性审核主要看被调查者的回答是否前后不一致,有无逻辑错误。例如,某位被调查者在问卷前面说她在前一天晚上看到某电视广告,后面又说前一天晚上没看电视。调查人员在审核调查问卷时,若发现某一位被调查者的回答前后不一致,或者某一资料来源的数字与后来从其他资料来源收集的数字不一致,这就需要调查人员深入调查探询原因,或剔除,或调整资料,使之真实、准确。

④ 及时性审核。及时性审核主要看各被调查单位是否都按规定日期填写和送出调查问卷、填写的资料是不是最新资料。现代市场活动节奏越来越快,只有代表市场活动最新状态的市场信息才是使用价值最高的信息。切勿将失效、过时的信息引入决策中。此外,调查人员还要剔除不必要的资料,把重要的资料筛选出来。

(2)调研资料的审核方法

调研资料审核的主要方法如下:

① 逻辑审核。逻辑审核就是分析标志、数据之间是否符合逻辑,各个项目之间有无相互矛盾的地方。像"年龄20岁而工龄已经15年"就属于明显的逻辑错误,要弄清情况,核准后予以纠正。

② 计算审核。计算审核就是检查调查表中各项数字在计算方法和计算结果上是否有误、数字的计量单位有无与规定不符的地方等。如中间数一般要小于或等于合计数,横行相加后与纵列之和应相等或吻合,否则就属于计算错误,应重新计算。

③ 抽样审核。抽样审核就是从全部调研资料中抽取一部分资料进行抽样检验,用以推断全部调研资料的准确程度,并修正调查结果的方法。

3. 处置有问题问卷

（1）无效问卷的认定

虽然有很多措施能够对现场信息收集过程进行误差的控制，但最后还是有部分问卷不能接收。出现以下情况的问卷被视为无效问卷：

① 回答不完全。如果一份问卷中至少有三分之一的问题没有回答，则这份问卷应视为无效问卷。

② 调查对象不符合要求。如有的调查中规定某种行业的人员不能作为调查对象，如果问卷是由这一类人作答的，那么这些就是无效问卷。

③ 答案选择高度一致。即回答没有什么变化。如不管什么题目都只选择第一个答案，那么这份问卷就应视为无效问卷。

④ 截止日期后收回的问卷。截止日期后收回的问卷，其回答的可靠性很低，提供的极有可能是虚假信息。虚假信息的危害非常大，甚至比缺乏信息带来的危害还要大，所以这些问卷要全部作废。

（2）不满意问卷的认定

不满意的问卷可能包含以下情况：

① 模糊不清。例如，调查员记录时把"√"打在两个答案之间。

② 前后不一致或有明显错误。例如，一个年龄为16岁的被访者职务是高级经理，一个月收入低于1 000元的被访者却拥有一辆高级私家车，等等。

③ 模棱两可。例如，要求单项选择的封闭式问题却选择了多个答案。

④ 不符合作答要求。例如，跳答或不按要求回答的。

（3）不满意问卷的处理

对于这些不满意问卷通常有三种处理办法：

① 重新调查。即返回调查现场，再次接触被调查者，重新获取数据。

② 填充。面对缺失数据时，可以采用以下方法进行处理：第一，找一个中间值代替。如该变量的平均值或量表的中间值。若遇到性别这种变量，可以将第一个缺失值用男性数值代替，第二个缺失值用女性数值代替，依次交替替代。第二，用一个逻辑答案代替。如家庭总收入缺失，可以依据家庭中的就业人数及职业情况来判断。第三，删除处理。实际上，缺失数据的任何一种处理方法都不是尽善尽美。只不过作了处理之后比没有处理就进行统计要好一点而已。

③ 空缺。如果不满意的答案不是关键问题的答案，可以考虑不参加统计处理。在样本量很大、不满意问卷所占比例很小的前提下，还可以考虑作废整份问卷。

4. 编码和录入数据

（1）数据的编码

市场调查回收的资料都要录入计算机中，为了减少数据录入的工作量，调查人员会给每一个可能的回答编一个代码，在录入时直接输入代码，而无需录入文字。由于大规模的市场调查都要采用问卷这一标准化工具，我们就以问卷资料为例来说明如何对资料进行编码。

把原始资料转化为符号或数字的资料简化过程就是编码。通过编码,把市场调研资料输入计算机进行统计就简单多了,所以,编码是一个不可忽视的程序。

① 事前编码。事前编码是针对结构性问题的一种编码方法。这种编码方法相对简单,因为问题事先都已规定备选答案,所以每一个问题的每个答案都可以赋予一个编码,并对答案编码的含义和所在栏目予以说明。

例如,您家里有第二辆汽车吗?
1. 有   2. 没有(18)

在这个问题中,代码1表示"有",代码2表示"没有",括号中的数字表示这个答案记录在编码表中的第18栏。

以上是单选题,在1和2两个选项中只能选择一个答案。如果是多选题(即答案可选两个或两个以上),编码处理方式是将每个选项设为二分变量,即对于每个选项给予"0""1"两个编码,选中的标"1",未被选中的则标"0"。

例如,您喜欢的牙膏品牌是(可多选)?

1. 高露洁   (0,1)
2. 佳洁士   (0,1)
3. 中华   (0,1)
4. 云南白药牙膏   (0,1)
5. 蓝天   (0,1)

---

② 事后编码。事后编码是指问卷调查及回收工作完成以后再进行编码设计。需要进行事后编码的问题主要有两类:一是封闭型问题的"其他"项,二是开放型问题或非结构型问题。

由于以上两类问题的回答较为复杂,所以一般需要在资料收集完成后,再进行编码设计。事后编码一般需要由具有专业素质的编码人员进行。

对于"今后两年内您为什么不想购买燃气热水器?"这一问题,调查人员收集到以下回答:

1. 我可在单位洗澡,没必要买。
2. 外观不好看,影响卫生间布局。
3. 颜色不好,价格又贵。
4. 听说使用有安全隐患。

5. 体积太大,厨房里不好安装。
6. 国产热水器使用不方便。
7. 我不太了解。
8. 安装和维修都比较麻烦。
9. 我不喜欢它的外观,颜色也太单调。

这么多的回答,如果不进行归类处理,就不好去分析。所以,应该先将一些意思相近的答案归到某一类中,再从中分析不买的主要原因。

将上述答案合并归类后如表 18-1 所示。

表 18-1 答案归类与编码

回答类别描述	答案归类	分配的数字编码
体积大、外观、颜色差	2,3,5,9	1
价格贵	3	2
使用不方便	6,8	3
使用不安全	4	4
没需求	1	5
不知道	7	6

③ 设计编码表。为了查找、录入以及分析的方便,编码人员要编写一本编码表,说明各英文字母、代码的意思。录入人员可以根据编码表说明录入数据;研究人员或电脑程序员可以根据编码表编写统计分析程序;研究者阅读统计分析结果,不清楚各种代码的意义时,可以从编码表中查询。

第一,编码的基本原则。编码的基本原则是:同一问题的所有答案代码位数必须一致,答案与代码要一一对应,每个答案只可能有一个代码。对于可选答案在 1—9 之间的,编码只给一位数字就足够了;超出 10 个的,则给两位数字,编码不够两位要补足两位。

第二,编码表的内容。编码表应包括以下内容:首先,代码所在的位置。在计算机录入中代码是逐行录入的,对于问题不多的问卷,所有答案的代码可能只需要占用屏幕的一行就足够了。通常一份问卷所有的答案代码占用了几行的空间,由于每份问卷的代码位数是一致的,我们可以统一规定某一问题的答案代码具体是在计算机屏幕上的哪一行哪一列。其次,变量的名称及变量说明。变量就是问卷中的问题,一个问题只能有一个变量。这一项目说明的是代码所在的位置针对的是问卷中的哪一个问题。最后,编码说明。即对每一个位置上不同的代码含义加以说明,说明每一个代码是什么意思。

以下是某调查问卷的一部分,请为该问卷编写编码表。

永辉超市调查问卷

您好!

永辉作为回龙观社区的日常购物超市之一,为了更好地为您服务、提高服务质量及满意度,以及了解消费者的购买状况,特进行一次市场调查(问卷以不记名的方式进行),感谢您的参与!

1. 您了解永辉超市吗?(　　)
　A. 非常了解　　　　B. 比较了解　　　　C. 一般了解　　　　D. 不了解
2. 您在永辉超市消费过吗?(　　)
　A. 是的　　　　B. 没有(终止)
3. 您是通过哪些途径了解永辉超市的(　　)?[可多选]
　A. 同学或朋友　　B. 杂志　　　　C. 网络　　　　D. 报纸
　E. 其他
4. 您去永辉超市的次数为(　　)。
　A. 一个星期1—3次　　　　　　　　B. 一个星期4—7次
　C. 7次以上　　　　　　　　　　　D. 不去
5. 您购买以下商品的频率由多到少依次为(　　)。
　A. 饼干或面包类　　B. 泡面类　　　C. 饮料类　　　D. 学习用品类
　E. 生活用品类　　　F. 其他

编写编码表的程序如下:第一,根据编码表的结构,创建编码表;第二,根据具体的问卷备选项用不同的方法制作编码表的编码及编码说明;第三,检查编码表是否符合编码的基本原则。

说明:对单项选择题直接用数字编码;对二项选择题可以使用"0,1"编码;对多项选择题则每一选项均需要用"0,1"编码;对未回答的问题也一定要进行编码。

对该例的分析如表18-2所示。

表18-2　永辉超市调查问卷的编码表

列	变量名称及变量说明	问答题编号	编码说明
1—3	问卷编号		001—100
4	了解永辉超市的程度	1	1——非常了解; 2——比较了解; 3——一般了解; 4——不了解; 0——未回答。

（续表）

列	变量名称及变量说明	问答题编号	编码说明
5	是否在永辉超市消费过	2	0——是的； 1——没有； 9——未回答。
6—10	了解永辉超市的途径	3	同学或朋友,0——未选,1——选择； 杂志,0——未选,1——选择； 网络,0——未选,1——选择； 报纸,0——未选,1——选择； 其他,0——未选,1——选择； 00000——未回答。
11	去永辉超市的次数	4	1——一个星期1—3次； 2——一个星期4—7次； 3——7次以上； 4——不去； 0——未回答。
12	购买商品的频率（由多到少排序）	5	1——饼干或面包类； 2——泡面类； 3——饮料类； 4——学习用品类； 5——生活用品类； 6——其他； 000000——未回答。 按考虑的优先顺序排列,排在第1位的为最优先考虑的因素,依次递减。若不够六位,以"0"补足。

（2）录入数据

① 选择录入方式。采用计算机辅助电话调查（CATI）、计算机辅助面访（CAPI）以及网络调查,数据收集与录入可以同时完成。而对于面访、邮寄调查以及传真调查,事后还需要进行数据录入。数据录入的传统方式是键盘录入。此外还可以采用扫描、光标阅读器等光电录入方式。光电录入时要求调查表的填写和编码的数字书写规范,否则容易造成数字误识。目前使用最多的仍是键盘录入。数据录入时可以采用数据库形式,也可以采用一些专门的统计软件录入数据,例如SPSS软件。

② 手工录入注意事项。手工录入容易出错,录入人员可能因为手指错位、错看、串行等原因造成录入错误。如果录入人员工作态度不够认真或者技术不熟练,更会扩大差错率。因此,采用手工录入时,可采取以下措施控制录入质量：第一,挑选工作认真、有责任心、技术水平高的人员组成数据录入小组。第二,随时加强对录入人员的培训、管理和指导。第三,定期或不定期地检查录入人员的工作效率和质量,对差错率和录入速度达不到要求的录入人员予以淘汰。第四,对录入的资料进行抽样复查,一般复查比例为25%—35%。第五,双机录入。即用两台计算机分别录入相同的资料,比较并找出不一致的数

据,确定差错,然后予以更正。双机录入可以有效提高数据质量,但花费的时间和费用也较高。

统计分析软件 SPSS 简介

SPSS,英文全称为 Statistical Package for the Social Sciences,中文译作"社会科学统计软件包"。

SPSS 是世界上最早的统计分析软件,由美国斯坦福大学的三位研究生于 20 世纪 60 年代末研制,同时成立了 SPSS 公司,并于 1975 年在芝加哥组建了 SPSS 总部。1984 年 SPSS 总部推出了世界上第一个统计分析软件微机版本 SPSS/PC +,开创了 SPSS 微机系列产品的开发方向,极大地扩充了它的应用范围,并使其能很快地应用于自然科学、技术科学、社会科学的各个领域。

SPSS 是世界上公认的三大数据分析软件之一,其他两个软件则是 SAS 和 SYSTAT。1994 年至 1998 年,SPSS 公司陆续购并了 SYSTAT 公司、BMDP 公司等,由原来单一的统计产品开发转向为企业、教育科研及政府机构提供全面信息统计决策支持服务。随着 SPSS 产品服务领域的扩大和服务深度的增加,2000 年,SPSS 在战略方向上作了重大调整,将英文全称改为"Statistical Product and Service Solutions",即产品和服务的统计解决方案。

SPSS 的基本功能包括数据管理、统计分析、图表分析、输出管理等。SPSS 统计分析过程包括描述性统计、均值比较、一般线性模型、相关分析、回归分析、对数线性模型、聚类分析、数据简化、时间序列分析、多重响应等几大类。每类中又分好几个统计过程,比如回归分析中又分线性回归分析、曲线估计、Logistic 回归、Probit 回归、加权估计、两阶段最小二乘法、非线性回归等多个统计过程,而且每个过程中还允许用户选择不同的方法及参数。SPSS 也有专门的绘图系统,可以根据数据绘制几十种图形,包括条形图、面积图、圆图、高一低一收盘图、极差图、距限图、排列图、帕累托图、工序控制图、误差条图、散点图、直方图、时间序列图、相关图等。

SPSS 是世界上最早采用图形菜单驱动界面的统计软件,它最突出的特点就是操作界面极为友好、输出结果美观漂亮。它将几乎所有的功能都以统一、规范的界面展现出来。SPSS 采用类似 Excel 表格的方式输入与管理数据,数据接口较为通用,能方便地从其他数据库中读入数据。其统计过程包括了常用的、较为成熟的统计过程,完全可以满足非统计专业人士的工作需要。在众多用户对国际常用统计软件(如 SAS、BMDP、GLIM、GENSTAT、EPILOG、MiniTab 等)的总体印象分的统计中,SPSS 的诸项功能均获得最高分。在国际学术界有条不成文的规定,即在国际学术交流中,凡是用 SPSS 软件完成的计算和统计分析,可以不必说明算法,由此可见其影响之大和信誉之高。

SPSS 存储时使用专用的 SPO 格式,可以转存为 HTML 格式和文本格式。对于熟悉老版本编程运行方式的用户,SPSS还特别设计了语法生成窗口,用户只需在菜单中选好各个选项,然后按"粘贴"按钮就可以自动生成标准的SPSS程序,极大地方便了中、高级用户。

SPSS的输出结果虽然漂亮,但不能为Word等常用文字处理软件直接打开,只能采用拷贝、粘贴的方式加以交互。这可以说是SPSS软件的缺陷。

资料来源:王秀娥主编.市场调查与预测[M].清华大学出版社,2011。

利用SPSS软件进行数据录入

"城市垃圾处理实施中居民分类意识调查"来自北京市政府购买社会组织服务项目。该调查项目从海淀区、昌平区和朝阳区各选取一个街道,即上地、回龙观和望京街道作为研究范围,采用多阶段调查方法,对社区居民进行了实地拦访问卷调查。问卷主要由两部分组成:受访者的基本信息和社区居民垃圾分类意识。

本次调查共发放问卷610份,由于主要采用面对面拦访的方式,所以反馈率很高,除去乱答、漏答等情况,有效问卷共601份,问卷有效率达98%。下面是社区居民垃圾分类意识问卷的部分内容。

1. 您对垃圾分类有概念吗?(　　)
(1) 概念清楚　　　　(2) 有所了解　　　　(3) 没概念
2. 请问您家里处理垃圾的方式是什么?(　　)
(1) 未出售也未分类,全部投放到垃圾箱
(2) 除废品出售外,其余全部投放到垃圾箱
(3) 除废品出售外,其余再分类后投放到垃圾箱
(4) 全部分类投入垃圾箱
3. 您对自己周围垃圾分类与处理的现状满意吗?(　　)
(1) 很不满意　　　(2) 不满意　　　(3) 一般　　　(4) 满意
(5) 很满意
4. 您所在的社区有分类明确的垃圾桶吗?(　　)
(1) 有——请回答第5题　　　　(2) 没有——请跳转第6题
(3) 不清楚——请跳转第6题
5. 您是否将垃圾分类投入垃圾箱?(　　)
(1) 是　　　　(2) 否
6. 如果您家附近的垃圾箱设置分类功能,您是否愿意将垃圾分类投入分类箱?(　　)
(1) 愿意　　　(2) 基本愿意　　　(3)别人怎么做,我就怎么做

(4) 费事,不管它

7. 您是否接受过垃圾分类知识的宣传与教育?(　　)

(1) 经常　　　　　(2) 有时　　　　　(3) 没有

问卷调查数据利用 SPSS19.0 软件进行录入。在录入问卷数据之前,需要建立 SPSS 数据文件,应完成两项任务:第一,描述 SPSS 数据的结构;第二,录入编辑 SPSS 数据的内容。SPSS 数据的结构是对 SPSS 每列变量及其相关属性的描述,它是通过数据编辑窗口中的变量视图实现的。北京市社区居民垃圾分类调查问卷变量视图详见表 18-3。

表 18-3　北京市社区居民垃圾分类调查问卷变量视图(部分)

	名称	类型	宽度	小数	标签	值
1	概念	数值(N)	8	0	您对垃圾分类有概念吗?	{1,概念清楚}……
2	处理方式	数值(N)	8	0	您家里处理垃圾的方式是什么?	{1,未出售也未分类,全部投入到垃圾箱}……
3	垃圾分类	数值(N)	8	0	您对自己周围垃圾分类与处理的现状满意吗?	{1,很不满意}……
4	分类垃圾箱	数值(N)	8	0	您所在的社区有分类明确的垃圾箱吗?	{1,有}……
5	垃圾投入	数值(N)	8	0	您是否将垃圾分类投入垃圾箱?	{1,是}……
6	愿意分类投入	数值(N)	8	0	您是否愿意将垃圾分类投入分类箱?	{1,愿意}……
7	宣传教育	数值(N)	8	0	您是否接受过垃圾分类知识的宣传与教育?	{1,经常}……

SPSS 数据的结构定义好后就可将具体的数据输入到 SPSS 中以最终形成 SPSS 数据文件。SPSS 数据的录入操作是在数据编辑窗口中的数据视图中实现的。其操作方法与 Excel 基本类似,也是以电子表格的方式进行录入。北京市社区居民垃圾分类调查问卷数据视图见表 18-4。

表 18-4　北京市社区居民垃圾分类调查问卷数据视图(部分)

	概念	处理方式	垃圾分类	分类垃圾箱	垃圾投入	愿意分类投入	宣传教育
1	1	3	1	1	1	1	1
2	1	3	4	1	1	1	1
3	1	3	1	1	1	1	1
4	2	3	5	3	2	1	3
5	2	1	3	3	2	1	3
6	1	3	1	4	1	2	1
7	1	4	5	1	1	1	1
8	2	3	4	1	1	3	1

(续表)

	概念	处理方式	垃圾分类	分类垃圾箱	垃圾投入	愿意分类投入	宣传教育
9	1	3	3	1	1	1	2
10	2	1	3	1	1	2	1
11	1	3	1	1	1	1	1
12	2	3	4	2	1	3	1
13	2	1	3	1	2	2	2
14	1	3	3	1	1	2	1

注:行表示每份问卷的应答结果;列表示每道题的应答结果。

5.列示市场调查数据

实地调查取得大量反映个体情况的原始资料,对这些原始资料进行科学的分类、汇总整理以后,可以得到反映总体综合情况的统计资料。这些资料必须通过有效的方式得以显示,其主要表现形式是统计表和统计图。

(1)制表列示

用表格的形式来表达数据,比用文字表达更清晰、更简明、更便于显示数字之间的关系,有利于进行比较和分析研究。

① 统计表的结构。统计表是表现调研资料的一种重要形式,即将调查得来的原始资料经过整理使之系统化,用表格的形式呈现出来。从形式上看,统计表是由纵横交叉的直线组成的左右两边不封口的表格。表的上面有总标题(即表的名称),左边有横行标题,上方有纵栏标题,表内则是统计数据,如表18-5所示。

表18-5 居住时间与对商场的熟悉程度的分布表　　　　单位:人

熟悉程度	居住时间			合计
	13年以下	13—30年	30年以上	
不熟悉	45	34	55	134
熟悉	52	53	27	132
合计	97	87	82	266

因此,统计表的构成一般包括四个部分:

第一,总标题。即表的名称。它相当于一篇论文的总标题,表明全部统计资料的内容,一般写在表的上端正中的位置。

第二,横行标题。通常也称为统计表的主词(主栏)。它表明研究总体及其分组的名称,也是统计表说明的主要对象,一般列于表的左方。

第三,纵栏标题。通常也称为统计表的宾栏。它表明总体特征的统计指标的名称,一般写在表的上方。

第四,统计资料。即表格中的数字资料。

② 设计与填写统计表。在设计统计表之前,要对列入表中的统计资料进行全面的分

析研究,包括如何分组、如何设置指标,哪些指标放在主栏、哪些指标放在宾栏等,务必使表格设计主次分明、简明醒目、科学合理。具体操作如下:

第一,统计表的形式一般应该为长宽比例适中的长方形,统计表的上下两端的端线应当用粗线绘制,表中其他线条一律用细线绘制。表的左右两端习惯上均不画线,采用不封闭口形式。

第二,表中的横行"合计"一般列在最后一行(或最前行),表中纵栏的"合计"一般列在分组后的最后一栏。

第三,表中纵栏较多时,为方便阅读与核对指标之间的关系,可以按栏的顺序编号。习惯上对非填写统计数字的(文字)各栏分别按"(甲)(乙)(丙)……"的顺序编号;而对填写指标数字的各栏分别按"(1)(2)(3)……"的顺序编号。各栏之间如果有计算关系,可以用数学公式表示,如(3)=(2)-(1),表示第3栏等于第2栏减去第1栏。

第四,表中的总标题要简明扼要,并能准确说明表中的内容,同时标题内或标题下面应说明统计资料所属的时间和空间。

第五,表内各主词之间、各宾词之间的排列顺序,应按时间先后、数量大小、空间位置等自然顺序合理编排。一般是按从小到大、从过去到现在、从低到高的顺序排列。

第六,表中的指标数字应有计算单位。如果表中的计算单位都是相同的,应在表的右上角注明单位;如果表中各栏的指标计算单位相同,应在各栏标题的下方或右侧注明计算单位;如果表中同行的分组指标单位相同,应在横行标题后专辟"计量单位"栏。

第七,表内上下各栏数字的位数要对齐,同类数字要保持有效的统一位数。例如,统一规定整数后面保留两位小数,如果小数点后面是零,应当填上"0",以表示没有小数。表内如有相同的数字,应全部重写一遍,不能用"同上""同左"等字样表示。不可能有数字的空格,应当用短横线"—"填写,以免被误认为漏填;如果有数字但数字很小,可以忽略不计,或应有数字但不详,可以用虚线"……"表示;如果某项资料免于填报,应当用符号"×"表示。总之,表内各行各栏不应留有空格。

第八,对某些资料必须进行说明时,应在表的下面注明。

③ 编制频数表。频数表可以描述数据分布的基本状况,其编制方法为:

第一,确定组距和组数。首先将原始资料按标志值的大小顺序排列,找出最大值、最小值,确定全距,然后根据标志值的数量及全距确定组距和组数。组距和组数互为制约,组数越多则组距越小,组数越少则组距越大。一般可先确定组距,再根据组距确定组数。例如,以 R 代表全距,I 代表组距,K 代表组数,如已知全距和组距,则 $K=R/I$;反之,如已知全距和组数,则 $I=R/K$。

第二,在市场调查研究中,所分组数不宜太多或太少,一般以5—15组较为合适,当然,不同情况需区别对待。重要的是,通过分组应将总体单位的性质区别及其分布特征、集中趋势显现出来。

第三,确定组限时,最小组的下限应低于或等于最小变量值,而最大组的上限应高于或等于最大变量值。因为只有如此,才能把所有的变量都包括在各组中,但组限和变量值的距离不要相差过大,必要时,可采用开口组(如人口统计中的年龄分组)的形式。

（2）制图列示

统计图是统计资料的另一种常用的表现形式。用图形形式来反映统计资料,从视觉角度来说,具有简洁具体、形象生动和直观易懂的特点,能给人留下深刻的印象,一般能取得较好的效果。当然,统计图只是描述和揭示统计数据特征的有效方法之一,并不能代替统计分析。

绘制统计图,应注意从以下方面着手:明确制图目的;精选符合制图目的的准确的统计资料,以使图示内容正确而又简明扼要;选择合适的图形,力求图形的科学性和艺术性;认真设计和绘制,对图形的布局、形态、线条、字体、色彩都要认真选择和处理;标题明确而鲜明;必要时可附加统计表和文字说明。

① 条形图。条形图以宽度相等的条形的长度或高度来反映统计资料,如图18-1至图18-3所示。它所表示的统计指标可以是绝对数,也可以是相对数和平均数;可以是不同地区、单位之间的同类现象,也可以是不同时间的同类现象。根据图形的排列方式,条形图可以分为纵式条形图(即柱状图)和横式条形图(即带形图);根据图形的内容,条形图可以分为单式条形图、复式条形图和分段条形图。

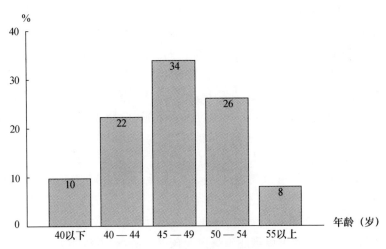

图 18-1　调查对象的年龄特征

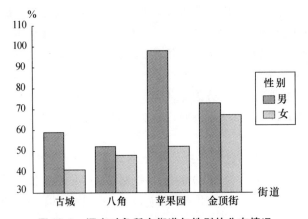

图 18-2　调查对象所在街道与性别的分布情况

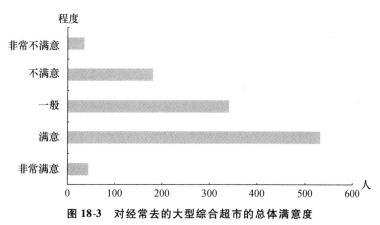

图 18-3　对经常去的大型综合超市的总体满意度

② 折线图。折线图以曲线的升降、起伏来表示数据的动态变化，如图 18-4 所示。

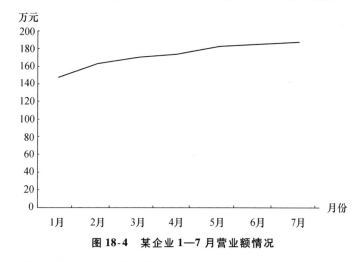

图 18-4　某企业 1—7 月营业额情况

③ 饼形图。饼形图也称圆形图，是用圆形面积的大小代表总体数值，或用圆形中的扇形面积反映总体内部各构成指标的数值。后者也称圆形结构图，常用于在总体分组的情况下，反映总体的结构、各组所占的比重（百分比）等资料。这也是普遍使用的一种统计图。其绘制方法是，先根据构成总体的各组成部分所占的比重，求出其占圆心角的度数；然后按其度数绘制出扇形的面积，如图 18-5 所示。

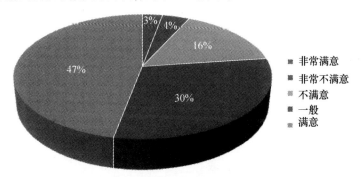

图 18-5　对经常去的某大型综合超市总体满意度

第二部分 实 践 活 动

活动 25:了解市场调研资料整理的程序

1. 分组:把班级分成若干项目小组,以学生自愿组合为主、指导教师为辅,每个小组约 3—5 名学生,每组确定 1 名组长。

2. 每组确定调研主题、设计问卷、实地调研、发放问卷(出于训练的考虑,建议至少发放 50 份)。

3. 对回收的问卷进行审核,剔除不合格问卷。

4. 对问卷进行编码并编制编码说明表。

5. 各小组将本组收回的问卷结果录入 SPSS 软件中。

6. 各小组将问卷数据结果制成统计表和统计图。

7. 指导教师进行点评。

任务十九 调研资料分析

第一部分 学习引导

【任务导入】

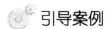引导案例

广州药业数据分析系统成功案例

广州药业是中国最大的中成药制造商、中国第三大医药贸易商,在广州拥有最大规模的医药零售网络。为迎接日趋激烈的市场竞争,广州药业委托菲奈特公司为其设计一套数据分析系统——Analyzer,用来了解、掌握市场信息和企业内部的变化情况,以期根据市场的变化迅速调整优化企业的产品结构和市场策略。该系统应用了数据仓库技术与各种数据分析模型、市场预测模型、多元统计方法、企业管理方法,帮助管理者掌握目前的经营状况、把握市场规律、及时发现问题,辅助企业规范管理制度。

Analyzer系统主要包括关键指标分析、销售分析、财务分析和预测分析四大模块。

用户通过关键指标分析模块,可以设定企业日常关注的一些重要指标及这些指标异常的参数,每天该模块会自动检查这些指标,发现问题及时提示。这一模块改变了企业管理者管理企业的流程。有了它,管理者每天只需打开电脑,这一模块中的指标告警模块就会提示目前企业共出现多少异常情况,并指导管理者迅速找到问题的所在。这样,管理者就可以从复杂的观察工作中抽身而出,灵活地安排时间。

用户通过销售分析模块,可以对全国、不同地区具体客户的销售数据及财务收回货款情况进行统计分析和比较,运用各种手段分析各区销售人员的业绩及具体客户的情况,并可以根据客户的货款周转速度、货款回收率等进行客户的等级评定,从而制定发货制度;同时,还可以利用聚类分析对客户进行分类,确定相应的销售策略。

用户通过财务分析模块,可以利用各种分析手段从财务角度观察销售利润情况、产品利润情况及流动资金情况。例如,可通过不同的时段来研究销售收入、毛利率、成本、费用等变化对利润的影响。

用户通过预测分析模块,可以对未来销售量、销售成本、销售单价及销售费用进行预测。生产计划和库存分析模块能帮助用户控制产成品,指导生产,并对原材料采购给出指导意见。

【启示】 本案例告诉我们,数据分析已经成功地运用到企业的实际运营当中,并为决策提供必要的数据支撑。

资料来源:IBM 中国——行业解决方案。

19.1 调研资料分析的概念

调查数据资料图表化仅是对调研资料作了简单处理,还需要进行具体、深入的分析,才能使这些资料说明一定的问题、产生实际意义,最终应用于市场调查活动中。

市场调研资料分析,是指根据市场调查的目的,运用多种方法对市场调查活动中收集、整理的各种资料进行对比分析,得出调查结论,进行对策研究,为撰写市场调查报告作准备的工作过程。简言之,资料分析就是通过对已整理的数据进行深加工,从数据导向结论,从结论导向对策,使调查者从定量认识过渡到更高的定性认识,从而有效地回答原定的市场调查问题。

19.2 调研资料分析的基本内容

调研资料分析的基本内容包括:

(1) 对调查特点、目的进行剖析,得出有关整个调查分析过程的方向及侧重点等方面的结论;

(2) 对所应用的调查方式及分析方法的特性和针对性进行分析;

(3) 对调查对象的特点及对调查所持的态度等进行分析;

(4) 对调研资料的可靠性和代表性进行分析;

(5) 运用适当的分析方法,分析调研资料所反映的问题;

(6) 综合得出最终的分析结论,并对这一结论的前提、深层根源及适用范围等提出见解;

(7) 针对综合分析的结论提出建议和对策。

19.3 调研资料分析的过程

1. 掌握统计分析方法

分析数据的方法有两种:一种是定性分析方法,另一种是定量分析方法。

2. 正确选择统计方法

选择统计方法,主要考虑两个因素,即调查问题的性质和数据资料的性质。

3. 拟订计划

拟订统计分析计划,实际上就是列出一张统计分析清单,说明对什么变量采用什么统计方法,要得到什么统计量。

4. 统计运算

即根据统计分析计划的要求,使用统计软件对数据进行分析。

19.4 调研资料的定性分析

任何事物都有质的属性和量的属性两个方面,市场现象也不例外。"定性",顾名思义,就是确定研究对象是否具有某种性质的一种分析方法,主要解决"有没有""是不是"的问题。定性分析就是要确定数据资料的性质,是通过对组成事物或现象"质"的有关因素进行理论分析和科学阐述的一种方法。定性调查常用来确定市场发展的态势与市场发展的性质,主要用于市场探究性分析。

1. 定性分析的操作

定性分析市场调研资料一般要经历以下几个操作环节:

(1) 审读资料数据

资料分析人员首先要对被分析的资料数据进行认真的审查和阅读。审读时,要对访问或观察记录中反映的调查对象的实际情况作事实鉴别,将数据资料按问题分类,选取有意义的事例,为定性分析的下一步工作做好准备。

(2) 知识准备

分析人员在分析前要做好定性分析的知识准备。如查找相关分析知识、理论及推导逻辑过程,实际上这种知识准备主要是对有关理论的进一步学习。在市场调查实践的整个过程中都可能会涉及一些理论准备,像定性分析的知识准备主要是为分析工作作进一步的准备。

(3) 制订分析方案

制订分析方案是指整体考虑分析什么材料,用什么理论、从什么角度对调查资料数据进行解释。当然,资料的审查与理论知识的准备过程也是设计方案的过程,但完整的分析方案的形成一般是在前面两个步骤之后进行的。

(4) 分析资料

这一阶段开始对市场调研资料进行研究和解释。在对资料进行分析研究的基础上,当研究的结果证明了研究的假设时,应该从理论上探讨和解释为什么研究假设被证明,并根据研究资料和理论提出新的问题及研究假设,这也是定性分析的关键。这样一步一步,才能更深层次地揭示出市场问题,更好地实现调查目标。

2. 选择定性分析方法

(1) 对比分析

对比分析的操作思路是:将被比较的事物和现象进行对比,找出异同点,从而分清事物和现象的特征及其相互联系。在市场调查实践中,把两个或两类问题的调查资料进行对比,确定它们之间的相同点和不同点。市场调查的对象不是孤立存在的,而是和其他事物存在着或多或少的联系,并且相互影响,而对比分析有助于找出调查事物的本质属性和非本质属性。

对比分析法可以在同类对象间进行,也可以在异类对象间进行;要分析可比性;对比分析应该是多层次的。

（2）推理分析

推理分析的操作思路是：由一般性的前提推导出个别性的结论。

市场调查中的推理分析，是指把调研资料的整体分解为各个因素、各个方面，形成分类资料，并通过对这些分类资料进行研究，分别把握其特征和本质，然后将这些通过分类研究得到的认识联结起来，形成对调研资料整体和综合性认识的逻辑方法。使用推理分析时需要注意，推理的前提要正确，推理的过程要合理，而且要有创造性思维。

（3）归纳分析

归纳分析的操作思路是：由具体、个别或特殊的事例推导出一般性规律及特征。在市场调查所收集的资料中，应用归纳分析法可以概括出一些理论观点。归纳分析法是市场调查分析中应用得最广泛的一种方法，具体可以分为完全归纳、简单枚举和科学归纳三种形式。

① 完全归纳。即根据调查问题中每个对象的某种特征属性，概括出该类问题的全部对象整体所拥有的本质属性。这种方法要求分析者准确掌握某类问题全部对象的具体数量，而且还要调查每个对象，了解它们是否具有所调查的特征。但在实际应用中，调查者往往很难满足这些条件，因此，其使用范围受到一定的限制。

② 简单枚举。即根据目前调查所掌握的某类问题一些对象具有的特征，而且没有个别不同的情况，来归纳出该类问题整体所具有的特征。这种方法是建立在市场调查人员经验的基础上的，操作简单易行。但简单枚举法的归纳可能会出现偶然性，要提高结论的可靠性，则分析考察过的对象就应该尽量多选一些。

③ 科学归纳。即根据某类问题中的部分对象与某种特征之间的必然联系，归纳出该类问题所有对象都拥有的某种特征。这种方法应用起来很复杂，但很科学。

19.5　调研资料的定量分析

定量分析是指从事物数量方面的特征入手，运用一定的数据处理技术进行数量分析，从而挖掘出数量中所具有的事物本身的特性及其规律性的分析方法。

1．数据的集中趋势分析

对调研数据的集中特征进行分析是准确描述总体特征的重要前提。数据的集中趋势分析用来反映数据的一般水平，以及各统计数据向其中心靠拢或聚集的程度。测定数据集中趋势的常用指标有三种：平均数、中位数和众数。

（1）平均数

平均数又称均值，一般包括算术平均数、调和平均数和几何平均数三种。其中，算术平均数最简单，也是测定集中趋势最常用的指标。根据数据分组与否，它又可以分为简单算术平均和加权算术平均两种。

① 简单算术平均数。依据未分组的原始数据，将总体单位的标志值简单加总求和，除以总体单位数所得的结果即为简单算术平均数。其计算公式为：

$$\bar{x} = \frac{\sum x}{n} = \frac{x_1 + x_2 + \cdots + x_n}{n}$$

② 加权算术平均数。原始资料按数量标志分组，编成变量数列，将各组的标志值乘以相应的次数（权数），然后再加总求和，再除以总次数（总体单位数）所得到的结果即为加权算术平均数。其计算公式为：

$$\bar{x} = \frac{\sum xf}{\sum f} = \frac{x_1 f_1 + x_2 f_2 + \cdots + x_n f_n}{f_1 + f_2 + \cdots + f_n}$$

（2）中位数

中位数是指将总体各单位的标志值由小到大排列，处在中间位置的那个标志值，用 M_e 表示。它把全部标志值分为两个部分，一半标志值比它小，一半标志值比它大。当平均值不易计算时，可用中位数代表总体的一般水平。

中位数的计算步骤为：第一步，将数值由小到大排列。第二步，按照公式 $(n+1)/2$ 计算中位数的位次，再根据位次确定中位数。第三步：若数列的项数为奇数，则中位数即为 $(n+1)/2$ 对应的数；若数列的项数为偶数，则对应于中位数位次左、右相邻两个变量的简单平均数即为中位数。

下列数据是16位被调查者一个月内去大型综合超市购物的次数，请计算其中位数。
1,1,0,3,3,0,1,2,3,5,3,2,0,4,6,5
具体计算步骤如下：
(1) 将数据排序，确定每个数的位置。
原始数据：1,1,0,3,3,0,1,2,3,5,3,2,0,4,6,5
排序后的数据：0,0,0,1,1,1,2,2,3,3,3,3,4,5,5,6
数据的位置：1,2,3,4,5,6,7,8,9,10,11,12,13,14,15,16
(2) 确定中位数的位置。

中位数位置 $= (n+1)/2 = (16+1)/2 = 8.5$

(3) 计算中位数。
本例中数据的个数 n 为16，是偶数，因此，中位数为居中间位置（第8和第9的位置）的两个数据的简单算术平均数，得：

中位数 $= (2+3)/2 = 2.5$

即从中位数的角度来说，这16位被调查者一个月内去大型综合超市购物的平均次数是2.5次。

（3）众数

众数是在一个统计总体或分布数列中出现次数最多的变量值。它本身不是平均值，只是总体一般水平的代表值。众数可以根据品质数列计算，也可以根据变量数列计算。它不受极端值的影响，所以代表性更强。值得注意的是，有时频数最大的数值可能会有两个或更多个。

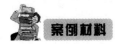

例如,在 3,4,4,5,6 这组数据中 4 出现的次数最多,即这组数据的众数是 4。

又如,在大批量生产的服装、鞋帽中,可以用绝大多数人的尺码作为众数,如男鞋是 42 码,女鞋是 37 码或 38 码等。在一组数据中众数不是唯一的,可以有一个或一个以上,也可以没有。

再如,从表 19-1 中的数据可以看出,在被调查者中,所从事职业最多的是公司职员,所以公司职员是众数。

表 19-1 北京消费者对大型综合超市满意状况调查问卷中的个人基本情况数据

个人基本资料	分类	频数(人)	频率(%)
职业	公务员	69	6.07
	事业单位人员	115	10.12
	企业管理人员	180	15.85
	公司职员	315	25.97
	工人	58	5.11
	学生	33	2.90
	自由职业者	93	6.43
	家庭主妇	127	11.18
	离退休人员	98	12.15
	其他	48	4.23
	合计	1 136	100.00

表 19-2 显示的是一组关于碳酸饮料的样本数据的频数。从表中数据可以看出,销售频数最大的碳酸饮料是可口可乐,所以可口可乐是众数,它提供了顾客偏好的信息。而平均数和中位数对于这样类型的数据显然是毫无意义的。

表 19-2 碳酸饮料销售频数

碳酸饮料品牌	频数(瓶)
可口可乐	86
健力宝	16
美年达	12
七喜	6
雪碧	41
芬达	20
百事可乐	13
合计	194

2. 数据的离散程度分析

数据的离散程度分析是用来反映数据之间差异程度的指标。反映数据离散程度的指标有极差、平均差、标准差和离散系数。集中趋势指标反映一个变量的集中程度,而离散程度指标反映数据的离散程度。只依赖数据集中趋势指标,可能使我们不能对事物有一个全面的把握。表 19-3 反映了集中趋势分析和离散程度分析所提供的不同信息。

表 19-3　离散程度计算与集中趋势计量　　　　　　　　　　单位:杯/天

被调查者	啤酒市场 1	啤酒市场 2
1	2	1
2	2	2
3	3	1
4	2	1
5	5	2
6	1	1
7	2	1
8	2	1
9	10	10
10	1	10
算术平均数	3	3
标准差	2.57	3.52

表 19-3 说明啤酒的平均消费量在两个市场是相同的。然而,市场 2 的标准差大于市场 1,这表明市场 2 在数据上更为分散。虽然两个市场的平均值是相同的,但我们可以从标准差提供的附加信息中看出它们是不同的。

(1)极差

极差又称全距,用 R 表示,是一组数据中两个极端值(即最大值和最小值)之差。其计算公式为:

$$极差(R) = 最大数据值 - 最小数据值$$

极差是测定数据离散程度最简单的方法,主要用来说明数据分布中各数据值变化总范围的大小。极差越大,说明数据分布中各数据值变动范围越大,均值的代表性越差;反之,极差越小,各数据值变动范围越小,均值的代表性越好。

极差的优点是计算简单、易操作;缺点是极差的大小仅仅取决于两个极端值,没有考虑到中间各个数值的分布情况,不能充分、全面反映数据分布中所有数据的离散趋势。

(2)平均差

平均差是指数据分布中各数据与其算术平均数的差(离差)的绝对值的算术平均数,通常用 A.D 表示。其计算公式为:

$$A.D = \frac{\sum_{i=1}^{n} |X_i - \bar{X}|}{n}$$

式中,A.D 表示平均差;$\bar{X}$ 表示算术平均值;X_i 表示第 i 个数据值;n 表示数据的个数。

平均差表示数据分布中各数据值对算术平均值的平均距离。平均差越大,说明数据分布中各数据值变动范围越大,均值的代表性越差;反之,平均值越小,各数据值变动范围越小,均值的代表性越好。

(3) 标准差

标准差又称均方差,用 σ 表示,是数据分布中各数据值与其均值离差平方的算术平均数的平方根。

标准差是测量数据分布离散程度的最主要的指标。标准差与平均差的意义基本相同,也是表示各数据值对其均值的平均距离。

大多数的市场调查所搜集的数据来源于一个样本,我们计算样本方差(S^2)时,更希望用它来估计总体方差(σ^2)。其计算公式为:

$$S^2 = \frac{\sum_{i=1}^{n}(X_i - \bar{X})^2}{n-1}$$

由于方差是数据值的平方,与检测值本身相差太大,人们难以直观地衡量,所以常用方差开根号换算回来,这就是我们所说的标准差。

标准差主要用来说明数据分布中各数据值变化情况。标准差越大,说明数据分布中各数据值变化范围越大,均值的代表性越差;反之,标准差越小,各数据值变动范围越小,均值的代表性越好。

(4) 离散系数

离散系数又称变异系数,是一类相对数形式的变异指标。其中,标准差系数在实际中应用得最广泛。标准差系数是一组数据的标准差与其均值之比。其计算公式为:

$$V_\sigma = \frac{\sigma}{\bar{X}}$$

式中,V_σ 表示标准差系数;σ 表示标准差;$\bar{X}$ 表示算术平均值(均值)。

标准差系数适用于对比分析均值水平不同或计量单位不同的两组数据的离散程度的大小。标准差系数越大,说明该组数据的离散程度越大,均值的代表性就越差;标准差系数越小,说明该组数据的离散程度越小,均值的代表性就越好。

图 19-1 是北京某超市 2015 年 1—7 月份营业收入情况。请用 Excel 计算该超市 1—7 月份营业收入的均值和标准差等描述统计量。

	年月	营业收入（万元）
1		
2	一月	147.9
3	二月	161.9
4	三月	169.7
5	四月	174.5
6	五月	182
7	六月	185
8	七月	187.3
9		

图 19-1 北京某超市 2009 年 1—7 月份营业收入

具体操作步骤如下：选择 Excel "数据分析"按钮，在弹出的"数据分析"对话框中选择"描述统计"选项，选择相应区域，单击"确定"按钮，即得到描述统计量的计算结果，如图 19-2 所示。

F	G
	列1
平均	172.6142857
标准误差	5.333650076
中位数	174.5
众数	#N/A
标准差	14.11151168
方差	199.1347619
峰度	0.062144615
偏度	-0.86764519
区域	39.4
最小值	147.9
最大值	187.3
求和	1208.3
观测数	7

图 19-2 北京某超市"描述统计"计算结果

3. 数据相对程度分析

数据相对程度分析就是从两个相联系的统计指标对比计算的相对数出发，对其反映的事物间的关系进行的研究分析。数据相对程度分析使那些利用总量指标不能直接对比的现象找到了可比的基础。相对指标有的为有名数，但多为无名数，一般用系数、倍数、成数、百分数或千分数表示。

（1）相对指标的分类

相对指标可以分为以下类型：

① 计划完成程度相对指标

计划完成程度相对指标是某一时期实际完成的指标数值与计划指标数值对比的结果。

② 结构相对指标

结构相对指标是总体各组成部分与总体数值对比得出的比重或比率，用来表明总体的构成情况，一般用百分数表示。它从静态上反映总体的内部构成，揭示事物的本质特征，其动态变化可以反映事物的结构发展变化趋势和规律性。总体各组的结构相对指标可以说明该组在总体中的地位和作用，对于计算平均指标有特殊意义。

③ 比较相对指标

客观事物的发展是不平衡的，对事物在不同地区、不同单位之间即不同空间发展的差异程度进行研究，需要运用比较相对指标。

比较相对指标即反映在同一时间不同空间上同类现象数量对比关系的指标，一般用百分数或倍数表示。

④ 比例相对指标

由于总体内部各组成部分之间存在一定的联系，并在客观上保持一定的比例，因此为了反映这种比例关系，需要计算比例相对指标。

比例相对指标是指同一总体内不同部分的指标数值对比得到的相对数，它表明总体中各部分的比例关系，通常用倍数或百分数表示，也可以用一比几或几比几的形式来表示。

⑤ 强度相对指标

强度相对指标又称强度相对数，是指两个性质不同但有联系的总量指标对比得出的相对数，是用来表示现象的强度、密度和普遍程度的指标。例如，以人口数与土地面积对比得到的人口密度，以主要产品产量与人口数对比得到的每人平均产品产量，以医院病床数与人口数对比得到的每一万人平均分摊的医院病床数等，均被称为强度相对指标。

⑥ 动态相对指标

动态相对指标即两个时期间同一指标数值的对比，是反映现象发展变化程度的指标，通常用百分数表示。它把作为比较的时期称为基期，把同基期对比的时期称为报告期。动态相对指标对于分析研究社会经济现象的发展变化过程具有重要意义。

（2）计算和运用相对指标应注意的问题

统计相对数是一种抽象化的指标数值，是现象进行对比分析的一种重要手段，要使对比分析准确、深刻地反映出现象之间的关系，发挥相对数的作用，在计算和应用相对指标时应注意以下几个问题：第一，注意指标的可比性；第二，要把各种相对数结合起来；第三，应把相对数和绝对数结合起来使用。

4. 数据交叉列表分析

交叉分析表是指同时将两个或两个以上有一定联系的变量及其变量取值按一定的顺序交叉排列在同一张统计表内，使各变量值成为不同变量的结点，进而分析变量之间的相互关系,最终得出结论的一种数据分析技术。变量之间的分项必须交叉对应,从而使得交叉表中的每个结点的值反映不同变量的某些特征。在使用交叉列表进行分析时,变量的选择和确定是一个关键性问题,它直接关系到分析结果正确与否。选择和确定交叉列表分析中的变量,包括其内容和数量,应根据调查项目的特点具体确定。

(1) 双向交叉表

双向交叉表是复杂形式交叉表的基础,它描述的是当两个变量同时产生影响作用时频数分布的情况,又被称为列联表。

家庭拥有冰箱调查数据分析

某市场研究公司对 2007 年上半年全国大都市冰箱市场进行了调查,调查地点为北京、上海、广州、成都四大城市,采用随机电话访问的方法,样本量为 2 177 个。

首先,要研究四大城市的家庭拥有冰箱台数的情况。该公司先以消费者所在城市为标志,将消费者划分为北京、成都、上海、广州四组;再按拥有冰箱的台数将拥有 1 台的归为第一组,拥有 2 台的归为第二组,拥有 3 台或 3 台以上的归为第三组。这样就得到一份消费者城市分布与冰箱拥有量的交叉列表,如表 19-4 所示。

表 19-4　家庭拥有冰箱台数情况　　　　　　　　　　　　单位:%

	1 台	2 台	3 台或 3 台以上
北京	85	13	2
成都	84	8	8
上海	93	6	1
广州	94	3	3

其次,要研究冰箱品牌占有率的城市差异。为简明起见,该公司只选取了有代表性的四大冰箱的品牌进行分组,即将其划分为海尔、容声、伊莱克斯、美的四组;再以消费者所在城市为标志,将消费者划分为北京、成都、上海、广州四组。这样就得到冰箱品牌与城市分布的交叉列表,如表 19-5 所示。

表 19-5　家庭拥有冰箱品牌情况　　　　　　　　　　　　单位:%

	海尔	容声	伊莱克斯	美的
北京	44	21	9	10
成都	53	20	3	8
上海	31	23	6	18
广州	13	27	4	12

在交叉表中，要注意自变量和因变量的关系。一般来说，交叉表都将自变量横向展开，将因变量纵向展开，用相对频数计算行百分比。这种行百分比就相当于一种条件概率。例如，表19-5中的第一行第一列表示，居住在北京的消费者中有44%的家庭偏好海尔品牌的冰箱。

（2）三向交叉表

从上面的案例可知，消费者居住的城市不同，其家庭拥有冰箱的台数、对品牌的偏好程度都有所不同。那么，能不能把这几个因素综合起来分析，这就要通过三向交叉表来进行。

三向交叉表，是指先选中其中的一个变量，将其稳定在各种变量值中的一个值上，然后对另外一个自变量和因变量做双向交叉分组；再将第一个变量稳定在其下一个变量值上，做另外两个变量的交叉列表；以此类推，直到第一个变量的所有变量值被一一列举完毕。

时装购买与婚姻状况关系的调查数据分析

以某项调查时装购买和婚姻状态之间关系的市场调查项目为例。变量时装购买情况分为高和低两种状态。变量婚姻状态也分为已婚和未婚两种状态。用三向交叉表对1 000个消费者样本的调研资料进行分析得到表19-6。

表19-6 时装购买情况与婚姻状况三向交叉表　　　　　　　　　　单位：%

时装购买情况	性别			
	男		女	
	已婚	未婚	已婚	未婚
高	35	40	25	60
低	65	60	75	40
列总计	100	100	100	100
被调查者数	400	120	300	180

表19-6显示，女性中60%的未婚者属于高时装购买者，而已婚女性中高时装购买的比例只有25%；就男性而言，40%的未婚者和35%的已婚者属于高时装购买者，两者的比例较接近。

表19-6中每一个局部双向交叉，都存在着三列。对于这样的结构，只要抽出其中的两类变量，就可以形成满足各种统计分析需要的其他表列形式。通过对变量值的变动分析，可以研究几个变量分别会对研究目标产生什么影响、影响的程度有多大。

对于一个双向交叉表,可以得到一个两变量间有无关系的结论。双向交叉表所能传达的信息是表面性的,其结论可能真实,也可能会引起误解或曲解。判断这种结论正确性的办法是引入第三个变量,作三向交叉分析,检查一下引入新变量之后原有自变量与因变量之间关系的变化情况,由此深化对初始关系的认识。

第三个变量的引入有助于人们深化对两变量间关系的认识。以此类推,如果继续引入第四个变量、第五个变量……问题会更加清楚明了。然而,新变量的引入是受到一些因素制约的。一方面,新引入的变量必须是在设计调查方案时就已经存在的调查项目,而调查人员在设计时即使尽量从多方面考虑问题,也可能满足不了在事后提出的新要求;另一方面,引入变量过多就要求有更多的样本数据,这必然会增加调查的成本。因此,在调查实践中一般只延伸到三向交叉分析,而且引入的中介变量应该是与原有因变量之间有某种联系的。

5. 数据变量间关系分析

(1) 方差分析

方差分析(Analysis of Variance,简称 ANOVA),又称"变异数分析"或"F 检验",是由英国统计学家 R. A. Fisher 首先提出的。

方差分析的基本思想是先将所有测量值间的总变异按照其变异的来源分解为多个部分,然后进行比较,评价由某种因素所引起的变异是否具有统计学意义。得出统计量 F 值,最后根据 F 值的大小确定 P 值,作出统计推断。

总变异是指所有测量值之间总的变异程度。组间变异是指各组均数与总均数的离均差平方和。组内变异是指在同一处理组内,虽然每个受试对象接受的处理相同,但测量值各不相同。

在方差分析中,当涉及的因素只有一个时,被称为单因素方差分析;当涉及的因素为两个或以上时,被称为多因素方差分析。使用统计软件很容易进行方差分析计算,下面就以单因素方差分析为例介绍其基本思路。

在市场调研中,我们经常关心某一因素不同水平下对因变量的影响差异是否显著。例如,观看不同电视广告的消费者对某品牌的评价是否有显著差异;零售商、批发商和代理商对公司营销政策的看法是否有显著差异;在不同价格水平下,消费者对某品牌商品的购买欲望是否不同;对商场熟悉程度不同的消费者对该商场的偏好是否不同;等等。通过单因素方差分析可以解决这些问题或其他类似问题。

进行单因素方差分析的一般步骤为:

首先,明确自变量与因变量,建立原假设。假设因变量为 Y,自变量为 X,X 有 r 个水平。在 X 的每个水平下,Y 的观察值的个数为 n_i,总样本量为:

$$n = \sum_{i=1}^{r} n_i$$

原假设 $H_0: \mu_1 = \mu_2 = \mu_3 = \cdots = \mu_r$。

其次,分别计算总方差、组间方差、组内方差,建立单因素方差分析表,如表 19-7 所示。

表 19-7　单因素方差分析

方差来源	平方和	自由度	方差	F 值
组间 （因素影响）	$SS_X = \sum_{i=1}^{r} n_i (\bar{X}_i - \bar{X})^2$	$r-1$	$\text{MSS}_X = SS_X / r - 1$	$F = \dfrac{\text{MSS}_X}{\text{MSS}_{\text{error}}}$
组内 （误差）	$SS_{\text{error}} = \sum_{i=1}^{r} \sum_{j=1}^{n_i} n_i (X_{ij} - \bar{X}_i)^2$	$n-r$	$\text{MSS}_{\text{error}} = SS_{\text{error}} / n - r$	
总和	$SS_Y = SS_X + SS_{\text{error}}$	$n-1$		

再次，进行显著性检验和 F 检验。查表得到临界值 $F_\alpha(r-1, n-r)$，如果 $F > F_\alpha(r-i, n-r)$，显著性水平低于 α，则拒绝原假设，认为差异显著。

最后，分析结果。如果原假设没有被拒绝，说明自变量对因变量没有显著影响；反之，如果原假设被拒绝，说明自变量对因变量有显著影响。换句话说，在自变量的不同水平下，因变量的均值是不同的。

某企业在制定某商品的广告策略时，收集了该商品在不同地区采用不同广告形式促销后的销售额数据，希望对广告形式和地区是否对商品销售额产生影响进行分析，如图 19-3 所示。其中，$x1$ 表示广告形式；$x2$ 表示地区；$x3$ 表示销售额。

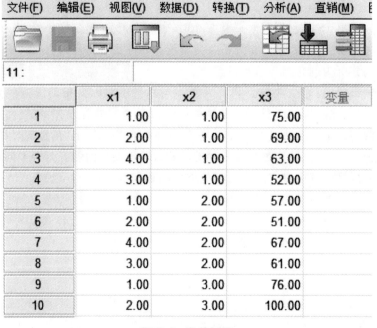

图 19-3　数据视图

这里,以商品销售额为观测变量,广告形式和地区为控制变量,通过单因素方差分析分别对广告形式和地区对销售额的影响进行分析。

两个单因素方差分析的原假设分别为:不同广告形式没有对销售额产生显著影响(即不同广告形式对销售额的效应同时为0);不同地区的销售额没有显著差异(即不同地区对销售额的效应同时为0)。

SPSS单因素方差分析的基本操作步骤如下:

(1)选择菜单。依次选择"分析"→"比较均值"→"单因素方差分析"框后出现如图19-4所示的窗口。

(2)选择观测变量到"因变量列表"框中。

(3)选择控制变量到"因子"框中。控制变量有几个不同的取值就表示控制变量有几个水平。

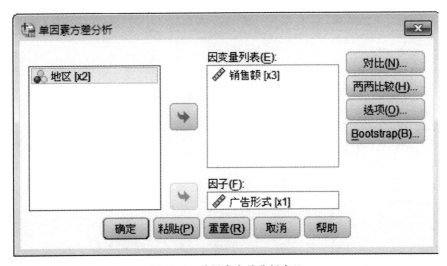

图 19-4 单因素方差分析窗口

至此,SPSS将自动分解观测变量的变差,计算组间方差、组内方差、F统计量以及对应的概率p值,完成单因素方差分析的相关计算,并将计算结果输出到SPSS输出窗口中。分析结果如表19-8(a)所示。

表 19-8(a) 广告形式对销售额的单因素方差分析结果

销售额	平方和	df	均方	F	显著性
组间	5 866.083	3	1 955.361	13.483	0.000
组内	20 303.222	140	145.023		
总数	26 169.306	143			

表19-8(a)是广告形式对销售额的单因素方差分析结果。可以看到:观测变量销售额的离差平方总和为26 169.306;如果仅考虑广告形式单个因素的影响,则销售额总变差中不同广告形式可解释的变差为5 866.083,抽样误差引起的变差为20 303.222,它们的方差分别为1 955.361和145.023,两者相除所得的F统计量的观测值为13.483,对应的概

率 p 值近似为 0。如果显著性水平 α 为 0.05，由于概率 p 值小于显著性水平 α，所以应拒绝假设，认为不同广告形式对销售额产生了显著影响，而且不同广告形式对销售额的影响效应不全为 0。

同理，表 19-8(b) 是地区对销售额的单因素方差分析结果。可以看到：观测变量销售额的离差平方总和为 26 169.306；如果仅考虑地区单个因素的影响，则销售额总变差中不同地区可解释的变差为 9 265.306，抽样误差引起的变差为 16 904.000，它们的方差分别为 545.018 和 134.159，两者相除所得的 F 统计量的观测值为 4.062，对应的概率 p 值近似为 0。如果显著性水平 α 为 0.05，由于概率 p 值小于显著性水平 α，所以应拒绝原假设，认为不同地区对销售额产生了显著影响，而且不同地区对销售额的影响效应不全为 0。

表 19-8(b)　地区对销售额的单因素方差分析结果

销售额	平方和	df	均方	F	显著性
组间	9 265.306	17	545.018	4.062	0.000
组内	16 904.000	126	134.159		
总数	26 169.306	143			

对比表 19-8(a) 和表 19-8(b) 容易发现：如果从单因素的角度考虑，广告形式对销售额的影响较地区更大。

（2）相关分析

客观事物之间的关系大致可归纳为两大类，即函数关系和统计关系。相关分析是用来分析事物之间统计关系的方法。

函数关系是指现象之间确定的数量依存关系，即自变量取一个数值，因变量必然有一个对应的确定数值，自变量发生某种变化，因变量必然会发生相应程度的变化——用函数表达式来描述。

相关关系是指现象之间确定存在的不确定的数量依存关系，即自变量取一个数值时，因变量必然存在与它对应的数值，但这个对应值是不确定的，自变量发生某种变化时，因变量也必然发生变化，但变化的程度是不确定的——用相关关系分析和回归方程的方法研究，即用统计分析的方法来研究现象之间的数量相关关系。

相关关系从不同的角度可划分为不同的类型：按照相关关系涉及变量（或因素）多少的不同，可划分为单相关和复相关；按照相关关系的表现形式，可划分为线性相关和非线性相关；按照相关现象变化方向的不同，可将相关关系划分为正相关和负相关；按照相关程度的不同，可划分为完全相关、不相关和不完全相关。

相关系数是测度变量之间关系密切程度的变量，对两个变量间线性相关程度的度量被称为简单相关关系。简单相关系数，又称"皮尔逊相关系数"或"皮尔逊积矩相关系数"，它描述了两个定距变量间联系的紧密程度。样本的简单相关系数一般用 r 表示，计算公式为：

$$r = \frac{\sum_{i}^{n}(X_i - \bar{X})(Y_i - \bar{Y})}{\sqrt{\sum_{i=1}^{n}(X_i - \bar{X})^2 \sum_{i=1}^{n}(Y_i - \bar{Y})^2}}$$

式中，r 表示简单相关系数；n 表示样本量；X_i、Y_i、$\bar{X}$、$\bar{Y}$ 表示两个变量的观测值和均值；r 表示两个变量间线性相关强弱的程度，r 的取值在 -1 与 $+1$ 之间。若 $r>0$，表明两个变量是正相关，即一个变量的值越大，另一个变量的值也越大。若 $r<0$，表明两个变量是负相关，即一个变量的值越大，另一个变量的值反而越小。r 的绝对值越大，表明相关性越强，要注意的是这里并不存在因果关系。若 $r=0$，表明两个变量间不是线性相关，但有可能是其他方式的相关（比如曲线方式）。

图 19-5 显示的是北京城镇居民人均可支配收入和连锁企业商品零售额相关数据。

年份	人均可支配收入	商品零售额/万元
\multicolumn{3}{c}{北京城镇居民人均可支配收入和连锁企业商品零售额相关表}
2001	11577.8	2186540
2002	12463.9	6487185
2003	13882.6	7601221
2004	15637.8	8337829
2005	17653	9507168.3
2006	19978	9514297
2007	21989	11573838
2008	24725	12954839
2009	26738	13816796

图 19-5 人均可支配收入和商品零售额相关数据

选择 Excel "数据分析" 按钮，在弹出的 "数据分析" 对话框中选择 "相关系数" 选项，选择相应区域，单击 "确定" 按钮，即得到相关系数，计算结果如图 19-6 所示。相关系数约为 0.94，从数量上表明这两个变量之间存在着高度的正线性相关关系。

	人均可支配收入	商品零售额/万元
人均可支配收入	1	
商品零售额/万元	0.937512548	1

图 19-6 Excel 计算的相关系数结果

(3) 回归分析

在相关分析的基础上,可以对变量之间的关系进行进一步的回归分析。回归分析主要是通过在变量之间建立模型来具体地揭示变量之间的数量关系。这里主要介绍如何通过一元线性回归分析来反映两个变量之间的线性相关关系。

一元线性回归分析又称简单线性回归分析,是一种对具有显著直线相关的两个变量之间的数量变化进行分析,确定回归方程,以估计因变量数值的方法。进行一元线性回归分析的前提是要通过相关分析确定两个变量之间确实存在显著的直线相关关系。一元线性回归分析中所建立的回归方程被称为一元线性回归方程,也称直线回归方程。它是分析一个自变量 x 与一个因变量 y 之间线性关系的数学方程。其基本形式是:

$$\hat{y} = a + bx$$

式中, $\hat{y}$ 表示因变量 y 的估计值,也称回归值或理论值; a、b 表示直线回归方程中的两个待定参数。

其中, a 为直线回归方程的截距,表示当自变量等于 0 时,因变量的起点值; b 为直线回归方程的斜率,在回归分析中被称为回归系数,表示自变量 x 每变动一个单位时,因变量 y 的平均变动量。当 b 的符号为正时,自变量和因变量按相同方向变动;当 b 的符号为负时,自变量和因变量按相反方向变动。

通常采用最小平方法来确定直线回归方程中的未知参数 a、b,从而建立直线回归方程。a、b 的计算公式为:

$$b = \frac{\sum(x-\bar{x})(y-\bar{y})}{\sum(x-\bar{x})^2} = \frac{n\sum xy - \sum x \sum y}{n\sum x^2 - \left(\sum x\right)^2}$$

$$a = \frac{\sum y}{n} - b\frac{\sum x}{n} = \bar{y} - b\bar{x}$$

将 a、b 的值计算出来,并代入方程中,即可得到因变量 y 关于自变量 x 的回归方程:

$$y = a + bx$$

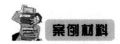

案例材料

在图 19-5 的基础上,选择 Excel"数据分析"按钮,在弹出的"数据分析"对话框中选择"回归"选项,选择相应区域,单击"确定"按钮,即得到回归结果,计算结果如图 19-7 所示。

图 19-7 中的主要回归结果见表 19-9 至表 19-11。

表 19-9 回归分析中的回归统计结果

回归统计	
Multiple R	0.937512548
R Square	0.878929777
Adjusted R Square	0.861634031
标准误差	1321787.229
观测值	9

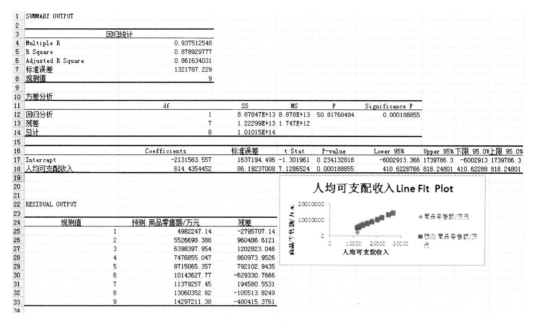

图 19-7 回归结果

表 19-10 回归分析中的方差分析表

	df	SS	MS	F	Significance F
回归分析	1	8.87847E+13	8.87847E+13	50.81768494	0.000188855
残差	7	1.22299E+13	1.74712E+12		
总计	8	1.01015E+14			

表 19-11 回归系数和 t 检验的计算结果

	系数	标准误差	t 检验值	p 值	低于95%	高于95%
截距项	-2131563.557	1637194.496	-1.301961107	0.234132818	-6002913.366	1739786.251
斜率	614.4354452	86.19237008	7.128652393	0.000188855	410.6228766	818.2480138

表 19-9 中的回归统计结果主要反映回归方程的整体拟合效果。R Square 即 R^2 是回归方程的判定系数,R^2 的取值范围在 0 和 1 之间。一般来说,R^2 越大,回归方程的拟合效果就越好。表中的 R^2 达到 0.8789 可以说明北京连锁企业商品零售额(y)与北京城镇居民人均可支配收入(x)之间有着非常显著的线性相关关系。Multiple R 是判定系数的正平方根,即相关系数。Adjusted R Square 是修正的 R^2。标准误差是对随机误差项的标准差的估计,也可以表现回归方程的整体拟合程度。

表 19-10 是回归分析中的方差分析表,其中的 F 及 Significance F 是对回归方程的显著性检验,也常被用来衡量回归方程的整体拟合效果。

表 19-11 反映的是回归系数和 t 检验的计算结果。从表 19-11 可以看出,回归方程的截距项即常数 a 为 -2131563.557,斜率即回归系数 b 约为 614.44。通过 t 检验值和 p 值

可以判断出，回归方程中的常数和回归系数都是显著的。所以，得到回归方程，即：

$$y = 614.44x - 2\,131\,563.56$$

式中，y 表示回归值。

---

(4) 因子分析

因子分析是指从研究原始变量相关矩阵或协方差矩阵的内部依赖关系出发，把一些具有错综复杂关系的多个变量归结为少数几个综合因子的一种多元统计分析方法。其目的就是使数据简单化。这既便于对问题的分析、抓住问题的本质所在，同时也为后续的统计分析奠定了基础。

(5) 聚类分析

聚类分析是根据样本(指标)之间距离或相似系数对样本(指标)进行分类的一种多元统计方法。其目的是把物体或人分成很多相对独立且较为固定的组，在每一组内，各成员彼此之间在某方面具有极大的相似性，而组与组之间却具有极大的差异性。聚类分析应用的范围很广，涉及微观经济和宏观经济的各个层面。在微观层面，企业可以通过聚类分析了解市场细分的原则和不同细分市场的特征，也可以借此确定主要竞争对手；在宏观层面，将聚类分析与因子分析等相结合，可以确定景气指数等国民经济预警指标。

第二部分 实 践 活 动

活动26：根据市场调研计划书，进行调研资料分析

1. 分组：把班级分成若干项目小组，以学生自愿组合为主、指导教师为辅，每个小组约3—5名学生，每组确定1名组长。
2. 各小组将本组收回的问卷结果录入SPSS软件中。
3. 各小组对录入SPSS软件中的数据进行描述性分析。
4. 各小组对录入SPSS软件中的数据进行交叉列联表分析。
5. 利用计算机汇总，形成分析报告。报告包括文字资料和问卷调研结果定量分析两部分内容。
6. 指导教师评阅各组调研资料分析报告，并评选优秀学员。

项目八

撰写调研报告

项目概述

　　撰写调研报告通常是市场调研活动的最后一项工作内容,也是整个调研工作程序的关键一步。一项市场调研活动之所以得以进行,是因为企业要长期立足于竞争激烈的市场,就必须认清自身所处的环境,对市场供求的变化和竞争格局进行分析,从而为自己的经营和生产过程提供最科学的理论依据。

　　简单来说,调研报告就是调查研究的报告,一般包含三个方面的内容:一是调查,二是研究,三是提出对策。调查,是指深入实际,通过对客观事物的考察、资料收集来了解客观事实真相的一种感性认识活动;研究,是指在掌握客观事实的基础上,进行"去粗取精、去伪存真、由此及彼、由表及里"的分析研究,以求得认识市场营销活动的本质及其发展规律的一种理性认识活动;提出对策,则是通过对实际情况的归纳和分析,提出自己的观点和解决问题的办法,调研结果最终将体现在调查报告之中,提交给经营企业决策者,作为企业制定市场营销策略的依据。没有调查,写不出报告;光有调查,没有认真分析研究,也写不出报告。由此可知,调研报告就是为了能够获得更加准确和稳定的市场数据,对市场环境、供求状况、营销策略等客观状况进行深入细致的调查后,将调查中收集到的材料加以系统整理、分析研究,透过市场现状,揭示市场运行的规律、本质,以书面形式呈现最终调研成果的一种文书。

项目目标

　　☞ **知识目标**

　　1. 了解调研报告的作用与特点;
　　2. 掌握调研报告的基本结构;
　　3. 掌握调研报告的写作要领。

☞ **能力目标**

1. 掌握撰写市场调研报告的基本知识、技能和科学方法;
2. 学会用比较完美的写作形式准确地表达市场调查研究的成果;
3. 能够撰写并能向客户解释市场调研报告。

☞ **素养目标**

1. 具有实事求是、严谨的工作态度;
2. 具有发现问题,进行分析归纳总结的能力。

任务二十 调研报告的作用和特点

第一部分 学习引导

【任务导入】

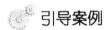 引导案例

七个字的调研报告结论

1950年年初,朝鲜战争到了剑拔弩张、一触即发的时刻。美国政府就发动朝鲜战争中国是否会出兵的问题展开了反复的讨论。讨论的结果认为中华人民共和国刚刚成立,百废待兴,自顾不暇,不会也不敢出兵。

同时,有两家公司对这次战争进行了战略预测,一家是美国的兰德公司,另一家是欧洲的德林公司。两家公司均花费巨资对这次战争进行了战略性的研究。尤其是德林公司,投入了大量的人力和物力。经过研究分析,该公司认为如果美国向朝鲜出兵,中国也一定会出兵;若中国出兵,美国注定要失败。这一份380页的研究报告的主要结论只有7个字:"中国将出兵朝鲜"。德林公司已经找好了它的买主——美国对华政策研究室。德林公司要价500万美元,但美国对华政策研究室却认为它只值数十万美元。差价太大,双方不欢而散。

而嫌贵的后果是什么呢?美国盲目出兵朝鲜,中国出兵抗美援朝,美国惨败。朝鲜战争结束后,美国人为了吸取教训,仍然花费了280万美元买下了德林公司的这项研究成果。

讨论与思考:
阅读案例,分析调研报告的作用。

20.1 市场调研报告的作用

市场调研的目的是为企业决策者进行决策及时地提供有关市场、竞争以及市场营销策略方面的信息和建议。因此,调研工作的质量能否被认可,调研报告是一个主要的衡量指标。一般地,调研报告的重要性主要表现在以下几个方面:

(1)调研报告是进行经营决策的重要依据

面对瞬息万变的市场,如何发现市场机会与威胁?市场竞争态势怎样?如何确定潜

在消费群体并通过怎样的渠道为其提供适合的产品？……这就需要对市场有深入的了解和洞察。调研报告最重要的作用就是要能满足企业经营管理者对决策信息的要求，必须能够针对需要研究的问题提供有价值的信息，帮助企业识别问题，了解事实真相，阐明各种重要的相关因素的关联关系，作出正确的解释或趋势预测，并提出合理化建议，真正地体现出营销调研在企业决策支持系统中的作用，为决策者制定方针政策、规定任务、采取措施提供决策依据和参考。

（2）调研报告是市场调研工作的最终成果

报告是调研活动的产品，是调研过程的历史记录和总结。通过阅读调研报告可以了解整个调研过程中都做了哪些工作？完成了哪些任务？与前期调研方案的要求是否一致？调研预算在调研过程中的分配使用状况如何？研究人员的工作态度和专业水平怎样？……这些都体现在调研报告之中，以反映调研所做工作的可信度。

（3）调研报告是提高工作效率的有力武器

撰写调研报告的过程，是一个更全面、更深入了解情况的过程。情况了解得不清楚、不全面，就无法用文字表达清楚。撰写调研报告的过程也是一个深入思考、缜密论证的过程。变成文字的东西，必须要有新意，必须有值得写的地方，必须有从材料到观点的严密的逻辑推理，这就督促调研人员去把问题调查清、研究透，从而帮助决策者掌握有关市场方面的基本情况，避免"走弯路、碰钉子"，减少损失，一些对策和建议一旦被认同、采纳，必将对工作发挥强大的指导作用。

（4）调研报告是衡量调研活动质量的重要标志

尽管市场调研活动的质量还要体现在调研活动的策划、方法、技术、资料处理上，但是调研活动的结论和论断以及总结性的调研报告无疑也是重要的方面。特别是委托专业调研公司进行的调研项目，客户对调研活动及其价值的评价往往全凭调研报告，甚至企业是否会继续采用市场调研的形式了解市场，也要取决于其决策者对调研报告的有效性评估和感觉，因此，调研报告是衡量和反映调研活动质量高低的重要标志。

（5）调研报告是降低调研成本的有效手段

当一项市场营销调研活动完成之后，市场营销调研报告就成为该项目的历史记录和证据。报告中通常都会包含一系列意义重大的市场信息，其是作为决策者和领导者进行重大决策时的参考文献。同时，作为历史资料，它有可能被重复使用和继承，帮助企业研究其他市场问题，从而扩大其使用效果，降低市场调研的成本。

20.2 市场调研报告的特点

调研报告是实际工作中经常使用的一种实用性很强的文体，它的文体特征是：以叙述为主、议论为辅，叙议结合。它一般运用叙述和议论这两种基本的表现手段。与通讯相比，它侧重用事实说明问题，不需要故事性、形象性；与总结相比，它多用第三人称。以叙述为主，就是要用事实说话，对事物加以剖析和评论；以议论为辅，就是观点要鲜明，论据要充分。因此，调研报告的主要特点是用事实说话，真实性是它的生命。

调查报告通常具有以下几个特点：

（1）真实性

真实性是市场调研报告首要的并且是最大的特点。市场调研报告是对市场的供求关系、购销状况以及消费情况等进行的调查行为的书面反映；是在掌握大量现实和历史资料的基础上，用叙述性的语言实事求是地进行的客观反映，因此，是否充分了解实情和全面掌握真实可靠的素材可以说是写好调查报告的前提及基础。在撰写时，要本着科学严谨、实事求是的态度真实准确地说明问题，以增强市场调研报告的说服力。

（2）针对性

调研报告的针对性主要包括两个方面：第一，调查报告必须明确调查目的。调查报告一般都有比较明确的意向和调查对象，或为了解决某一问题，或说明某一问题；相关的调研总是针对和围绕某一综合性或专题性主题展开的，反映或论述的问题集中而有深度。第二，调查报告必须明确阅读对象，即报告是给谁看的？作为了解市场状态、听取咨询意见、进行管理决策依据的调研报告通常有着特定的阅读对象，阅读对象不同，他们提出的要求和所关心问题的侧重点也不同。

（3）逻辑性

调研报告往往离不开各种各样的数据材料，这些数据材料是定性定量的依据，但又不是数据和事实的机械堆砌，而是对核实无误的数据和事实进行严密的逻辑论证。通过紧紧抓住市场活动的新动向、新问题，分析研究事实，探明事物发展变化的原因，寻找市场发展变化的规律，预测事物发展变化的趋势，提示本质性和规律性的东西，从而得出科学的结论。

（4）时效性

调研报告的时效性影响着决策的生效时间，可以说是时效性决定了决策在哪些时间内有效，从而解决当前面临的问题。也就是说，要顺应瞬息万变的市场形势，调研报告必须讲究时间效益，做到及时反馈。只有及时到达使用者手中，使决策跟上市场形势的发展变化，才能发挥调查报告的作用。

第二部分　实　践　活　动

活动 27：了解市场调研报告的作用和特点

阅读案例，分析市场调研报告的作用和特点。

吉列把"刮胡刀"推销给女人

男人长胡子，因而要刮胡子；女人不长胡子，自然也就不必刮胡子。然而，美国的吉列公司却把"刮胡刀"推销给女人，居然大获成功。

吉列公司创建于 1901 年，其产品因使男人刮胡子变得方便、舒适、安全而大受欢迎。进入 20 世纪 70 年代，吉列公司的销售额已达 20 亿美元，成为世界著名的跨国公司。然而吉列公司的领导者并不因此而感到满足，而是想方设法继续拓展市场，争取更多用户。就在 1974 年，公司提出了面向妇女的专用"刮毛刀"。

这一决策看似荒谬,却是建立在坚实可靠的市场调查的基础之上的。

吉列公司先用一年的时间进行了周密的市场调查,发现在美国30岁以上的女性中,有65%的人为保持美好形象,要定期刮除腿毛和腋毛。这些女性除使用电动刮胡刀和脱毛剂之外,主要靠购买各种男用刮胡刀来满足这一需要。调查显示,美国女性一年在这方面的花费高达7 500万美元。相比之下,她们一年花在眉笔和眼影上的钱仅有6 300万美元、染发剂则为5 500万美元。毫无疑问,这是一个极有潜力的市场。

根据市场调查结果,吉列公司精心设计了一款适用女性使用的新产品。它的刀头部分和男用刮胡刀并无两样,同样采用一次性的双层刀片,但是刀架则选用了色彩鲜艳的塑料,并将握柄改为利于妇女使用的弧形,握柄上还印压了一朵雏菊图案。这样一来,新产品立即显示出了女性的特点。

为了使雏菊刮毛刀迅速占领市场,吉列公司还拟定了几种不同的"定位观念"到消费者中征求意见。这些定位观念包括:突出刮毛刀的"双刀刮毛";突出其创造性的"完全符合女性需求";强调价格的"不到50美分";表明产品使用安全的"不伤玉腿";等等。

最后,公司根据多数女性的意见,选择了"不伤玉腿"作为推销时突出的重点,在刊登广告时进行刻意的宣传。结果,雏菊刮毛刀"一炮打响",迅速畅销全球。

这个案例说明,市场调查研究是经营决策的前提,只有充分认识市场,了解市场需求,对市场作出科学的分析判断,决策才具有针对性,从而为企业拓展市场,使企业兴旺发达。

任务二十一 书面报告的结构与内容

第一部分 学习引导

【任务导入】

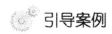 引导案例

《大学生消费情况调查报告》提纲

1. 引 言
2. 调查方案
   2.1 研究思路与过程
       2.1.1 确定测量要素与研究方法
       2.1.2 进行问卷调查设计
       2.1.3 抽取样本
       2.1.4 数据分析
   2.2 调查方案
       2.2.1 调查主题与目的
       2.2.2 调查范围
       2.2.3 调查项目和调查表
       2.2.4 调查时间
       2.2.5 活动进程及安排
       2.2.6 问卷发放、回收与研究
3. 大学生消费现状分析
   3.1 主要经济来源
   3.2 城乡生活费差异
   3.3 主要消费项目占总消费的比例
   3.4 消费习惯
   3.5 对消费状况的看法
   3.6 对树立健康消费观的态度
4. 大学生消费特点分析
   4.1 合理消费是主流

4.2 非理性消费依然存在
　4.2.1 抑制不住的情感消费
　4.2.2 求异心理蔚然成风
4.3 消费方式多元化
4.4 消费手段信息化
5. 引导大学生健康消费的对策
5.1 学校应该加强对学生消费观念的培养
　5.1.1 帮助大学生树立科学的消费观念
　5.1.2 加强对大学生消费心理和行为的正确引导
　5.1.3 重视大学生财商培养
5.2 对于社会而言,要积极开拓大学生消费市场
5.3 对于大学生来说,应该加强合理储蓄的观念

21.1 市场调研报告的结构

从严格意义上说,市场调查报告没有固定不变的格式,其格式会因项目和读者的不同而有所差异。但调研报告要把市场信息传递给决策者的功能或要求是不能改变的。一般而言,市场调查报告在结构上有规范的格式可以遵循,即一个完整的市场调查报告的格式主要包括开始部分、主体部分和附录三大部分。

1. 开始部分

开始部分一般包括标题页、授权书、目录及摘要。

(1) 标题页

标题页包括的内容有市场调查报告的标题或主题、副标题(即该份调研报告提供的具体材料),报告的提交对象,报告的撰写者,以及发布(提交)的日期。对于企业内部调研,报告的提交对象是企业高层负责人或董事会,报告的撰写者是内设调研机构;对于社会调研,报告的提交对象是调研项目的委托方,报告的撰写者是提供调研服务的调研咨询机构。如果是后一种情况,还需要写明双方的地址、联系方式和人员职务。在特别正规的调研报告中,在标题页之前还设有标题扉页,此页只写调研报告标题。

(2) 授权书

授权书又分为两种情况:一是由调研项目执行部门的上级给该执行部门的信,表示批准这一项目,授权其对项目负责,并指明可用于项目开展的资源情况。二是在调研活动展开之前,委托人写给被委托调研机构的说明信,在授权书中委托人将明确调研计划、工作范围及合同条款等。在实际工作中,汇报信会提及授权问题,这样也可以不将授权书包括在调研报告中。但是当调研报告的提供对象对授权情况不了解,或者需要了解有关授权的详情时,在调研报告中出示授权书的复印件则是必要的。

(3) 目录

目录的目的是列示整个调研报告的主要内容,以便读者查阅特定内容。目录包括每一项的标题和副标题,以及各项对应的页码。目录后通常会列示一些图表、附录、索引。

(4) 摘要

报告摘要又称经理览要,通常不超过一页。这部分只列示最重要的信息需求,并呈现非常简短的、关于最有价值发现的梗概。它主要是为那些没有大量时间阅读整个报告的使用者(特别是高层管理人员);不具备太多的专业知识,只想尽快得到调查分析报告的主要结论,以及进行怎样的市场操作的阅读者而准备的。

2. 主体部分

调研报告的主体部分一般包括引言、正文、结尾三个部分。

(1) 引言

引言也称"前言""导言"或"序言",是书面调研报告正文主体的开始。引言一般说明市场调研的目的和意义、调研的背景和对象、调研的目标和具体调研的问题、调研工作的基本概况,包括市场调研的时间、地点、内容和对象以及采用的调研方法、方式,并对报告的组织结构进行概括。其作用是向报告阅读者提供进行市场调研的背景资料及其相关信息,如企业背景、企业面临的市场营销问题、产品的市场现状、调查目的等,使阅读者能够大致了解进行该项市场调研的原因和需要解决的问题,以及必要性和重要性。

(2) 正文

正文是调查报告的核心部分,这一部分的写作直接决定调研报告的质量高低和作用大小。作为调查报告中表现调查报告主题的主要内容,正文包括两部分:一是对调查对象进行叙述,真实准确地列举调查所得的确凿事实、典型事例和具体数据;二是进行分析论证,对资料进行客观的定性与定量分析,将其上升到理论,得出各种观点和基本结论。

调查报告正文部分常见的结构方式有四种:

第一,纵式结构。即根据事物发展的始末顺序或脉络、材料的内部逻辑关系叙述事实,由事入理,分析研究,最后推导出结论。这种结构各部分之间的前后顺序不能颠倒,否则将会眉目不清、条理紊乱。

第二,横式结构。即根据材料的性质,将其概括为若干平行并列的几个部分,分别加以说明和阐述,从不同方面集中揭示其主题。

第三,对比式结构。这是一种特殊的横向结构,适用于先进与后进、正确与错误的两件事物的相互比较,明确肯定什么、否定什么。

第四,纵横交叉式结构。这是一种将纵横两种结构结合起来使用的特殊结构。这种结构以纵为主或以横为主,纵横交错,以便灵活透彻地说明问题。

(3) 结尾

这部分主要是形成市场调查的基本结论,也就是对市场调查的结果作一个小结,起着深化主题、总结全文的作用。结尾的撰写应按某种逻辑顺序提出紧扣调研目的的一系列项目发现,这些发现结果可以通过叙述形式表述,以使得项目更为可信;也可以配合一些总结性的表格和图形,以使得项目更加形象化。而详细和深入分析的图表则宜放到附录中。

3. 附录部分

附录部分主要用于放置并罗列一些与调研有关的文件或技术性较强的专业资料等,

是与调查过程有关的各种资料的总和。它一般列示有关调查的统计图表、有关材料的出处、参考文献等,这些内容不便在正文中涉及,但在阅读正文时或者检验调查结果的有效性时需要参考。

附录通常包括的内容有:市场调查计划书;抽样方案,包括样本点的分布和样本量的分配情况等;原始调查问卷;主要质量控制数据,如调查中的拒访率、无回答率等,一些有经验的市场研究人员可以根据这些内容判断结果的有效性;小组成员的具体分工;口头汇报用的幻灯片。

如果在调查中使用了其他二手资料,在允许的情况下也应当向客户提供作为参照。对于具有保密价值的材料,调查公司应当提供多少,可以由双方在合同签订时予以确认;必要的时候,客户方应当为获得这些材料付费并且作出保密的承诺。

21.2 市场调研报告的内容

市场调研报告是市场调研工作的最终成果,主要包括以下内容:

1. 基本情况

即用文字、图表、数字等形式对调查对象及结果进行描述与解释说明。在说明时,对情况的介绍要尽量详尽而准确,这样才能为下一步作分析、下结论提供依据。

(1) 调查目的

这部分主要说明要进行调查研究的问题是什么。即给出调查问题的背景,对为什么要进行此项调查作简要的解释,指出与决策者以及相关专家讨论的要点,并根据定性分析和二手数据的结论,全面考虑各种影响因素,阐述管理决策问题和营销研究问题的界定过程及结果;研究问题还应说明指导这一研究的理论基础、模型、理论假设和调研方案设计的影响因素等。

(2) 调研方法

这部分主要介绍解决所面临的问题所采用的一般研究方法以及调研方案的设计,比如研究设计的性质、量表、问卷设计、预调查、抽样技术和实地调查的执行等工作。具体要阐明以下五个方面:

① 调查设计。即说明所开展的项目是属于探索性调查、描述性调查、因果性调查,还是预测性调查,以及为什么适用于这一特定类型调查。

② 资料收集的方法。即说明所采集的是一手资料,还是二手资料;结果的取得是通过调查、观察,还是实验;具体采用的是访谈法、观察法,还是资料法;等等。所用调查问卷或观察记录表应编入附录。

③ 抽样方式。即说明目标总体是什么、抽样框如何确定、是什么样的样本单位、它们如何被选取出来等。对以上问题的回答依据及相应的运算必须在附录中列明。

④ 实地工作。这一部分对于最终结果的准确程度十分重要,主要是对调研过程作出简要说明,包括:调研小组及人员分工,调研人员的培训与管理,实地调研过程的检查监督,调研计划安排及收集到的主要信息,调研费用预算及执行情况,等等。

⑤ 分析方法。即说明所使用的定量分析方法和理论分析方法。

2. 分析与结论

这部分是对市场调研情况数据进行科学分析,找出原因及各方面影响因素的过程,透过现象看本质,以得出对调查对象的明确结论。

(1) 调研数据分析

这部分内容主要介绍、叙述数据准备过程和所使用的关键分析技术。为方便使用者阅读,技术过程描述要尽量减少,但应准确运用专业术语;写作内容的重点是描述分析结论的获得过程,以及在此过程中涉及的统计指标处理。

(2) 调研结果

这部分内容涉及市场调研的主要发现,这是阅读者最为关注的部分。撰写者经过对调研数据的层层剖析后,综合说明调查报告的主要观点,深化文章的主题;或者在对真实资料进行深入细致的科学分析的基础上,对调查目标进行归纳与概括从而得出报告结论。

调研结果应围绕市场调研的目标,按照严密的逻辑安排相应的内容,在必要的情况下可采用辅助图表说明问题。

(3) 措施与建议

这部分内容涉及三种情况:一是对调研数据分析的演绎推导,在信息分析的基础上形成观点,提出解决问题的方法、对策、可行性方案或下一步改进工作的建议;二是提出问题,引发人们的进一步思考;三是展望前景,发出号召。

3. 研究的局限性

完美无缺的调研是难以做到的,或多或少地都会存在一些样本容量局限、抽取局限或其他局限等。所以,讨论调研报告的局限性是为了给正确评价调研成果奠定现实的基础。

第二部分　实　践　活　动

活动28:了解市场调研报告的结构和内容

1. 分组:把班级分成若干项目小组,以学生自愿组合为主、指导教师为辅,每个小组约3—5名学生,每组确定1名组长。
2. 每组根据已确定的调研主题,实地调研,列出本小组的市场调研报告的提纲。
3. 指导教师进行点评。

任务二十二　调研报告的撰写

第一部分　学习引导

【任务导入】

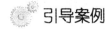
引导案例

某市居民家庭饮食消费状况调查报告

为了深入了解本市居民家庭在酒类市场及餐饮类市场的消费情况,特进行此次调查。调查由本市某大学承担,调查时间是某年7月至8月,调查方式为问卷式访问调查,本次调查选取的样本总数是2 000户。各项调查工作结束后,该大学将调查内容予以总结,撰写调查报告如下:

一、调查对象的基本情况

1. 样品类属情况

在有效样本户中,工人320户,占总数的18.2%;农民130户,占总数的7.4%;教师200户,占总数的11.4%;机关干部190户,占总数的10.8%;个体户220户,占总数的12.5%;经理150户,占总数的8.52%;科研人员50户,占总数的2.84%;待业户90户,占总数的5.1%;医生20户,占总数的1.14%;其他260户,占总数的14.77%。

2. 家庭收入情况

本次调查结果显示,从本市总的消费水平来看,相当一部分居民还达不到小康水平,大部分的人均收入在1 000元左右,样本中只有约2.3%的消费者的收入在2 000元以上。因此,可以初步得出结论,本市总的消费水平较低,商家在定价的时候要特别慎重。

二、专门调查部分

(一) 酒类产品的消费情况

1. 白酒比红酒消费量大

分析其原因,一是中国人的饮酒习惯和传统更偏好于白酒;二是白酒除了顾客自己消费以外,用于送礼的较多,而红酒主要用于自己消费;三是商家做广告多数是白酒的广告,红酒的广告很少。这直接导致白酒的市场大于红酒的市场。

2. 白酒消费多元化

(1) 从买白酒的用途来看,约52.84%的消费者用来自己消费,约27.84%的消费者用来送礼,其余的是随机性很大的消费者。

买酒用于自己消费的消费者,其价格大部分在20元以下,其中10元以下的约占26.7%,10—20元的占22.73%;从品牌来说,稻花香、洋河、汤沟酒相对看好,尤其是汤沟酒,约占18.75%,这也许跟消费者的地方情结有关。从红酒的消费情况来看,大部分价格也都集中在10—20元之间,其中,10元以下的占10.23%,价格越高,购买力相对越低;从品牌来说,以花果山、张裕、山楂酒为主。

送礼者所购买的白酒其价格大部分选择在80—150元之间(约占28.4%),约有15.34%的消费者选择150元以上的价位。于是,生产厂商的定价和包装策略就有了依据,不仅定价要合理,还要有好的包装,这样才能增大销售量。从品牌的选择来看,约有21.59%的消费者选择五粮液,10.80%的消费者选择茅台。另外对红酒的调查显示,约有10.2%的消费者选择40—80元的价位,选择80元以上价位的约占5.11%。

总之,从以上消费情况来看,消费者的消费水平基本上决定了酒类市场的规模。

(2)购买因素比较鲜明。调查资料显示,消费者关注的因素依次为价格、品牌、质量、包装、广告、酒精度,这样就可以得出结论:生产厂商的合理定价是十分重要的,同时创名牌、求质量、巧包装、做好广告也很重要。

(3)顾客忠诚度。调查表明,经常换品牌的消费者占样本总数的32.95%,偶尔换品牌的消费者占43.75%;对新品牌的酒持喜欢态度的占样本总数的32.39%,持无所谓态度的占52.27%,明确表示不喜欢的占3.4%。可以看出,一旦某个品牌在消费者心目中形成,是很难改变的,因此,厂商应在树立企业形象、争创名牌上狠下功夫,这对企业的发展十分重要。

(4)动因分析。调查显示,消费者的购买动因首先是自己的选择,其次是广告宣传,再次是亲友介绍,最后才是营业员推荐。不难发现,对于企业来说,怎样吸引消费者的注意力是关键;怎样做好广告宣传,消费者的口碑如何建立,将直接影响酒类市场的规模;对于商家来说,营业员的素质也应重视,因为其对酒类产品的销售有着一定的影响作用。

(二)饮食类产品的消费情况

本次调查主要针对一些饮食消费场所和消费者比较喜欢的饮食进行。调查表明,消费有以下几个重要特点:

1. 消费者认为最好的酒店不是最佳选择,他们最常去的酒店大部分是中档的,这与本市居民的消费水平是相适应的。现将几个主要酒店比较如下:泰福大酒店是大家最看好的,约有31.82%的消费者选择它;其次是望海楼和明珠大酒店,各有10.23%的消费者选择它;最后是锦花宾馆。调查中我们发现,云天宾馆虽然说是比较好的,但由于这个宾馆的特殊性,只有举办大型会议时使用,或者是贵宾、政府政要才可以进入,所以作为普通消费者的调查对象很少会选择它。

2. 消费者大多选择在自己工作或住所周围的酒店消费,有一定的区域性。虽然在酒店的选择上有很大的随机性,但也并非绝对如此,例如,长城酒楼、淮扬酒楼,也有一定的远距离消费者惠顾。

3. 消费者追求消费的潮流,如对手抓龙虾、糖醋排骨、糖醋里脊、宫保鸡丁的消费比较多,特别是手抓龙虾,在调查样本总数中约占26.14%,以绝对优势占领餐饮类市场。

4. 近年来,海鲜与火锅成为市民饮食市场的两个亮点,市场潜力很大,目前的消费量也很大。调查显示,表示喜欢海鲜的占样本总数的 60.8%,喜欢火锅的约占 51.14%。在对季节的调查中,喜欢在夏季吃火锅的约占 81.83%,喜欢在冬天吃火锅的约占 36.93%,可见火锅不仅在冬季有很大的市场,在夏季也有较大的市场潜力。目前,本市的火锅店和海鲜馆遍布街头,形成居民消费的一大景观和特色。

三、结论和建议

(一)结论

1. 本市的居民消费水平还不算太高,属于中等消费水平,相当一部分居民还没有达到小康水平。

2. 居民在酒类产品消费上主要是用于自己消费,并且以白酒居多,红酒的消费比较少。无论是白酒还是红酒,居民消费的品牌以本地酒为主。

3. 居民在买酒时多注重酒的价格、质量、包装和宣传,也有相当一部分居民持无所谓的态度。

4. 对酒店的消费,主要集中在中档消费水平上,火锅和海鲜的消费潜力较大,并且已经有相当大的消费市场。

(二)建议

1. 商家在组织货品时要根据市场的变化制定相应的营销策略。

2. 对居民较多选择本地酒的情况,政府和商家应采取积极措施加以引导,实现城市消费的良性循环。

3. 海鲜和火锅消费的增长,导致城市化管理的混乱,政府应加大管理力度,对市场进行科学引导,促进城市文明建设。

资料来源:http://wenku.baidu.com/view/704f14fff705cc175527099b.html。

调研报告的撰写是指把调查获得的材料所形成的观点,通过布局安排、语言调遣组织成文章,用书面形式表现出来。在撰写市场调研报告时,必须对下列问题加以思考:撰写市场调研报告的目的是什么?市场调研报告的读者是谁?他需要获得什么样的信息?市场调研报告的资料来源是否准确?市场调研报告的格式是否完美?重点是否突出?

那么调研报告应该怎么写呢?首先要有明确具体的主题,并通过清晰的条理和思路,用最简洁和客观的形式表现出来。因此一份优秀的调研报告,必须保证报告框架的逻辑清晰和易懂,同时还要有简洁客观的数据作支撑。

22.1 市场调研报告的撰写程序

调研报告的撰写程序一般分为以下五个步骤:

(1)确定调研报告的主题

调查报告的主题是调查报告中的关键问题。为了能够顺利完整地完成调查报告,就要明确调研工作中的基本调研目标,报告主题必须与调查主题相一致才能有的放矢;主题是否明确、是否有价值,对调查报告具有决定性意义。

(2) 选取必要的数据资料

一份全面准确的调研报告,数据展示是必不可少的一部分。可以说,调研报告就是观点和资料的统一。一方面,资料是形成调查报告主题观点的基础;另一方面,观点决定资料的取舍和使用。如果只是单纯地将所有数据全部书写到调研报告中,不仅琐碎单调,缺乏阅读的直观性,更重要的是难以满足使用者对报告提供决策信息的要求。资料只有依据主题的需要、观点的要求进行筛选,才能使主题更加突出。同时,资料的取舍还要和定量分析、定性分析等工作结合起来。只有经过筛选,调查报告的依据才能充实、扼要,而不至于偏颇。

(3) 拟定报告提纲

提纲是调查报告的骨架,表明调查报告各部分之间的联系。通过提纲的拟定,促使报告撰写者深思熟虑以架构文章的层次结构;此外,提纲的粗细也反映了作者对写作内容了解的深浅程度。提纲越细,说明作者对资料、内容掌握得越深入、越具体,思路越清晰,在撰写报告时也就越顺手。

(4) 撰写报告初稿

提纲为调查报告的撰写提供了基本的逻辑和结构脉络,此时需要做的就是根据构思选择调查资料。运用多种方式进行市场调查,得到的资料往往是大量而庞杂的,要善于根据主旨的需要对资料进行严格的鉴别和筛选,给资料归类,并分清资料的主次轻重,按照一定的条理,将有价值的资料组织到文章中去,完成调研报告初稿。

(5) 完成报告定稿

调研报告最主要的作用是为企业决策者进行决策及时地提供有关市场、竞争以及市场营销策略方面的信息和建议。因此,在初稿完成之后,需多次对其进行观点、资料、结构、文字、图标、数据、版式、标点等的修正,使之达到结构完整、逻辑清晰、观点明确、主题突出、语言精练的要求,最终完成定稿。

22.2 市场调研报告的撰写要求

市场调研报告是对调研成果的总结和调研结论的说明,在撰写市场调研报告时要牢牢记住一点,即报告阅读者(一般是中高层管理者)的时间是非常有限的,一定要避免过长的内容和不准确的数据。因此,一份高质量的调研报告要满足以下要求:

(1) 行文立场

调查人员要有严格的职业操守,尊重事实,反映事实。无论是介绍调查方法,还是作出调查结论和提出建议、问题,都要体现客观性,要做到不歪曲调查事实,不迎合他人意志。同时,在书写报告之前或是在书写过程中,调查人员始终要围绕自己的调查目标,做到有的放矢。

(2) 语言要求

语言是文章的第一要素,毫无例外,也是调研报告的第一要素。调研报告作为用书面形式表达的一种文书,语言表达能力的高低是调研报告质量好坏的重要条件之一。在报告中,叙述事实,交代情况,分析议论,都离不开语言。一篇调查报告即使有深刻的主旨、丰富的资料、严谨的结构、深刻的感受,倘若语言表述不好,或者词不达意,则会使整个调查研究工作前功尽弃、功亏一篑。要想使调研报告充分发挥作用,必须在语言的运用上下大功夫,讲究语言艺术。因此,调研报告应做到文风质朴、逻辑严谨、数据准确、通俗易懂、用词恰当。在写作过程中,应尽量使用能够提高文字可读性的写作方法和技巧,避免使用晦涩难懂的语句。同时,在报告中要善于使用表格、图形等来表达意图,避免文字上的重复。

(3) 文法要求

市场调查报告常用的叙述技巧有:概括叙述、按时间顺序叙述、省略叙述主体。

市场调查报告的叙述主体是写报告的单位,叙述中用第一人称"我们"。

市场调查报告常用的说明方法有:数字说明、分类说明、对比说明、举例说明等。数字说明可以增强调查报告的精确性和可信度;分类说明可以将市场调查中所获得的材料规范化;对比说明可以在同标准的前提下,对事物作出切合实际的比较;举例说明可以生动形象地说明市场发展变化的情况。

市场调查报告常用的议论方法有:归纳论证和局部论证。

(4) 形式要求

通过调研总能获得许多准确和稳定的市场数据,如果只是单纯地把所有数据全部书写到调研报告中,则会使整份报告的形式显得单调。因此,在撰写调研报告时,应根据调研目的和报告内容确定篇幅的长短,适当地插入图形、表格、图片及其他可视性较强的表现形式,对收集回来的数据进行分析和处理。图文并茂不仅是最行之有效的表现手法,也能以直观的方式显示最后的研究成果,但数量不应过多。

(5) 逻辑要求

调查报告应该做到结构合理、逻辑性强。报告的书写顺序应该按照调研活动展开的逻辑顺序进行,做到环环相扣、前后呼应。对必要的重复性调研活动要给予特别的说明。为了便于读者辨别前后内容的逻辑关联性,使报告层次清晰、重点突出,有必要恰当地设立标题、副标题或小标题,并且标明项目等级的符号。

(6) 外观要求

调研报告的版面编排应该大方、美观,有助于阅读;报告中所用的字体、字号、颜色、字间距等应该细心地选择和设计;印刷格式应该有变化,字体的大小、空白位置的应用等对报告的外观及可读性都会有很大的影响。

为了提高调查报告的可读性,应做到版面设计合理、语言简洁、字迹清晰、书写工整。在成本许可的情况下,调研报告应该使用质地较好的纸张进行打印、装订,标题页应选择专门的封面用纸。

22.3 市场调研报告撰写应注意的问题

一份高质量的调研报告,除了符合调研报告的一般格式外,也应注意以下一些问题:

(1) 力求客观真实、实事求是

为了揭示市场现象的本质与运行规律,在研究过程中要以实事求是的态度,准确而全面地总结和反映市场调研的结果。这就要求市场调查报告所使用的信息资料必须符合客观实际,不能有任何虚假内容。同时,要注意信息资料的全面性,避免因结论和建议的片面性对决策者造成误导。

(2) 确保调查资料和观点相统一

市场调查报告中的所有观点、结论都有大量的调查资料作为依据。在撰写过程中,要善于用资料说明观点,用观点概括资料,二者相互统一。切忌调查资料与观点相分离。

(3) 要突出市场调查的目的

任何市场调查都是为了解决某一问题,或者为了说明某一问题。市场调查报告必须围绕市场调查的目的来进行论述,必须做到目的明确、有的放矢。在报告的内容编排上应结合调查目的,重点突出调研目标的完成和实现情况。一份高质量的调查报告既要具备全面性、系统性,又要具备针对性和适用性。因此,在撰写调查报告时必须对信息资料进行严格分类和筛选,剔除一切无关资料。

(4) 语言要简明、准确、易懂

调查研究报告的阅读和使用都有其特定的对象,调研报告主要是为经营管理者提供决策依据的,冗长、乏味、呆板的语言或晦涩难懂的专业术语,不仅浪费管理者的宝贵时间,而且会影响调研报告的质量。因此,撰写调研报告时应结合不同对象的工作性质、文化程度等因素来安排调研报告的写作风格,语言力求简单、准确、通俗易懂。

第二部分 实践活动

活动 29:撰写市场调研报告

1. 每个小组根据拟定的提纲,撰写调研报告。
2. 每个小组准备 PPT 并在班级中汇报,每组汇报 15 分钟。评分标准如下:
(1) 主题明确,6 分;
(2) 结构合理、逻辑性强,环环相扣,前后呼应,10 分;
(3) 适当地插入图表,3 分;
(4) 格式编排要大方、美观,有助于阅读,6 分;
(5) 演讲人的语言表达清晰,2 分;
(6) PPT 制作得精美、简洁,3 分。
3. 指导教师进行点评。

参考文献

1. 〔美〕小卡尔·麦克丹尼尔,罗杰·盖茨著.李桂华等译.当代市场调研(原书第8版)[M],机械工业出版社,2012.
2. 陈启杰主编.市场调研与预测(第四版)[M].上海财经大学出版社,2014.
3. 赵伯庄,苏艳芳,吴玺玫主编.市场调研实务[M].科学出版社,2010.
4. 岳欣主编.市场调研、分析与预测[M].北京邮电大学出版社,2010.
5. 雷江,李玲主编.市场调研实务[M].大连理工大学出版社,2013.
6. 〔美〕阿尔文·伯恩斯,罗纳德·布什著.于洪彦,金钰译.营销调研(第7版)[M].中国人民大学出版社,2015.
7. 王峰,葛红岩主编.市场调研[M].上海财经大学出版社,2013.
8. 余平,刘定祥主编.市场调查与预测[M].北京师范大学出版社,2015.
9. 王秀娥主编.市场调查与预测[M].清华大学出版社,2011.
10. 王玉华主编.市场调查与预测[M].机械工业出版社,2013.
11. 李红梅主编.市场调研理论与实务[M].人民邮电出版社,2015.
12. 〔美〕A.帕拉苏拉曼等著.王佳芥,应斌译.市场调研(第二版)[M].中国市场出版社,2009.
13. 刘继芳编著.市场调研工作页[M].厦门大学出版社,2010.
14. 张梦霞主编.市场调研方法与应用(第二版)[M].经济管理出版社,2014.
15. 迟铖著.市场调研应用基础[M].辽宁科学技术出版社,2012.
16. 〔美〕菲利普·科特勒,加里·阿姆斯特朗著.郭国庆译.市场营销原理(第14版·全球版)[M].清华大学出版社,2013.
17. 郭国庆主编.市场营销学(第二版)[M].中国人民大学出版社,2014.
18. 马瑞学,黄建波主编.市场调查[M].中国财政经济出版社[M],2015.
19. 庄贵军著.市场调查与预测(第二版)[M].北京大学出版社,2014.
20. 〔美〕布拉德伯恩,萨德曼,万辛克著.赵锋译.问卷设计手册:市场研究、民意调查、社会调查、健康调查指南[M].重庆大学出版社,2010.
21. 华钢著.调研之道:企业决胜市场的密码[M].机械工业出版社,2013.
22. 张灿鹏,郭砚常著.市场调查与分析预测(第二版)[M].清华大学出版社,北京交通大学出版社,2013.
23. 郑聪玲著.市场调查与分析:项目、任务与案例[M].中国人民大学出版社,2014.
24. 阳光宁,张军占主编.文化市场调查与分析[M],中国科学技术大学出版社,2014.
25. 余江霞主编.市场调研实务[M].化学工业出版社,2012.
26. 简明等著.市场调查方法与技术(第三版)[M].中国人民大学出版社,2012.

教师反馈及教辅申请表

北京大学出版社本着"教材优先、学术为本"的出版宗旨,竭诚为广大高等院校师生服务。为更有针对性地提供服务,请您认真填写以下表格并经系主任签字盖章后寄回,我们将按照您填写的联系方式免费向您提供相应教辅资料,以及在本书内容更新后及时与您联系邮寄样书等事宜。

书名		书号	978-7-301-	作者	
您的姓名				职称职务	
校/院/系					
您所讲授的课程名称					
每学期学生人数	_____人_____年级			学时	
您准备何时用此书授课					
您的联系地址					
邮政编码		联系电话(必填)			
E-mail(必填)		QQ			
您对本书的建议:				系主任签字 盖章	

我们的联系方式:

北京大学出版社经济与管理图书事业部

北京市海淀区成府路 205 号,100871

联 系 人:徐冰

电　　话:010-62767312 / 62757146

传　　真:010-62556201

电子邮件:em_pup@126.com　　em@pup.cn

Q　　Q:5520 63295

新浪微博:@北京大学出版社经管图书

网　　址:http://www.pup.cn